Hanneke van Veen
Rob van Eeden

Geld oder Leben

Finanziell unabhängig
und glücklich mit der
Philosophie der Profis

Die Deutsche Bibliothek – CIP-Einheitsaufnahme

Veen, Hanneke van:
Geld oder Leben : finanziell unabhängig und glücklich mit der
Philosophie der Profis / Hanneke van Veen ; Rob van Eeden.
[Aus dem Holländ. übertr. von Gabriele de Koning]. –
Landsberg am Lech : mvg-verl., 1997
  (mvg-Paperbacks ; 558)
  Einheitssacht.: Je geld of je leven <dt.>
  ISBN 3-478-08558-6
NE: Eeden, Rob van; GT

Das Papier dieses Taschenbuchs wird möglichst umweltschonend hergestellt und enthält keine optischen Aufheller.

Titel der Originalausgabe: „Je geld of je leven"

© 1995 Aramith Publishers, a division of Uitgeverij J.H. Gottmer/H.J.W.
Becht bv. Bloemendaal, The Netherlands
Aus dem Holländischen übertragen von Gabriele de Koning.

© mvg-verlag im verlag moderne industrie AG, Landsberg am Lech

Umschlaggestaltung: Vierthaler & Braun, München / Wesley, Den Haag,
Niederlande
Illustrationen: Wesley, Den Haag, Niederlande
Satz: Fotosatz Buck, Kumhausen
Druck- und Bindearbeiten: Elsnerdruck, Berlin
Printed in Germany 080 558/397802
ISBN 3-478-08558-6

Inhaltsverzeichnis

Vorwort

Vor rund fünfzig Jahren kamen die Amerikaner nach Europa, um uns vom Nationalsozialismus zu befreien. Sie wurden als Helden empfangen. Wir selbst waren damals noch zu klein oder noch gar nicht geboren und können uns deshalb nicht daran erinnern. Wohl erinnern wir uns noch an die sechziger Jahre, in denen wir gegen den Einfluß der amerikanischen Politik und Kultur rebellierten. Wir demonstrierten gegen Präsident Johnson und den Krieg in Vietnam. Wir äußerten uns kritisch und teilweise offen negativ über die Rolle multinationaler Unternehmen in der Dritten Welt. Etwas später stellten wir dann fest, daß auch gute Dinge aus den Vereinigten Staaten kamen, unsere Bücherregale füllten sich mit Büchern über Emanzipation, Therapieformen und gesellschaftliche Entwicklungen.

In Amerika passiert alles zehn Jahre früher. Auch mit dem Rauchen ging es so. Amerikanische Filme mit rauchenden Stars haben Europa und dem Rest der Welt das Nikotin gebracht, aber auch die Gegenbewegung kam aus Amerika. In den Vereinigten Staaten ist Rauchen inzwischen „out". In öffentlichen Gebäuden ist es verboten, Restaurants sind verpflichtet, Raucher von Nichtrauchern zu trennen, und Präsident Clintons Gesetzgebung gegen Rauchen reicht viel weiter, als wir es uns hier zur Zeit träumen lassen.

Aus Amerika stammt auch die Bewegung, die übermäßigen Konsum zum Thema gemacht hat. „Voluntary Simplicity" heißt das dort. Der „American Dream" ist an seine Grenzen gestoßen, seit seine katastrophalen Folgen nicht nur individuell, sondern auch weltweit (und bei allem, was sich dazwischen befindet) immer deutlicher werden. Immer mehr Menschen ziehen sich aus dem Rat-race zurück und entscheiden sich für Qualität statt Quantität. Kein Wunder, daß man auch dabei in den Vereinigten Staaten wieder weiter ist als in Europa. Denn das durchschnittliche amerikanische Elternpaar verbringt zehnmal mehr Zeit mit Einkaufen als mit Spielen mit den Kindern.

1991 entdeckten wir die *The Tightwad Gazette* von Amy Dacyczyn, eine dünne Zeitung mit Tips für sparsames, aber trotzdem (oder gerade deshalb) angenehmes Leben. Das gab uns die Idee, den *Vrekkenkrant* (= Geizhalszeitung) herauszugeben, die sehr erfolgreich war. Nach dem Erscheinen der 28. Ausgabe im November 1996 haben wir wegen des überwältigenden Erfolges wieder damit aufgehört, eine ähnliche Zeitung für die Niederlande ist jedoch in Vorbereitung. In Deutschland erscheint seit letztem Jahr das „Geizhals-Forum". Ende 1993 lasen wir das Buch *Your Money or Your Life* von Vicki Robin und Joe Dominguez, das ein Stück weiter geht, weil es den Leser nicht nur in die Lage versetzt, den eigenen Konsum einzuschränken, sondern auch zeigt, daß man dadurch seine Träume Wirklichkeit werden lassen kann.

Unser eigenes Leben hat sich seit der Zeit sehr verändert. Wir wissen jetzt, daß wir nur noch wenige Jahre für Geld zu arbeiten brauchen und lange vor unserem 55. Geburtstag in den selbstverdienten Vorruhestand gehen können. Unsere Ansichten über Arbeiten, Geld verdienen, die Zukunft, Älterwerden, Sparen und freiwillige Arbeit haben sich drastisch geändert. Manchmal sagen wir scherzend, daß Vicki und Joe, die wir auch persönlich kennen, unsere höchsteigenen amerikanischen Befreier sind. Sie haben uns befreit von unausgegorenen, unlogischen Ideen über Arbeiten, Geld verdienen und ausgeben, Sparen und Älterwerden. Nach Jahren des Überkonsums haben wir unser Leben jetzt mit unseren Bedürfnissen in Übereinstimmung gebracht und fühlen uns bedeutend wohler.

Unsere Begeisterung über *Your Money or Your Life* war so groß, daß wir im Januar 1994 begonnen, diese Ideen in den Niederlanden, Belgien und Österreich in eintägigen „Selbsthilfekursen" zu propagieren. Mehr als 500 Menschen haben inzwischen solch einen Kurs besucht. Sehr bald wurde uns klar, daß es keinen Sinn hatte, das Buch einfach zu übersetzen, da die Verhältnisse in Europa, zum Beispiel was Steuern betrifft, ganz anders sind. *Je geld of je leven*, dessen deutsche Übersetzung Sie in der Hand halten, basiert auf dem Stufenplan aus *Your Money or Your Life*, ist aber entsprechend den hiesigen Gegebenheiten überarbeitet. Die Erfahrungen, die wir und unsere Kursteilnehmer mit der Methode gemacht haben, werden darin ausführlich beschrieben.

Außerdem haben wir eine Reihe von Interviews mit Leuten aufgenommen, die eigene Methoden entwickelt haben, um ihr Geld in den Griff zu bekommen. Diese Interviews und auch die Gespräche mit den Kursteilnehmern haben uns viel Spaß ge-

macht, vor allem, weil so ungewöhnlich offen über Privatange-
legenheiten und Geldsachen gesprochen wird.

Das niederländische Ministerium für Wohnungsbau, Raumordnung und Umweltschutz hat die niederländische Ausgabe
mit einer Subvention unterstützt. Gabriele de Koning hat dieses
Buch, wie auch unsere beiden ersten, in harmonischer Zusam-
menarbeit mit uns übersetzt. Außerdem danken wir allen, die in
irgendeiner Art und Weise am Zustandekommen des Buches beteiligt waren. Mit Tips, Ratschlägen, der Weitergabe ihrer Erfahrungen oder durch ihre inspirierende Lebensweise.

Hanneke van Veen und Rob van Eeden

Weshalb wir dieses Buch
geschrieben haben

Ob wir wollen oder nicht, Geld spielt eine wichtige Rolle in unserem Leben. Ohne Geld gehen wir nicht aus dem Haus, können wir nichts einkaufen, nicht in Urlaub fahren oder was auch immer. In vielen Fällen geht es heute um elektronisches Geld oder Plastikgeld, aber jedenfalls um Geld. Ohne Geld ist praktisch kein Leben möglich. Wir gestehen es nicht gerne ein, aber können nicht bestreiten, daß es so ist.

Und trotzdem gehen wir nicht sehr bewußt mit unserem Geld um. Wir denken nämlich lieber nicht darüber nach. Natürlich macht es Spaß, manchmal davon zu träumen, was man tun würde, wenn man eine Million im Lotto gewinnen würde, aber ernsthaft über Geld nachdenken, sich fragen, wie man eigentlich damit umgehen sollte, tun wir sehr selten. Geld ist nützlich, wenn man's hat, aber es macht nicht glücklich, sagen wir – und wenden uns anderen Dingen zu. Wir bleiben in unserer Tretmühle, steigen in aller Herrgottsfrühe ins Auto, um dem Stau zu entgehen, arbeiten hart, manchmal bis abends und … machen Karriere. Wir – und die meisten unserer Mitmenschen – verdienen viel, um in der kurzen Zeit, die uns bleibt, viel ausgeben zu können. Und weshalb auch nicht? Schließlich wollen wir ja alle weiterkommen. Zugegeben, dies alles verursacht Streß und läßt uns wenig Zeit für die Familie. Aber was soll's, einer muß ja schließlich das Geld verdienen.

Komisch eigentlich, daß wir über eine so wichtige Angelegenheit wie Geld so wenig nachdenken, obwohl es unser Leben weitgehend bestimmt. Ab und zu kommt natürlich ein Moment, in dem wir uns fragen: „Wofür tue ich das eigentlich alles?" Aber wir wissen darauf keine Antwort. Erstaunlicherweise steht uns auch relativ wenig Information über Geld zur Verfügung. Zu Hause, in der Familie und in der Schule lernen wir nicht viel darüber. Als wir noch klein waren, wurde auch nicht über Geld gesprochen, höchstens, wenn es zu wenig davon gab. Aber wo das Einkommen der Eltern eigentlich herkam, hörte man nicht, geschweige denn, daß man gewußt hätte, wie hoch es war und wofür sie es ausgaben. Und auch später lernte man nicht viel darüber, was Geld eigentlich ist und wie man damit umgehen muß, wie es unser Leben beeinflußt. Kaum zu glauben, daß die Buchhandlungen voll sind mit Literatur über Gartenarbeit, Beziehungen oder Wohnungseinrichtung, was natürlich alles mit Geld zu tun hat, aber über Geld und die Rolle, die es in unserem persönlichen Leben spielt, gibt es kaum Informationen.

Das Tabu Geld

Als Hanneke und ich vor fünf Jahren anfingen, unser Leben drastisch zu ändern, indem wir grundsätzlich bei allem, was wir verbrauchen, systematisch die Untergrenze herauszufinden versuchen, wußten wir wenig von Gelddingen und allem, was damit zusammenhängt. Wir begannen, weniger zu konsumieren, weil uns unser unbesorgtes Doppelverdienerleben nicht mehr zusagte. Weil wir manchmal zum dritten Mal in einer Woche im Restaurant saßen und das Essen nicht mehr genießen konnten. Wir reduzierten unseren Konsum auch zum Wohle der Umwelt und weil wir etwas für die Bevölkerung in der Dritten Welt tun wollten, die viel mehr Recht auf Wachstum hat als wir. Ein Grund war auch, daß wir herausfinden wollten, wie es wäre, wenn wir selbst den Gürtel etwas enger schnallten. Dies führte dazu, daß wir – abgesehen von Konsumverringerung – die *Geizhalszeitung* herausgaben und die beiden Bücher *„Wie werde ich ein echter Geizhals?"* und *„Knausern Sie sich reich!"* schrieben.

Erst später wurde uns klar, daß wir auch etwas Grundsätzliches in unserem eigenen Leben zur Diskussion stellten. Schon bald merkten wir, daß sparsames Leben und das Sprechen über Geld und Geld sparen tabu sind. Zum ersten Mal wurde uns das bei einer Fernsehsendung in Belgien deutlich, im Programm „Zeker weten" („Ja klar") von Jan van Rompaer, zu dem wir als Geizhalsehepaar eingeladen waren. In der Woche davor waren die Zuschauer aufgefordert worden, Tips einzusenden, woraufhin stapelweise Briefe eingingen. Als die Einsender der besten Tips telefonisch eingeladen wurden, in der Sendung selbst aufzutreten, war allerdings niemand dazu bereit. Für die Redakteure war dies eine ganze neue Erfahrung, denn normalerweise will jeder gerne im Fernsehen auftreten und über alles mögliche reden: Abhängigkeiten, Krankheiten, Ehebruch. Weshalb jetzt nicht?

Inzwischen wissen wir, daß dies kein Einzelfall war. Wir werden regelmäßig von Journalisten gefragt, ob wir auch andere

Leute kennen, die bereit wären, ein Interview zum Thema Sparsamsein zu geben. Aber wir können nur selten helfen. Über Geld sprechen ist tabu, das macht man nicht, dafür muß man sich schämen, jedenfalls, wenn es einen selbst betrifft. Wir merken das auch während der Tageskurse, die wir geben. Wir bitten die Teilnehmer, etwas über ihren eigenen Umgang mit Geld zu erzählen, was sie verdienen und was sie wofür ausgeben. Dann wird es immer ziemlich still, nur wenige trauen sich, denn über Geld spricht man nicht. Wir erzählen einander nicht, was wir verdienen, was wir ausgeben und was wir übrigbehalten.

Sie werden vielleicht einwenden, daß über Geld doch viel geschrieben wird. Das stimmt, Zeitungen und Zeitschriften sind voll mit Geschichten über die Wirtschaft, das Arbeitslosengeld, die Höhe der Gehälter, die Staatsverschuldung. Und natürlich mit Geschichten über Stars und reiche Menschen und was sie mit ihrem Geld machen. In Anzeigen werden wir dazu aufgefordert, unser Geld auf diese oder jene Weise auszugeben: nämlich dadurch, daß wir ein Produkt bzw. eine Dienstleistung kaufen. Und dann gibt es noch wissenschaftliche Abhandlungen. Aber versuchen Sie einmal, ein Buch oder eine Zeitschrift zu finden, in der es um die Art und Weise geht, in der Sie oder Ihre Familie mit Geld beziehungsweise Einkommen umgehen, wofür Sie es ausgeben, was Sie sparen usw. Die Suche wird (höchstwahrscheinlich) vergebens sein. In den letzten Jahren haben wir nur wenige solcher Publikationen gefunden.

Your Money or Your Life

Das Buch *Your Money or Your Life* der Amerikaner Joe Dominguez und Vicki Robin ist dafür das beste Vorbild. Seit wir es im Haus hatten, wurde alles allmählich anders. Wir lasen es beide in einem Zug durch und stritten uns fast darum. Endlich gab es ein Buch, in dem vieles, womit wir uns täglich beschäftigen – ja, auch wir –, auf außergewöhnliche Art und Weise behandelt und miteinander in Verbindung gebracht wird. Geld verdienen, es ausgeben, sparen, Umwelt, die Dritte Welt, genießen, Entscheidungen treffen, Glück.

Recht schnell setzten wir den Stufenplan in die Praxis um. Ab 1. Januar 1994 vertieften wir uns in Bilanzen und Berechnungen. Wir führten Buch über jeden Pfennig, der hereinkam, und jeden, den wir ausgaben, erstellten Graphiken und noch viel mehr. Wir waren begierig, mehr über unser eigenes Verhalten im Zusammenhang mit Geld zu erfahren. Und obwohl wir in der davorliegenden Periode unsere Ausgaben bereits halbiert hatten, hatte die Verwirklichung der Ratschläge aus dem Buch aufsehenerregende Folgen. Unsere Ausgaben wurden immer niedriger, unser Einkommen blieb gleich oder stieg sogar, und wir waren glücklicher als je zuvor. Vor einigen Jahren hatte ich noch einen Dispositionskredit bei meiner Bank, jetzt erwägen wir, in einigen Jahren mit bezahlter Arbeit aufzuhören, weil wir dann, wenn wir so weitermachen wie bisher, unser einfaches Leben aus dem Ertrag unserer (teilweise „grünen") Geldanlagen finanzieren können. Hätte uns das jemand vor fünf Jahren vorhergesagt, wir hätten schallend gelacht.

Nach etwa einem Jahr fingen wir an, die eintägigen Kurse zu organisieren, in denen wir unsere Erfahrung an in der Regel begeisterte Teilnehmer weitergeben, Leute, die ihre finanzielle Situation auch in den Griff bekommen wollen, weil sie Sozialhilfe beziehen, oder – genau umgekehrt – ein hohes Einkommen haben. Leute, die sich einen Traum erfüllen wollen, eine andere, befriedigendere Arbeit tun möchten, eine Reise machen, studieren oder früher in Rente gehen. Aber es gibt auch viel bescheidenere Beweggründe. Es gibt auch Kursteilnehmer, die einen Luftsprung machen würden, wenn sie endlich eine Schuld von 1500 DM zurückbezahlen könnten und jeden Monat fünfzig DM übrig hätten. Jung und alt, Alleinstehende und Paare, mit oder ohne Kinder, haben das Bedürfnis, endlich auch diesen Aspekt ihres Lebens nicht länger zu verdrängen.

Geld oder Leben

Nicht jeder kann oder will irgendwo einen Tageskurs besuchen oder sich durch ein dickes Buch aus Amerika wälzen. Daher dieses Buch, über dessen Aufbau wir uns erst eine Zeitlang Gedanken gemacht haben. Es ist keine Übersetzung, sondern eine Bearbeitung mit einer Beschreibung unserer eigenen Suche nach der Rolle, die Geld in unserem Leben spielt. Als Richtschnur diente uns das amerikanische Buch; den Stufenplan haben wir unverändert übernommen. Die Texte und Beispiele stammen größtenteils von uns. Ab und zu zitieren wir aus *Your Money or Your Life*, aber vor allem nutzen wir unsere eigenen Erfahrungen mit dem Stufenplan und Informationen, die wir

Büchern und Artikeln entnommen haben. Auch die Erfahrungen von mehr als 500 Kursteilnehmern und Leuten, die das amerikanische Buch selbst als Leitfaden gebrauchen (das ist natürlich möglich), sind in das Buch eingeflossen. Aussagen von Kursteilnehmern haben wir größtenteils so aufgenommen, daß keine Rückschlüsse auf die Betroffenen möglich sind.

Der Inhalt des Buches ist an die hiesigen Gegebenheiten angepaßt. Der Stil – so hoffen wir – ist locker und relativierend. Schließlich führen viele Wege nach Rom. Deshalb enthält das Buch eine Reihe von Interviews mit Leuten, die aus eigener Kraft und oft auf außergewöhnliche Weise ein großes Maß von Bewußtsein in Sachen Geld erworben haben und dementsprechend leben. Denn das ist schließlich der Sinn der Sache.

Wie denken wir über Geld?

Obwohl wir täglich mit Geld umgehen und Geld praktisch alle Bereiche unseres Lebens tangiert, haben wir lediglich unklare und gegensätzliche Vorstellungen davon. Viel von unserem „Geldverhalten" entsteht rein zufällig. Es lohnt sich, diesem Punkt mehr Aufmerksamkeit zu widmen, bevor wir uns dem Stufenplan zuwenden.

Geld ist schmutzig. Als wir klein waren, sagten unsere Eltern schon: „Steck das Geld nicht in den Mund, es ist schmutzig." Und das tat man dann auch nicht, man wußte schließlich nie, wer alles das Geld in der Hand gehabt hatte. Geld ist schnöder Mammon, mit dem man möglichst wenig zu tun haben will. Und so gehen wir damit um: als ob es schmutzig sei, als ob wir es so schnell wie möglich loswerden müßten. Wir geben es aus, solange wir darüber verfügen, bis es weg ist.

Wenn es soweit ist, sind wir aber auch nicht zufrieden, denn dann haben wir nichts mehr, und ohne Geld kann man nun einmal nicht leben. Wir warten auf die nächste Gehaltszahlung oder die nächste Auszahlung des Arbeitslosengeldes oder der Sozialhilfe, und dann fängt alles wieder von vorne an. Glücklicherweise stehen die Banken uns zur Seite. Man braucht Geld kaum noch in die Hand zu nehmen. Im Geschäft bezahlt man mit der Euroscheckkarte, ohne daß man „schmutziges" Geld anfaßt. Das ist ein viel „saubereres" Gefühl. Die Rechnung kommt später. Man kann sein Konto auch überziehen, Geld ausgeben, das man gar nicht hat. Zu einem nicht geringen Zinssatz natürlich, aber das macht ja nichts, der Rubel muß rollen, nicht wahr?

Je mehr, desto besser. Aber ganz im Gegensatz dazu möchten wir eigentlich alle doch möglichst viel Geld haben. Geld macht nicht glücklich – so sagen wir –, aber es beruhigt. Und eigentlich hat man nie genug davon.

Die Vorstellung, daß mehr besser ist, haben wir mit der Muttermilch eingesogen. Unsere Eltern oder Großeltern haben vielleicht die schlechten Zeiten und den Krieg miterlebt. Nach dem Krieg mußte alles wieder aufgebaut werden. Und unsere Eltern wollten die Armut, die sie gekannt hatten, auf keinen Fall wieder erleben. Die Kinder sollten es besser haben, es sollte ihnen an nichts fehlen. Auf diesem Wunsch beruht das heute allgemein verbreitete Streben nach „immer mehr". Auch als wir eigentlich schon alles hatten, was unser Herz begehrte, waren wir – oft unbewußt – noch immer davon überzeugt, daß mehr besser ist.

Inzwischen werden ab und zu Stimmen laut, die vor der Selbstverständlichkeit warnen, mit der wir von Wohlstand ausgehen. In den letzten 20 Jahren hat sich das durchschnittliche Einkommen fast verdoppelt, aber sind wir dadurch auch glücklicher geworden? Früher hatten wir einen Gasherd, ein paar Töpfe und etwas Geschirr, um Essen zu kochen. Jetzt verfügen wir über luxuriöse Einbauküchen mit allerlei Maschinen, Dunstabzugshaube, Grill, Mikrowelle und noch vieles mehr, aber schmeckt das Essen jetzt besser, und ist es schneller zubereitet? Früher fuhren wir auf dem Fahrrad zur Arbeit, jetzt stehen wir mit dem Auto im Stau. Um all unsere Besitztümer bezahlen zu können, müssen wir hart arbeiten, viel verdienen und von unserem Arbeitgeber so manches schlucken, denn so sicher wie früher ist eine Arbeitsstelle heute nicht mehr.

Das Wachstum der vergangenen Jahrzehnte haben wir teuer erkauft. Wir haben alle zusammen (in vielen Fällen auch einzeln) mehr Schulden als jemals zuvor – und zwar nicht nur bei der Bank, sondern auch bei den Generationen, die nach uns kommen. Durch unser Wachstum haben wir die Umweltverschmutzung geschaffen und mehr Arbeitslosigkeit als jemals seit dem Krieg, während wir uns keineswegs sicherer fühlen als unsere Vorfahren. Untersuchungen haben ergeben, daß die „Glückskurve" der Bevölkerung des Westens in den vergange-

14

nen zwanzig bis dreißig Jahren trotz des enormen Wirtschaftswachstums kaum oder nur wenig nach oben verlaufen ist. Manche Forscher glauben sogar, beweisen zu können, daß es uns schlechter geht als früher.

Für Geld kann man alles kaufen. Aber anscheinend können wir das unaufhörliche Wachstum nicht stoppen und auch nicht aufhören, immer wieder neue Sachen zu kaufen. Wir wissen zwar, daß man nicht alles für Geld kaufen kann: Gesundheit, oder die Fähigkeit, schöne Dinge zu genießen, hängt von ganz anderen Faktoren ab, aber trotzdem ... Die Sturzflut an Werbung, die sich täglich über uns ergießt, möchte uns glauben machen, daß alles zu kaufen ist. Und es gibt genug Beispiele dafür, daß wir alle uns davon beeinflussen lassen.

Wer ein T-Shirt mit der Abbildung eines Krokodils trägt, gehört dazu. Eltern wagen es nicht mehr, ihre Kinder ohne Markenschuhe in die Schule zu schicken, man will ja schließlich nicht, daß sie Außenseiter sind. Ein neues Auto ist nicht nur ein Transportmittel, nein, es zeigt, wer wir sind und was wir uns leisten können. Zwar gelten auf vielen Straßen Geschwindigkeitsbeschränkungen, aber trotzdem ist es gut zu wissen, daß unser Auto doppelt so schnell fahren könnte. Früher wusch man sein Haar ein- oder zweimal pro Woche, jetzt täglich. Unsere Kopfhaut und unser Haar sind nicht anders geworden, die Shampoo-Fabrikanten haben es geschafft, uns davon zu überzeugen, daß unser Haar eine tägliche Wäsche nötig hat. Unsere Kopfhaut reagiert darauf durch vermehrte Fettproduktion und tatsächlich: das Haar muß täglich gewaschen werden. Marketing in Reinkultur.

Werbung verspricht uns, abgesehen von unmittelbarer Befriedigung durch ein Produkt, noch viel mehr. Sicherheit, Status, eine hohe gesellschaftliche Position, Glück, und – nicht zu vergessen – Trost. Und wir lassen uns gerne überzeugen. Kaum ist etwas Neues auf dem Markt, beeilen wir uns, es zu kaufen, als ob unsere Lebensqualität davon abhinge. Das ist auch kein Wunder. Pro Kopf der Bevölkerung werden jährlich einige hundert Mark für Reklame ausgegeben. Tausende von Werbefachleuten, die eine teure Ausbildung hinter sich haben, werden von zahllosen Produzenten bezahlt, um uns mit cleveren Kampagnen zu beeinflussen. Sie nutzen dabei wissenschaftliche Erkenntnisse der Psychologie und aus dem Bereich der Massenmedien. Es kostet schon einiges an Willens- und Charakterstärke, um sich dagegen zu wehren.

Tief im Herzen wissen wir natürlich, daß wir zuviel haben. Noch mehr macht uns höchstens unglücklicher, weil wir noch härter arbeiten und noch mehr abbezahlen müssen. So wird es noch schwieriger, eine Stelle aufzugeben, die uns schon seit Jahren keine Freude mehr macht.

Mut zum Maßhalten

Worum geht es eigentlich im Leben? Was wollen wir erreichen? Welche Träume haben wir, wonach streben wir wirklich? Fragen, die nur wir selbst beantworten können, die wir uns aber nur selten stellen. Dafür brauchen wir nichts zu kaufen und nicht mehr zu verdienen. Nur unser eigenes Verhalten müssen wir analysieren. Uns fragen, ob unser Verhalten im Einklang mit unseren Wünschen steht. Es geht darum, anders mit Geld umzugehen. Bewußter, suchend nach unseren tatsächlichen Bedürfnissen, ohne Beeinflussung durch Reklame oder die Nachbarn.

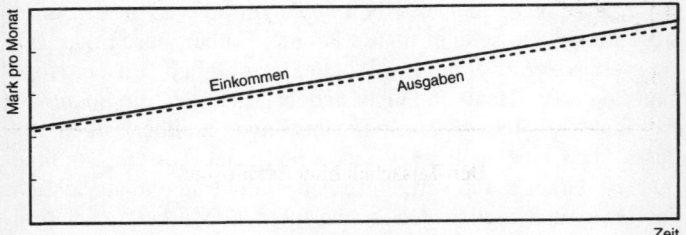

Musterbürger oder: so war es früher

Die drei Graphiken mit „Ausgabenmustern" zeigen, wie man Einkommen und Ausgaben auch sehen kann. Wir lasen erstmals in der *The Tightwad Gazette* (der amerikanischen Geizhalszeitung) im April 1994 darüber. Durch diese Graphiken wurde uns vieles deutlich: wie wir mit Geld umgingen, umgehen und umgehen werden, wenn wir uns nicht in der Hand haben.

Das erste Ausgabenmuster („So war es früher") entspricht kaum noch der Wirklichkeit, obwohl viele Leute die Illusion haben, daß es noch immer so ist. Die vertikale Linie repräsentiert unser Einkommen – gleich, wie hoch –, die horizontale unser

16

Lebensalter, etwa von 20 bis 65 Jahre. Die Linie für das Einkommen entspricht den Vorstellungen unserer Eltern oder Großeltern während der Zeit des Wiederaufbaus.

Mit rund 20 Jahren bekam man die erste Arbeitsstelle und wechselte danach vielleicht noch einmal zu einem anderen Arbeitgeber, aber man konnte davon ausgehen, daß das Einkommen bis zum 65. Lebensjahr weiter – wenn auch geringfügig – steigen würde. Bei einem Musterbürger blieb die unterbrochene Linie (die Ausgaben) gerade unter dem Einkommen. Kredite waren kaum bekannt, man sparte Geld für die alten Tage oder eine plötzlich erforderliche größere Ausgabe. Obwohl oft nur wenig zum Sparen übrigblieb, war das Sümmchen am Ende doch oft unerwartet groß. Ältere Kursteilnehmer bestätigen uns, daß es früher tatsächlich so war, daß Einkünfte und Ausgaben wirklich in dieser Kurve verliefen. Inzwischen sieht es anders aus.

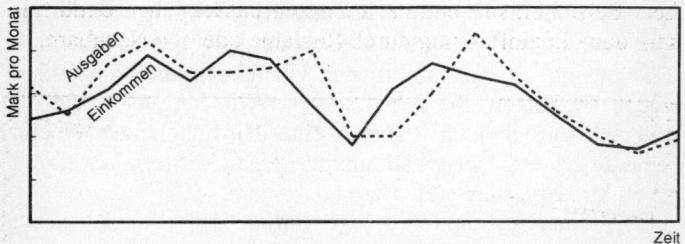

Den Tatsachen hinterherhinken

Die obenstehende Graphik zeigt das denkbare Einkommen von jemandem, der gerade am Anfang oder in der Mitte seines Berufslebens steht. Nichts ist sicher. Das Einkommen kann stark steigen, während man schon wenig später wegen plötzlich eingetretener Arbeitslosigkeit auf Unterstützung angewiesen ist. Die durchschnittliche Verbleibsdauer bei einem Arbeitgeber wird immer kürzer, die Arbeitsverträge werden stets weniger bindend. Die Vorstellung, daß das Einkommen regelmäßig steigen wird, ist nicht mehr realistisch. Man muß in weit größerem Ausmaß als früher mit plötzlichen Veränderungen rechnen. Die (unterbrochene) Ausgabenkurve, die das gegenwärtige Ausgabenverhalten darstellt, verdeutlicht, daß wir eigentlich immer noch die Gegebenheiten aus der ersten Graphik zugrunde legen.

17

Steigt unser Einkommen, so geben wir mehr aus. Warum auch nicht, wir verdienen doch mehr? Bestimmte Ausgaben, eventuell kreditfinanziert, legen uns Verpflichtungen für längere Zeit auf. Wenn sich dann plötzlich etwas ändert, schaut man dumm aus der Wäsche. Diese oft längerfristigen Verpflichtungen – wie z.B. eine Hypothek oder ein Kredit für ein Auto – müssen erfüllt werden, während das Einkommen niedriger wird. Und vorzeitige Rückzahlungen kosten oft Strafgebühren. In einer solchen Periode niedrigeren Einkommens muß man die Ausgaben – einigermaßen – anpassen, es bleibt einem gar nichts anderes übrig. Aber lernen wir auch daraus?

Wenn das Einkommen steigt, nehmen wir – wie unsere Eltern früher – an, daß das so bleiben wird. Erstens ist das meistens nicht so, und zweitens haben wir oft wegen problemloser Kreditgewährung mehr Verpflichtungen auf uns genommen, als unsere Eltern gekonnt hätten. Eine Zeitlang verhalten wir uns dann vielleicht vorsichtiger, aber irgendwann tappen wir wieder in die Falle. Auf diese Art und Weise wird uns wenig bleiben, um auch nach dem 65. Lebensjahr noch sorglos leben zu können.

Doch gibt es eine auffallende Übereinstimmung zwischen beiden Graphiken. Sie sehen sehr verschieden aus – und das sind sie natürlich auch –, aber in einer Hinsicht zeigen sie eine bemerkenswerte Übereinstimmung. Schauen Sie noch einmal genau hin, bevor Sie weiterlesen.

Die Übereinstimmung liegt darin, daß die Ausgaben grundsätzlich vom Einkommen bestimmt werden und sinken, wenn das Einkommen niedriger wird. Logisch, werden Sie denken, aber ist das so selbstverständlich? Für viele Leute nicht.

Ein Interview mit Gerrie Bleijenberg, die bis vor kurzem bei verschiedenen Arbeitgebern relativ wenig verdiente:

Trotz ihres niedrigen Einkommens war sie zufrieden. Sie kann mühelos Beispiele dafür nennen, wie sie bis vor kurzem mit wenig Geld gut lebte. Sie zahlte jedes Jahr die Prämie für eine zusätzliche Altersversorgung und hatte ein Sparbuch für Notfälle. Sie beschreibt es denn auch als Kulturschock, als sie plötzlich vor drei Jahren mit 37 eine Stelle bei einer öffentlich-rechtlichen Instanz bekam und sich ihr Einkommen von rund 31000 DM pro Jahr als freischaffende Dramaturgin plötzlich verdoppelte. „Ich bin sofort allen möglichen Klubs beigetreten, habe Kleider gekauft, um repräsentativ an meiner Arbeitsstelle erscheinen zu können. Ich kaufte jede Menge CDs, und doch hatte ich jeden Monat noch Geld übrig ... Im Frühjahr habe ich ein Appartement

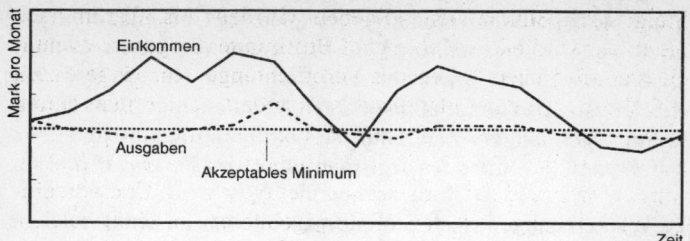

Akzeptables Minimum

gekauft, was natürlich hohe Verpflichtungen mit sich bringt. Und zum ersten Mal stand ich tief in den roten Zahlen, was mir früher nie passierte. Zur Zeit fühle ich mich eigentlich ärmer als früher." Aus Elsevier (niederländische Wochenzeitschrift), 7. Januar 1995.

Vielleicht muß man erst so etwas mitgemacht haben, um sich etwas einkommensunabhängiger zu verhalten. Denn es ist doch kaum denkbar, daß die Bedürfnisse genauso sehr oder sogar noch etwas schneller steigen als das Einkommen. Bestimmen andere, welches Ihre Bedürfnisse sind, oder bestimmen Sie das selbst?

Die obenstehende Graphik spiegelt wider, daß man sich auf die Suche nach dem akzeptablen Minimum machen kann. Man kann ein Ausgabenverhalten entwickeln, das durch die eigenen Bedürfnisse bestimmt wird und das dem entspricht, was man wirklich will, und mit dem man leben kann. Wenn das Einkommen dann niedriger oder höher wird, hat das meistens wenig oder keinen Einfluß auf die Ausgaben, auch nicht, wenn es plötzlich um einen wesentlichen Prozentsatz geht. Man hat nämlich schnell eine Reserve aufgebaut, mit der man eine solche Zeit übersteht.

Daran arbeiten wir in diesem Buch.

Unabhängig sein vom Einkommen, treu den eigenen Bedürfnissen

Sich frei machen von der „Einkommensabhängigkeit", auf die Suche gehen nach den tatsächlichen Bedürfnissen. Das gelingt nicht sofort, denn es erfordert Mut, den Mut, Maß zu halten, und eine ordentliche Portion Durchsetzungsvermögen. Das eigene Geldverhalten gründlich zu analysieren ist zeitaufwendig. Man

19

kann plötzlich Überraschungen erleben: mit angenehmen und auch weniger angenehmen Dingen konfrontiert werden. Daran muß man sich erst gewöhnen. Der Stufenplan ist kein einfacher Trick, den man innerhalb weniger Minuten durchschaut. Sie werden sich längere Zeit damit beschäftigen müssen, denn eingefahrene Gewohnheiten legt man nicht von heute auf morgen ab.

Wir wissen inzwischen aus eigener Erfahrung, daß es auch anders geht, und daß die Belohnung unerwartet groß sein kann. Tausende von Kursteilnehmern in den Vereinigten Staaten, Belgien, den Niederlanden und Österreich erringen inzwischen finanzielle Mündigkeit oder haben sie bereits erreicht. Oft wird uns entgegengehalten, daß dies bedeutet, daß man sich unverhältnismäßig viel mit Geldangelegenheiten beschäftigt, und das ist doch nicht der Sinn des Lebens? Das ist der springende Punkt: Wenn man sein finanzielles Verhalten unter Kontrolle hat, dann – und erst dann – kann man sich den Dingen widmen, die wirklich wichtig sind. Bis dahin regiert das Geld Sie, nicht umgekehrt.

1.
Wozu arbeiten wir überhaupt?

Den Ausruf „Geld oder Leben!" kennen wir aus Gangsterfilmen und Krimis. Unter Bedrohung mit Gewalt händigt man hurtig Geld und Schmuck aus. Unser Leben ist anscheinend wertvoller als Geld und Besitztümer, jedenfalls unter bedrohlichen Umständen. Aber entscheiden wir uns grundsätzlich für das Leben?

Wenn man sieht, was Menschen für Geld tun, welche Risiken sie eingehen und was für Anstrengungen sie dafür unternehmen, gewinnt man einen anderen Eindruck. Ich rede nicht von Menschen, die in der Fremdenlegion dienen, Prostituierten oder Bankräubern, sondern von Leuten wie Sie und ich. Leute, die von frühmorgens bis spätabends arbeiten, und zwar nicht, weil sie das wirklich wollen oder erstrebenswert finden, sondern ausschließlich wegen des Geldes. Es geht um all die Menschen, die ihre heutige Stelle sofort kündigen würden, wenn sie im Lotto gewännen. Leute, die glauben, keine andere Wahl zu haben, weil ihre Verpflichtungen so hoch sind: Hypothek, Alimente, Studium der Kinder usw. Wenn sie Pech haben, geht das Leben vorüber, während sie den Großteil ihrer Zeit mit einer Arbeit verbringen, die ihnen keinen Spaß macht. Natürlich gibt es auch Sonntagskinder, die immer das tun, was sie selbst wollen, und sich fühlen wie ein Fisch im Wasser. Manche wußten schon im Kindesalter, was sie einmal werden wollten, und haben – durch Schulbildung und Wahl des Studienfachs – zielstrebig darauf hingearbeitet. Und dem einen oder anderen gelingt es auf irgendeine Art und Weise, eine Arbeit zu finden, in der er aufgeht. Was er auch tut, der Unterschied zwischen Arbeit und Hobby ist kaum merklich. Diese Menschen leben für ihre Arbeit, aber sie sind in der Minderheit.

Sich bewußt entscheiden

Es geht aber auch anders. Der eine oder andere wagt eine oft drastische Umkehr: der Manager wird Strandstuhlvermieter, der Englischlehrer baut biologisch-dynamisches Gemüse an, die Stenotypistin wird Polizistin.

Geert Bovenhuis tat, wovon andere träumen. Er war ungefähr fünfzig, als er der Behörde, für die er arbeitete, plötzlich einen Kündigungsbrief schickte. „Eine Zeitlang arbeitete ich im Gesundheitswesen im Außendienst, aber durch eine Reorganisation bekam ich eine reine Bürotätigkeit, und das war nichts für mich." Ein Todesfall regte ihn dazu an, mehr über die Endlichkeit des Lebens nachzudenken, er begann sich zu fragen, ob sein derzeitiges Leben wohl alles sei. „Meine Familie besteht aus freien Unternehmern, ich brach mit dieser Tradition dadurch, daß ich mich lange als eine Art Sklave auslieh. Mein Motto sollte eigentlich lauten ,meine Arbeit, das bin ich selbst'. Daran begann ich zu arbeiten." (Straatnieuws Utrecht, Juni 1995)

Geert Bovenhuis hat jetzt ein Antiquariat mit Reiseführern und Reiseliteratur in Utrecht. Angenehme, sinnvolle Arbeit ist ihm wichtiger als das sichere Einkommen, das er früher hatte.

Es gibt auch Menschen, die vorübergehend oder auf Dauer mit bezahlter Arbeit aufhören. Noch sind es vor allem Frauen, die sich – nach der Feminismuswelle – wieder bewußt und ohne Gewissensbisse für die Erziehung von Kindern und das Führen des Haushalts entscheiden und dies sehr genießen.

Das ruft nicht nur Neid, sondern auch Bewunderung hervor. Als ich nach sieben Jahren meine Stelle in der Drogenhilfe kündigte, obwohl ich keine andere Stelle hatte, merkte ich das sehr deutlich bei meinen Kollegen. Sie hätten eigentlich nur zu gerne das gleiche getan, konnten oder trauten sich aber nicht wegen der finanziellen Folgen. Jeder fand die Atmosphäre im Team schlecht, die Leitung unzureichend und die Arbeit schwer und emotional belastend. Genug Gründe, um nach einer Reihe von Jahren wegzugehen. Die Tatsache, daß ich kündigte, war für einige Kollegen regelrechter „Verrat"; ich war „frei", sie noch immer „gefangen".

Natürlich sind nicht alle Menschen, die „wegen des Geldes" arbeiten, stets unglücklich. Am Anfang geht es meist noch, die Unzufriedenheit kommt erst nach einigen Jahren der immer gleichen Arbeit ohne Aussicht auf Veränderung. Wir trösten uns mit dem Gedanken, daß es vielen Schicksalsgenossen genauso geht und daß man bei der gegenwärtig herrschenden Arbeitslosigkeit froh sein muß, überhaupt eine Stelle zu haben. Man denkt nicht zuviel nach und versucht, sich selbst Mut zu machen. Wenn man Karriere machen will, muß man Charakterstärke beweisen. Jemand muß ja schließlich das Geld verdienen, um alle Verpflichtungen erfüllen zu können. Man ist sich seiner Verantwortung bewußt. Man steht früh auf und kommt spät nach Hause. Frühstück mit der Familie ist nur am Wochenende drin, während der Woche hat man dafür weder Zeit noch Ruhe. Schnell duschen, anziehen und mit dem Auto oder dem öffentlichen Nahverkehr zur Arbeit, zweimal täglich im Berufsverkehr, Überstunden, wenn viel zu tun ist oder Kollegen krank sind. Wenn man nach Hause kommt, muß man erst einmal ausschnaufen, und die liebe Familie geht einem besser aus dem Weg. Abends schafft man dann trotz aller guten Vorsätze nicht mehr, als auf dem Sofa vor dem Fernseher zu dösen. „We aren't making a living, we're making a dying", so nennen die Autoren von Y*our Money or Your Life* dieses Leben.

Kürzer arbeiten

Im Vergleich zu früher sind die Arbeitsbedingungen viel besser geworden. Wir haben den Achtstundentag und Mindestlöhne. Eine große Verbesserung. Aber oft wird übersehen, daß aus den acht Stunden in Wirklichkeit viel mehr wird, arbeiten von acht bis fünf bedeutet nicht acht, sondern neun Stunden. Zwar hat man eine Mittagspause von einer Stunde, aber das ist auch kein Luxus, wenn man nachmittags auch noch in Form sein muß. Die Fahrtzeit von zu Hause zur Arbeitsstelle (in manchen Fällen einige Stunden pro Tag) zählen wir natürlich nicht mit, wenn wir uns bewerben. Nach einigen Jahren kann einem das aber ganz schön zu schaffen machen. Die Folge können Streß sein, Krankheiten, Erschöpfungszustände, Arbeitsversäumnis, Kompensationsverhalten.

Die Vorstellung, daß wir leben, um fünf Tage pro Woche vom 20. bis zum 65. Lebensjahr zu arbeiten, und daß nur bezahlte Arbeit zählt, beginnt abzubröckeln. Frauen entscheiden sich wieder dafür, weniger zu arbeiten und mit dem Partner zusammen die Hausarbeit zu erledigen. Sie wollen nicht mehr alles anderen überlassen oder Dinge schnell zwischendurch erledigen. Sie sind sich der Tatsache bewußt geworden, daß sie die Kosten für Kinderbetreuung, Fertiggerichte und Haushaltshilfe auch selbst „verdienen" können.

Viele Frauen, die einst neben dem Haushalt und der Kindererziehung außer Haus arbeiten wollten und das auch getan haben, haben die Folgen, wie Streß und Erschöpfung, gespürt. Sie kamen zu der Überzeugung, daß dieser Preis für Selbstentfaltung zu hoch ist. Erst wagte niemand, das zuzugeben, denn eine emanzipierte Frau hat doch einen netten Ehemann, der ohne Murren mit ihr die häuslichen Pflichten teilt, nicht wahr? Aufhören zu arbeiten war möglicherweise gleichbedeutend mit dem Eingeständnis, daß der Partner zwar lieb und nett ist, aber sich genauso hartnäckig wie sein Vater weigert, häusliche Pflichten zu übernehmen. Viele Frauen hatten inzwischen festgestellt, daß Arbeit außer Haus auch negative Seiten hat, daß nicht jedermann voller Freude teilzeitarbeitenden Frauen zur Seite steht.

Ein weiteres Zeichen war der Vorruhestand, der nach anfänglichem Zögern von vielen Arbeitnehmern in Anspruch genommen wurde, die genug von der Arbeit hatten. Die althergebrachte Vorstellung vom Rentnerdasein (alt, abgedankt, gelangweilt) scheint einer anderen Platz zu machen: das Alter genießen, zu einem Zeitpunkt, zu dem man dazu noch fit und mobil genug ist. Jetzt werden diese Vorruhestandsregelungen verschlechtert, und es regt sich viel Widerstand.

Teilzeitarbeit ist nicht mehr nur für arbeitende Mütter interessant. Vor allem Paare, mit oder ohne Kinder, rechnen sich aus, daß sie zusammen an drei oder vier Tagen genug verdienen, und finden ein Hobby oder Studium wichtiger als hohes Einkommen und Karriere. Und glücklicherweise gibt es mehr und mehr Väter, die nicht länger der große Abwesende sein wollen und sich mehr Zeit für die Kinder nehmen.

Immer mehr konsumieren?

Unsere Arbeit gefällt uns also nicht immer, aber das Geld, das wir verdienen, versüßt manches. Damit können wir kaufen, was wir wollen. Es befreit uns von der Notwendigkeit, vorsichtig zu sein und auf jeden Pfennig zu achten. Es erlaubt uns, großzügig zu sein, eine Runde auszugeben, zu jeder Gelegenheit ein Geschenk mitzubringen oder sich selbst öfter mal eine Freude zu machen. Geld gibt uns Freiheit, ein Gefühl von Luxus und Glück. Man kann den Kindern Sachen kaufen, die unsere Eltern für uns nicht kaufen konnten. Man kann die ganze Woche über „Sonntagsbraten" essen und fünfmal pro Jahr in Urlaub fahren, falls man das will. Mit einer gefüllten Brieftasche sind die Möglichkeiten unbegrenzt.

Wenn man eine Zeitlang mit wenig Geld auskommen mußte, ist es in der Tat herrlich, endlich über mehr zu verfügen. Nach einem möblierten Zimmer ist ein Appartement eine große Verbesserung. Man träumt von der Einrichtung, der Farbgestaltung, den Tapeten, den Möbeln und kauft endlich eine eigene Waschmaschine. Genauso ist es mit den Fahrstunden und dem ersten Auto. Auf den ersten Gebrauchtwagen ist man ungeheuer stolz. Man muß das einige Male mitgemacht haben, bis man begreift, daß dieses Gefühl des Reichtums und der Zufriedenheit nicht von langer Dauer ist. Das Appartement wird zu klein, und man denkt an ein Haus. Der Beruf erfordert Reisen, die man wegen des attraktiven Kilometergeldes auch gerne unternimmt, aber mit dem alten Auto kann man sich eigentlich nicht mehr bei den Kunden sehen lassen. Konsum verläuft im Leben der meisten Menschen wie eine Gleichung: höherer Verdienst = größere Wohnung, teureres Auto, mehr Haushaltsgeräte und Luxusartikel.

Das nennt man Wohlstand. Wir können mehr kaufen als früher, und nächstes Jahr geht es uns hoffentlich noch besser. Einen Großteil unserer arbeitsfreien Zeit verbringen wir beim Einkaufsbummel. Wir werden überzeugte Konsumenten und erfahren Kaufen an sich als befriedigend. Ein Einkaufstag ist für viele ein angenehmerer Zeitvertreib als ein Tag am Strand oder im Museum. Die Geschäfte sehen natürlich auch schön aus, haben verlockende Schaufenster, die von Experten mit viel Sorgfalt gestaltet werden; Stunden kann man darin zubringen. Und natürlich gibt es immer mehr Gelegenheiten, zu denen man etwas kaufen muß. Ohne Geschenk kann man nirgendwo zu Besuch kommen. Abgesehen von Geburtstagen, Hochzeiten und andere Festtagen gibt es z.B. noch Vater- und Muttertag und inzwischen sogar einen Großeltern- und einen Sekretärinnentag.

Wenn wir uns wohl fühlen, kaufen wir etwas, um uns zu verwöhnen, wenn wir uns nicht wohl fühlen, dient ein Kauf dem Trost. Es ist fast wie mit Alkohol, man trinkt, um etwas zu feiern, aber auch, um Sorgen für eine kleine Weile zu vergessen. Aber der Rausch ist kurz, und schnell ist die Abhängigkeit da. Es dauert lange, bevor wir das zugeben können. Erst sagen wir: „Ich bin nicht abhängig, ich habe das im Griff. Es ist einfach angenehm und gemütlich. Ich kenne natürlich Leute, die abhängig sind, aber ich doch nicht. Ich schaffe es problemlos, einen Tag lang nicht zu rauchen, eine Woche lang nicht zu trinken oder an einer Spielhalle vorbeizugehen." So kann es auch mit dem Kaufen gehen. Kaufabhängige bringen sich selbst und ihre Familie genauso in Probleme wie Alkoholiker, Raucher oder Spielsüchtige. Und sie gebrauchen die gleichen Ausreden, um sich selbst und die anderen zu beruhigen: „Kaufen macht Spaß, man lebt schließlich nur einmal, nicht wahr?" Und die Banken helfen mit großzügigen Dispositionskrediten.

Die Zahl der Familien mit beträchtlichen Schulden wird stetig größer, es gibt immer mehr Menschen, die die Kontrolle über ihre finanzielle Situation verloren haben. Man braucht auch nicht kaufabhängig zu sein, um Geldprobleme zu haben. „Am Ende des Geldes hab ich immer ein Stückchen Monat übrig" ist eine treffende Aussage. Die amerikanische Zeitschrift *Working Woman* führte eine Umfrage unter Leserinnen durch. Zwei Drittel der Befragten betrachten es als ihr größtes Problem, daß sie alles, was sie verdienen, sofort wieder ausgeben, so daß sie nichts sparen können. Sogar Frauen, die mehr als hunderttausend Dollar pro Jahr verdienen, sind nicht besser dran: Fast die Hälfte von ihnen hat das Gehalt bereits ausgegeben, bevor das nächste gezahlt wird.

Die Glückskurve

Ab einem bestimmten Zeitpunkt wird es immer schwieriger, durch Kaufen Glück zu empfinden, wirkliche Befriedigung zu erfahren. Je mehr man ausgibt, desto weniger wird man dadurch glücklich. Durch Untersuchungen hat man herausgefunden, daß es tatsächlich so ist. Die Graphiken auf Seite 28 zeigen den Zusammenhang zwischen unserem Glücksempfinden und dem Geld, das wir ausgeben.

Die horizontale Linie steht für das Geld, das wir z.B. in einem Monat ausgeben, die vertikale Linie steht für das Glück, das wir dabei empfinden. Die tatsächlichen Zahlen sind unwichtig, es geht um die Relation zwischen Geld und Glück.

Bei der ersten Graphik sehen Sie, daß relativ wenig Geld erforderlich ist, um ein Gefühl der Befriedigung zu erleben. Wenn man nichts hat, ist alles, was hinzukommt, Reingewinn. Jeder muß essen, trinken, sich kleiden, heizen und ein Dach über dem Kopf haben. Wer das nicht hat, dem geht es schlecht, er hat Hunger und Durst, friert und muß im Freien schlafen. Eine Reihe von Basisbedürfnissen muß erfüllt sein, wenn wir überleben wollen, ist das der Fall, dann erleben wir recht schnell Befriedigung.

Das wurde mir während eines Urlaubs in Amerika, als Rob und ich uns während eines Tagesausflugs im Grand Canyon verirrten, sehr deutlich. Es herrschte praktisch Wüstenwetter, und wir hatten gerade genug Essen und Wasser für einen Tag mitgenommen. Wir verirrten uns und fürchteten, daß wir die Nacht im Canyon würden verbringen müssen. Am Abend hatten wir unser Wasser fast aufgebraucht. Unser Zustand wurde kritisch, und mir ging es – wie sich später herausstellte, wegen eines Hitzschlages – richtig schlecht. Ohne es auszusprechen, rechneten wir beide damit, daß unser Ausflug schlecht ablaufen könnte. Meine Haut fühlte sich ledern an, und ich konnte nicht mehr sprechen; da hörten wir plötzlich Stimmen. Es waren ein Mann und seine zwei Töchter, die die Nacht über im Canyon blieben und entsprechend ausgerüstet waren. Wir bekamen sofort ausreichend Wasser. Wir waren gerettet und würden der Nachwelt von unserem Abenteuer erzählen können!

Als wir am nächsten Tag auf dem Weg nach oben waren, bekamen wir von einem frühen Jogger, dem nicht entging, daß es uns nicht besonders gut ging, einige Apfelsinen und ein paar Schokoladenkekse. Ich wäre ihm am liebsten um den Hals gefallen, den Geschmack der Apfelsinen werde ich nie vergessen. Nach einem langen Aufstieg erreichten wir endlich das Hotel. Dies war für mich ein einmaliges Erlebnis. Niemals zuvor war mir so deutlich geworden, wie sehr ein Mensch von Wasser, Nahrung und einem Dach über dem Kopf abhängig ist – und zwar in dieser Reihenfolge. Der Mann im Canyon hatte auch Essen für uns, aber das interessierte uns absolut nicht, ich dachte nur an Wasser, Wasser und nochmals Wasser. Am nächsten Morgen hatten wir Hunger, und Wasser war uns weniger wichtig, denn davon hatten wir genug. Wenige Stunden später war ein Bett das Wichtigste geworden.

Unser Glücksempfinden steigt also schnell, wenn wir unsere Grundbedürfnisse erfüllen können. In der Graphik „Überleben" zeigt die Linie kerzengerade nach oben, bereits wenig Geld schenkt relativ viel Zufriedenheit.

Die Graphik „Komfort" zeigt, was passiert, wenn nach der Befriedigung der Grundbedürfnisse noch Geld übrig ist. Jetzt kann man Dinge kaufen, die das Leben angenehmer machen. Nicht einfach Essen, sondern schmackhafte, gesunde, ausgewogene Nahrung. Nicht nur ein Dach über dem Kopf, sondern auch die Wohnungseinrichtung. Das machen wir so lange, bis wir uns angenehm und komfortabel fühlen. Diese Graphik verdeutlicht, daß wir für etwa die gleiche Menge Geld verhältnismäßig wenig Glück dazubekommen. An diese Periode kann ich mich sehr gut erinnern.

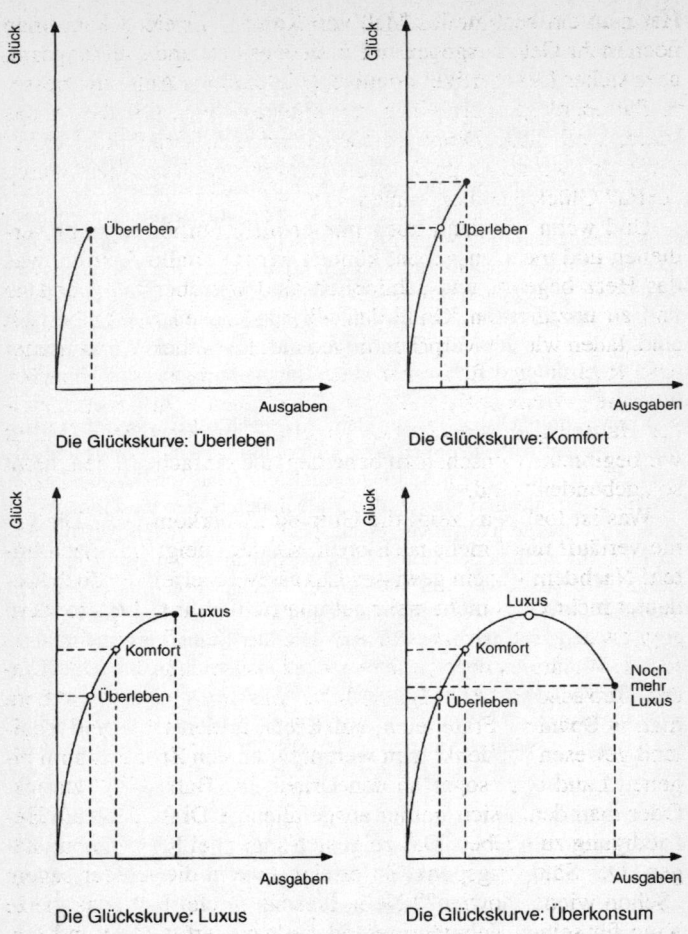

Die Glückskurve: Überleben

Die Glückskurve: Komfort

Die Glückskurve: Luxus

Die Glückskurve: Überkonsum

Als nach dem Krieg die größte Armut überwunden war, bekam unsere Familie etwas mehr finanziellen Spielraum. Ich erinnere mich an die prächtigen Pelzstiefelchen, die der Nikolaus mir brachte, die neuen Hefte und ein schönes Schreibetui zum Schulanfang und die große Portion Eis mit Schlagsahne, die ich – wenn es heiß war – ausnahmsweise kaufen durfte. Ich wußte, daß das alles Geld kostete, denn mein Vater sagte oft: „Ich finde das Geld nicht auf der Straße." Meine beiden Eltern mußten hart arbeiten, um das Geld für die ganze Familie zu verdienen.

Hat man ein bestimmtes Maß von Komfort erreicht, kann man noch mehr Geld ausgeben (wenn man es hat) und sich langsam, aber sicher Luxusartikel erlauben. Ein teureres Auto, die bessere Stereoanlage, Fernreisen, ein eigenes Haus. Oft dauert das Jahre, weil diese Dinge so teuer sind. Die Graphik „Luxus" zeigt, daß wir mit doppelt soviel Geld nur noch ein klein wenig „extra" Glück dazubekommen.

Und wenn wir dann noch immer nicht aufhören, mehr verdienen und mehr ausgeben, können wir (fast) alles kaufen, was das Herz begehrt, und schließlich sind wir übersättigt und ab und zu unzufrieden. Ohne daß wir uns dessen richtig bewußt sind, laden wir uns Verpflichtungen auf: Hypotheken und immer neue Rechnungen für immer neue Anschaffungen. Wir scherzen über die „Wohnhauslasten", denn abgesehen vom Kaufpreis eines Hauses gibt es auch noch Unterhalt und Reparaturen. Und wir beginnen, Menschen zu beneiden, die einfacher leben, nicht so „gebunden" sind.

Was ist los? Was zeigt die Graphik „Überkonsum"? Die Linie verläuft nicht mehr nach oben, sondern neigt sich nach unten! Nachdem wir ein gewisses Luxusniveau erreicht haben, bedeutet mehr Geld nicht mehr automatisch mehr Glück, sondern sogar weniger. Dann hat man das Stadium des Überkonsums erreicht. Wo dieses beginnt, ist von Mensch zu Mensch verschieden. Tatsache ist, daß täglich Torte langweilig wird. Nachdem man in Spanien, Frankreich, auf Kreta, in den USA und Thailand gewesen ist, denkt man wehmütig an den Zelturlaub im eigenen Land oder sogar an den Urlaub in „Balkonien" zurück. Oder man denkt sich immer ausgefallenere Dinge aus, um Befriedigung zu erleben. Das zeigt sich sogar bei Kindergeburtstagen. Der Sättigungspunkt ist erreicht, wenn die Kinder sagen: „Schon wieder bowlen?" Nein, diesmal mietet Papa das ganze Kino für seinen Zehnjährigen oder organisiert einen Rundflug. (Einer Kolumne von Youp van' t Hek, einem bekannten niederländischen Kabarettier und Feuilletonist, im *NRC Handelsblad* entnommen.) Ideen muß man haben, nicht wahr? Aber irgendwann hilft das alles nichts mehr.

Gerümpel und Ballast

Wenn man seinen eigenen persönlichen Luxuspunkt überschritten hat, kann es vorkommen, daß man für einen Moment die Dinge um sich herum mit anderen Augen betrachtet. Dann fällt einem plötzlich auf, daß das ganze Haus voller Zeug steht. Jahrelang hat man Dinge wie Möbel, Antiquitäten und ähnliches gesammelt und sich daran erfreut. Plötzlich wird einem dann klar, daß man wie ein Sklave den ganzen Tag damit beschäftigt ist, die tollen Sachen abzustauben und zu putzen. Man kann sich kaum noch umdrehen, und die Wohnung sieht wie ein Museum aus. Ein Museum, in dem man sich selbst – unbezahlt – abrackert und immer weniger Freude an seinen Dingen erlebt. Plötzlich haßt man die Schränke voller Zeug, möchte die ganze Sammlung „wunderschöner" Frösche oder Porzellanteller wegwerfen und denkt: „Wofür in Himmelsnamen tu ich das eigentlich?" So geht es auch dem Eigentümer des Wochenendhauses, der – in der knappen Freizeit, die sein Beruf ihm läßt – jede freie Stunde in seinem wunderschönen Garten verbringen muß. Heimlich verflucht er die supermoderne elektrische Mähmaschine, auf die er immer wieder klettern muß. Er wagt es nicht, darüber zu sprechen, denn er hat sich schließlich seinen Traum erfüllt. Er bekommt Fluchtgedanken, die er mühsam unterdrückt. Nicht nur bei reichen Menschen kann ein solches Sättigungsgefühl auftreten. Auch mir ist es regelmäßig passiert, und ich habe immer versucht, etwas dagegen zu tun.

Ich habe jetzt nur noch einen Bücherschrank, und dabei bleibt es. Wenn etwas neu dazukommt, wird etwas anderes aussortiert. Und das ist kein Problem, denn Bücher sind dazu da, gelesen zu werden, nicht um die Wände zu bedecken und abgestaubt zu werden. Als mein großes Haus und die Zimmervermietung mir zuviel wurden, habe ich es verkauft, jetzt wohne ich in einer übersichtlichen und leicht sauber zu haltenden Dreizimmerwohnung. Ich behalte alles im Auge, räume Schränke auf und gebe Dinge weg. Das schafft Platz und gibt einem ein herrliches Gefühl der Freiheit. Sobald es wieder ein paar leere Fächer im Schrank gibt, verschwindet mein Wunsch nach einem größeren Haus. Dafür braucht man nur die Dinge wegzugeben, die man einmal wertvoll fand, aber die nun doch nur im Weg stehen, die man nicht mehr benutzt. Wenn Kinder, Nachbarn, Freunde und Bekannte sie nicht haben wollen, gibt es noch genug andere Möglichkeiten: Sammelaktionen für einen guten Zweck oder Second-hand-Geschäfte. Mein Motto lautet: Je weniger Besitztümer, desto besser.

Je mehr man sich des überflüssigen Zeugs um einen herum bewußt wird, desto besser gelingt es einem, sich davon zu befreien, und desto wohler fühlt man sich. Und wenn man doch wieder in Versuchung kommt? Stellen Sie sich dann zum Spaß eine halbe Stunde vor das Schaufenster eines Geschenkartikelgeschäfts und staunen Sie über die Masse an „wertlosen" Dingen, die da zu sehen ist. Dann wird Ihnen wahrscheinlich bewußt, wer davon profitiert und wie sehr dieses Zeug einen belastet. Wahrscheinlich werden Sie dann so schnell kein Geschäft mehr betreten. Schließlich haben Sie Ihre Schränke nicht aufgeräumt, um sie so schnell wie möglich wieder zu füllen.

Stufe 1: Was haben Sie bisher gemacht?

Jedes Kapitel dieses Buches enthält eine Aufgabe. Hier die erste:

Beim Stufenplan geht es um einen Prozeß der Bewußtwerdung. Deshalb ist es zu empfehlen, die erledigten Aufträge zu sammeln. Dann können Sie später noch etwas nachlesen, nachsehen oder vergleichen. Machen Sie Aufzeichnungen in einem separaten Heft oder in einer eigenen Datei im Computer. Bewahren Sie sie auf jeden Fall auf.

Die erste Stufe besteht aus zwei Teilen:

Stufe 1-A: Wieviel Geld haben Sie bis dato verdient?

Berechnen Sie, was Sie während Ihres Lebens eingenommen bzw. verdient haben. Es geht wirklich um alles Geld, das Sie jemals – wie auch immer – verdient, bekommen, gefunden oder geerbt haben. Fangen Sie beim ersten Pfennig an, den Sie jemals bekommen haben, und enden Sie bei Ihrer letzten Gehaltsabrechnung.

Stufe 1-B: Wie hoch ist Ihr Vermögen?

Um das herauszufinden, machen Sie eine Aufstellung des Geldes und der Güter, die Sie besitzen, sowie der Schulden, die Sie haben.

Stufe 1-A: Wieviel Geld haben Sie bis dato verdient?

Im ersten Moment erscheint dieser Auftrag fast unmöglich, denn kaum jemand verfügt über entsprechende Aufzeichnungen, die er aus der Schublade ziehen kann.

Tun Sie also so, als ob Sie Ihre Biographie schrieben, und überlegen Sie, wann Sie wo gearbeitet haben. Vielleicht können Sie das auch einem Lebenslauf entnehmen, oder einem Tagebuch. Mit anderen Worten: Erforschen Sie Ihre Vergangenheit.

Es geht nicht nur um Lohn und Gehalt, sondern um jeden Pfennig, den Sie irgendwann bekommen haben: für eine Arbeit während der Schulferien oder während des Studiums, für das Babysitten bei den Nachbarn, Zeitungen austragen, Arbeit auf dem Bauernhof. Alles Geld, das man Ihnen geschenkt hat, Preise, die Sie gewonnen haben, eine monatliche Zulage der Eltern, als Sie selbst noch nicht genug verdienten, das Sparbuch, das Ihre Großeltern bei Ihrer Geburt anlegten und Ihnen zur Hochzeit schenkten. Auch Rente, Alimente und Sozialhilfe sind Einkommen und auch Arbeitslosengeld, alles zählt dazu.

Wenn Sie kein eigenes Einkommen haben, sondern mit jemandem zusammenleben bzw. verheiratet sind, der „das Geld verdient", ist es recht und billig, daß derjenige Partner, der den Haushalt versorgt und eventuell die Kinder erzieht, dafür die Hälfte des Einkommens des arbeitenden Partners als „Gehalt" rechnet. Je nach den Gegebenheiten können Sie sich natürlich auch auf einen anderen Prozentsatz einigen. Fangen Sie an bei Ihrer Geburt und machen Sie für jedes Jahr eine Aufstellung; Sie werden staunen, an was Sie sich alles erinnern. Auch Rob und ich haben das getan, obwohl es uns schwerfiel und wir uns dazu zwingen mußten. Was die eigentliche Arbeit betrifft, ist es nur halb so schlimm. Wir gebrauchten den Computer und ein Spreadsheet-Programm, wobei man problemlos ergänzen und korrigieren kann, das dauerte nur einige Stunden. Zu zweit kann man sich gegenseitig helfen und genauere Schätzungen machen. Als Stütze gebrauchten wir die verschiedenen Adressen, die wir gehabt hatten. Auch die Geburt der Kinder oder andere besondere Ereignisse sind ein guter Anhaltspunkt. Auf diese Art und Weise erfuhren wir auch etwas über die Zeit, bevor wir einander kannten. Übrigens, auch Einkommen, das nicht ganz legal ist, gehört in die Aufstellung.

So erzählte Rob mir über die Zeit, in der er drei Sommer hintereinander in den Semesterferien in Scheveningen die altmodischen geflochtenen Strandkörbe vermietete. Abgesehen vom legalen Verdienst gab es noch Trinkgelder, aber auch weniger legale Einkünfte. Die Stühle wurden pro halben Tag vermietet, und der Mieter bekam ein Ticket mit einer Nummer. Blieb jemand nur eine Stunde, konnte der Stuhl ein weiteres Mal vermietet werden. Da der Strand auch saubergehalten werden mußte und „vergeßliche" Touristen ihr Ticket im Strandstuhl vergaßen, kam man auf die Idee, das Altpapier wiederzuverwenden. Jeder Neue wurde bereits am ersten Tag in diese Feinheiten des Scheveninger Strandlebens eingeweiht.

Wozu das Ganze? Sie werden neue Erkenntnisse über sich selbst und gegebenenfalls Ihren Partner gewinnen. Wenn Sie feststellen, daß Sie nicht schlecht verdient haben, kann sich das Vertrauen einstellen, daß das auch in Zukunft so sein wird. Wer bedeutend weniger verdient hat, als er dachte, sieht vielleicht schwarz auf weiß, daß er auf Kosten anderer gelebt hat: auf Kosten der Eltern, die jahrelang ausgeholfen haben, oder des Partners. Es ist durchaus möglich, daß Sie keine Vorstellung davon haben, wie das Ergebnis Ihrer Berechnung aussehen wird. Schätzen Sie den Betrag zunächst, dann können Sie hinterher feststellen, ob Sie eine einigermaßen zutreffende Vorstellung von sich selbst haben.

Scham oder Schuldgefühl ist fehl am Platz! Beim Notieren all Ihrer Einkünfte werden Sie sich gewisser Gefühle nicht erwehren können. Ihr ganzes Leben zieht an Ihnen vorüber, und es gibt nun einmal angenehme und weniger angenehme Erinnerungen. Verurteilen Sie sich selbst nicht! Es führt zu nichts, wenn Sie denken: „Hätte ich doch nur … eine andere Stelle gesucht, um Gehaltserhöhung gebeten, weiter studiert." Betrachten Sie die Zahlen objektiv und akzeptieren Sie das, was Sie getan haben. Sie haben bestimmte Entscheidungen getroffen, weil es Ihnen so am besten schien. Berücksichtigen Sie die Umstände, in denen Sie sich befanden, und die Möglichkeiten, die Sie damals hatten, und versuchen Sie, liebevoll mit sich selbst umzugehen. Scham, Schuldgefühl und Reue nützen wenig und sind eher kontraproduktiv.

Sehen Sie sich die Zahlen an und lassen Sie sie auf sich einwirken, verbessern Sie, wenn nötig, und seien Sie sich darüber im klaren, daß die Tatsache, daß Sie Dinge aufzeichnen und analysieren, nichts ändert. Lediglich die Art und Weise, in der Sie Ihre berufliche Vergangenheit beurteilen, ändert sich, Sie verfügen jetzt über konkretes Material.

Das Errechnen Ihres gesamten Einkommens ist ein wichtiger erster Schritt des Stufenplans. Tun Sie es so ehrlich und zuverlässig wie möglich. Haben Sie wirklich alles aufgeschrieben oder sich ab und zu selbst beschummelt? Denken Sie daran, daß Sie sich diese Arbeit in Ihrem eigenen Interesse machen.

Checkliste Einkommen

- Taschengeld und Geld, das Ihre Eltern oder andere Ihnen für kleine Dienste gaben
- Geld, das Sie selbst oder andere für Sie gespart haben
- Geld, das Sie während der Ferien verdient haben
- Gehalt bzw. Lohn und eventuell Wehrsold

PS: Legen Sie jeweils den Bruttolohn zugrunde, vor Steuern und Abzügen. Bewahren Sie alte Steuererklärungen, Gehaltsabrechnungen, Bankauszüge, Tagebücher etc. auf

- zusätzliche Bezüge, die Sie von Ihrem Arbeitgeber bzw. aus selbständiger Arbeit empfingen
- Unternehmergewinn
- Sozialhilfe, Arbeitslosengeld bzw. -hilfe, BAföG, Stipendien etc.
- schwarz verdientes Geld
- Einkommen aus Nebenverdiensten oder Hobbies
- Geldgeschenke, Erbschaften
- Gewinn beim Verkauf von Immobilien oder Sachwerten wie Autos, Möbel etc.

- Zinsen, Dividenden, Kursgewinne
- Lotteriegewinne
- Kredite, die Ihnen erlassen wurden, die Sie also nicht zurück-
  gezahlt haben
- Abfindungen bei Entlassung oder Kündigung

Stufe 1-B: Wie hoch ist Ihr Vermögen?

Sie haben nun errechnet, was Sie in Ihrem ganzen Leben verdient bzw. anderweitig bekommen haben. Nun müssen Sie feststellen, was davon in Form von Geld oder Sachwerten übrig ist.
Vielleicht haben Sie auch Schulden. Es geht also darum festzustellen, wieviel Sie „wert" sind.

Geschäftsleuten ist so etwas vertraut, denn sie erstellen, abgesehen von der Gewinn- und Verlustrechnung, jährlich eine Bilanz. Eine Bilanz hat zwei Seiten. Auf der linken erscheinen alle Besitztümer mit ihren Werten, wobei Außenstände bzw. noch
ausstehende Einkünfte zum Besitz zählen. Rechts werden alle
Schulden, Kredite und noch nicht bezahlte Rechnungen aufgeführt. Die Beträge auf der rechten werden von denen auf der linken Seite abgezogen, um so das Eigenvermögen zu ermitteln.

Für Ihre private Situation erstellen Sie nun ebenfalls eine solche Bilanz. Schließlich ist das Leben ein großes Geschäft, und
es ist absolut keine schlechte Idee, ab und zu Bilanz zu ziehen.
Es ist nicht so kompliziert, wie es klingt. Nachdem Sie Ihr Eigenvermögen errechnet und sich gegebenenfalls vom Schreck
erholt haben, vergleichen Sie es mit dem Betrag, den Sie in der
Aufgabe 1-A errechnet haben.

Erstellen Sie Ihre persönliche Bilanz, schreiben Sie einfach
alles auf, was Sie besitzen und was Sie schuldig sind. Einige
häufig vorkommende Posten haben wir nachfolgend aufgelistet.

Auch diesmal ist ein Spreadsheet-Programm praktisch, um
die Bilanz regelmäßig ergänzen und Vergleiche anstellen zu
können.

Flüssige Mittel: Alles Bargeld bzw. Dinge, die problemlos zu
Bargeld gemacht werden können, z.B.:

- Geld in Ihrem Geldbeutel, im Sparschwein oder im Spar-
  strumpf
- Geld auf den verschiedenen Sparkonten (dabei stoßen Sie
  vielleicht noch auf ein Sparkonto, das Sie vergessen hatten)

- Geld auf Girokonten, Schecks, die noch nicht eingereicht sind
- Wertpapiere, Anleihen, Bundesschatzbriefe, Aktien gemäß ihrem augenblicklichen Wert
- Lebensversicherungen u.ä.
- zu erwartende Steuerrückerstattungen, Geld, das Sie ausgeliehen haben, insoweit Sie noch mit (teilweiser) Rückzahlung rechnen

Materieller Besitz: Alles, was Ihnen gehört. Fangen Sie mit den größeren Dingen an wie Haus, Auto(s), Motorrad, Wohnwagen, Wochenendhaus, Boot, Fahrräder. Finden Sie jeweils den augenblicklichen Wert heraus; beim Wert des Hauses erkundigen Sie sich z.B. nach dem Verkaufspreis eines vor kurzem in Ihrer Straße verkauften Hauses. Auch ein Anruf bei einem Makler ist eventuell aufschlußreich, ohne daß Sie Ihr Haus gleich schätzen zu lassen brauchen. Hypothekentilgungen bleiben noch außer Betracht, sie werden bei Schulden und Krediten aufgeführt. Den Wert von Autos, Motorrädern, Booten etc. können Sie anhand von Verkaufsanzeigen, Listen oder Informationen in Werkstätten schätzen.

Dann machen Sie eine Liste aller anderen Besitztümer (inner- oder außerhalb Ihres Hauses) mit dem jeweiligen Wert. Vielleicht haben Sie für die Hausratversicherung bzw. die Gütertrennung anläßlich Ihrer Heirat bereits eine solche Liste gemacht. Gehen Sie trotzdem zur Kontrolle durch alle Zimmer in Ihrem Haus und vervollständigen Sie die Liste; stellen Sie den jeweiligen Wert fest, anstatt ihn zu schätzen. Sagen Sie nicht zu schnell: „Das hat doch alles kaum einen Wert." Finden Sie heraus, was Sie tatsächlich bei einem Verkauf bekommen würden. Auch hierbei können Verkaufsanzeigen für Waschmaschinen, Kühlschränke usw. gute Dienste leisten. Machen Sie es sich aber auch nicht zu schwer. Sie brauchen nicht für jeden Kaffeelöffel den genauen Wert herauszufinden, wohl den Wert des gesamten Besteckes. Falls Sie besonders kostbare Stücke haben, führen Sie sie einzeln auf. Vergleichen Sie die Liste auch mit der Liste der Wertgegenstände für Ihre Hausratversicherung. Vielleicht zahlen Sie noch immer Prämie für ein Gerät oder ein Schmuckstück, das Sie längst nicht mehr haben. Alte Stücke auf dem Dachboden könnten in einem Antiquitätengeschäft vielleicht einen guten Preis erzielen. Haben Sie vielleicht noch Dinge bei anderen Leuten gelagert? Schauen Sie sich die Liste nach einigen Tagen noch einmal an, eventuell fällt Ihnen noch etwas ein, das Sie beim ersten Mal vergessen hatten.

Schulden: Nun kommen wir zur Liste aller Schulden. Fangen Sie wieder mit den großen Summen an. Hypotheken sind anhand der Abrechnungen der Bank leicht zu berechnen. Gleiches gilt für Dispositionskredite für den Kauf eines Autos, Bootes usw. Nehmen Sie auch alle anderen Kredite, Ratenkäufe und Darlehen von Eltern, Freunden usw. auf. Seien Sie ehrlich. Letzter Posten auf der Liste sind Steuerschulden.

Ziehen Sie jetzt die Gesamtschulden von der Summe Ihrer flüssigen Mittel und Besitztümer ab; das Resultat ist Ihr eigenes Vermögen, das, was Sie zur Zeit „wert" sind.

Hoffentlich ist das Ergebnis positiv und höher, als Sie erwarteten. Aber das wird nicht immer der Fall sein, manch einer wird feststellen, daß er im Minus steht, obwohl er viel verdient hat. Ein anderer findet heraus, daß er zwar keine Schulden hat, daß aber auch nichts übriggeblieben ist. Aber vielleicht gehört Ihnen ja viel mehr, als Sie dachten. Die Rechnung ist sicher spannend beim ersten Mal. Viel Erfolg!

Seien Sie sich darüber im klaren, daß es ausschließlich um materielle Werte geht, nicht darüber, was Sie für Ihr Umfeld oder die Gesellschaft wert sind. Beurteilt wird nicht, ob Sie nett sind, kreativ oder originell, ob Sie eine gute Ausbildung und erstklassige Zeugnisse im Schrank haben. Wahrscheinlich sind Sie für Ihre Eltern einmalig, für Ihren Partner und Ihre Kinder unersetzlich und wüßte Ihr bester Freund nicht, was er ohne Sie anfangen sollte. Hier geht es „nur" um Geld.

Wozu Bilanz ziehen? Damit Sie sich Ihrer wirklichen Situation bewußt werden. Für mich war das Bilanzziehen nicht neu. Schon seit rund zwanzig Jahren mache ich jährlich eine nicht ganz so detaillierte Aufstellung meiner Ersparnisse und Besitztümer. Für mich ist es ein beruhigender Gedanke, daß ich auf einen finanziellen Notfall vorbereitet wäre. Für Rob war es eine echte Entdeckungsreise, als er die Berechnung machte. Akzeptieren Sie das Ergebnis, wenn Sie soweit sind, und machen Sie sich selbst keine Vorwürfe. Anhand dieser Informationen können Sie mit dem Stufenplan weitermachen. Mit dieser ersten Stufe (1-A und 1-B) haben Sie Ihre Vergangenheit schwarz auf weiß vor sich und sind in der Gegenwart angekommen, der wir uns bei den nächsten Stufen zuwenden.

Checkliste materieller Besitz

Nachfolgend eine Checkliste für Ihre Aufstellung des Eigentums und Ihrer Schulden, die keinen Anspruch auf Vollständigkeit erhebt:

Haus, Wochenendhaus, Auto/s, Boot/e, Kücheneinrichtung, Antiquitäten, Kunstwerke, Kleidung, Radio, Stereoanlage, Platten, Kassetten, CDs, Kameras (Foto, Video, Film), Hochzeitskleid, Schuhe und Taschen, Schmuck, Computer und Zubehör, Schreibmaschine/n, Büroeinrichtung, Sportausrüstung, Attachékoffer, Fahrrad, Waschmaschine, Trockner, Werkzeug für Haus, Garten und Hobby, Bettwäsche, Spielzeug, Möbel, Lampen, Sammlungen, Nähmaschine, Pflanzen, Bücher, Campingausrüstung usw.usw.

Checkliste Schulden

Hypothek, sonstige Kredite, z.B. zur Finanzierung eines Autos, Bootes usw., Ratenzahlungen, Dispositionskredite, Überziehungskredite, negativer Saldo (inkl. Kreditkarte), BAföG in der Form eines Darlehens, unbezahlte Rechnungen, z.B. vom Arzt oder Krankenhaus, Privatdarlehen.

Und, *last but not least*, Steuerschulden.

Interview

Den meisten Kapiteln in diesem Buch folgt ein Interview mit Leuten, denen es – oft auf ganz eigene Weise – gelungen ist, Kontrolle über ihre Finanzen zu erreichen, und die dabei sind, ihre Träume zu verwirklichen.

Das erste Interview mit einem Paar, bei dem beide ihre Arbeitsstelle aufgaben:

Sag es mit Blumen

„Vor einigen Jahren hatten mein Mann und ich noch jeder eine gutbezahlte Stelle. Beide mußten wir hart arbeiten und wurden allmählich unzufrieden. Meine Stelle als Lehrerin an einer Internationalen Schule wurde mir zu anstrengend, aufgrund jahrelanger Überbelastung wurde ich krank. Mein Mann war Computertechniker, und bei ihm ging es eher um Unterbelastung, was auf die Dauer auch unerträglich werden kann.

In der allerersten Geizhalszeitung stand, daß es angenehm ist, sparsam zu leben und mehr Zeit für sich selbst zu haben. Das ist auch unsere Meinung. Wir haben unser Haus vermietet und wohnen jetzt in einem kleinen Appartement. Wir züchten biologische Schnittblumen auf einem wunderschönen Stück Land zwischen Rotterdam und Delft. Wir haben den Computer bzw. das Klassenzimmer hinter uns gelassen, arbeiten mit unseren Händen und sind rundherum glücklich mit den sauber gezüchteten Blumen. Wir sind unser eigener Chef und haben das Gefühl, wirklich zu leben – mitten in der Natur.

Natürlich ist es ein großes Risiko, einen solchen Betrieb zu beginnen, aber wir hoffen, daß wir uns mit sehr sparsamem Leben durchschlagen können. Sparsamkeit ist unsere einzige Überlebensstrategie. Ich denke, ich habe das von meinen Eltern gelernt, die nach Australien emigrierten, als ich noch sehr klein war. Mein Vater hatte Wirtschaftswissenschaften studiert, meine Mutter war Kindergärtnerin. Da ihre Zeugnisse in Australien nicht anerkannt wurden, mußten sie die ersten Jahre das Geld für die Familie mit „funny jobs" verdienen. Zunächst wohnten wir auf dem Land in einem Wohnwagen, denn das Haus, das gebaut werden sollte, war erst nach vier Jahren fertig. Wir saßen auf Apfelsinenkisten, und die Situation war manchmal kritisch. Kleidung wurde aus alten Gardinen gemacht, und ich mußte die Pyjamahosen meines Bruders – mit Schlitz – tragen, so daß ich mich manchmal fast zu Tode schämte. Aber wir haben auch viel gelacht, lebten sehr ungebunden und waren viel im Freien. Wir waren auch erfinderisch; wenn Besuch kam, drehte meine Mutter einfach ihren Rock herum, so daß die nicht gerade saubere Vorderseite nach hinten kam. Von Nachbarn bekamen wir Abfälle für die Enten, aus denen wir Suppe für uns selbst machten. Mit etwas Brot ergab das eine Mahlzeit. Schon als Kind lernte ich so, alles zu verwerten, und das betrachte ich noch immer als einen Sport. Fast alle unsere Möbel haben wir über Anzeigen in einer Freiwurfzeitung erworben. Unser eigenes Haus haben wir möbliert vermietet, wir konnten also alles gebrauchen. Sogar die Mikrowelle und die Tiefkühltruhe haben wir billig gebraucht gekauft. Meine Sparsamkeit äußert sich auch in Kleinigkeiten. In das Katzenklo kommt eine Lage Zeitungspapier und darauf etwas Sand. Wenn der schmutzig ist, kommt eine neue Lage darauf, und so weiter, bis der Stapel so hoch ist, daß er weggeworfen werden muß. Das Futterschälchen der Katzen stelle ich auf eine „Katzentischdecke", eine alte Zeitschrift, die ich in der Mitte aufschlage. Wenn das oberste Blatt schmutzig ist, reiße ich es heraus und die Katzen haben wieder eine saubere Tischdecke. So brauchen wir den Fußboden weniger oft zu putzen.

Unsere Blumen werden absolut biologisch gezüchtet, ohne daß wir uns dafür umzustellen brauchten. Wir hatten seit einigen Jahren einen Schrebergarten, in dem wir ebenfalls weder Kunstdünger noch Schädlingsbekämpfungsmittel benutzten. Und so haben wir einfach weitergemacht. Da der Grund bereits seit einigen Jahren brachlag, bekamen wir recht problemlos das Markenzeichen EKO. Unsere Blumen verkaufen wir an biologische Betriebe der Blumenversteigerung in Aalsmeer. Die Umweltbewegung und viele Verbraucher lehnen inzwischen „Giftblumen" ab, und wir hoffen, davon profitieren zu können. Was das betrifft, betrachten wir uns als waschechte Pioniere, obwohl wir noch nicht wissen, ob wir finanziell gesehen über die Runden kommen werden.

Vielleicht müssen wir Blumenabonnements verkaufen, so wie biologische Bauern das mit Gemüse und Obst tun. Wir versuchen auch, abgesehen von den bekannten Blumen unbekanntere oder altmodische, duftende Sorten auf den Markt zu bringen. Wußten Sie übrigens, daß man viele Blumen, wie zum Beispiel Kapuzinerkresse und Veilchen, essen kann? Verhungern werden wir also nicht, aber es wäre phantastisch, wenn wir mit dieser Arbeit in Zukunft unser Brot verdienen könnten ..."

2.
Geld, was ist das eigentlich?

Nachdem wir nun ziemlich genau wissen, was wir bisher verdient haben und was davon – materiell gesehen – noch übrig ist, wird es Zeit, sich der Gegenwart zuzuwenden. In diesem Kapitel geht es darum, daß Sie sich einen Überblick über die eigenen Ausgaben und Einkünfte verschaffen. Aber erst sollten wir uns einmal fragen, was Geld eigentlich ist. Es hat viele Aspekte, die zu berücksichtigen sind, bevor man den Begriff Geld definieren kann.

Wie verschieden wir über Geld denken und wie merkwürdig wir damit umgehen können, zeigte sich, als Hanneke und ich die Aufgabe aus dem vorigen Kapitel gemacht hatten.

Seit rund zwanzig Jahren haben wir einen gemeinsamen Haushalt. Wir sind Doppelverdiener, unsere Kinder sind seit einigen Jahren selbständig. Unsere persönlichen Finanzen hatten wir die ganze Zeit über strikt getrennt. Als wir ans Zusammenziehen dachten, sagte Hanneke: „Ich will Tisch und Bett und die Kindererziehung mit dir teilen, aber nicht meinen Geldbeutel." Dafür hatte sie gute Gründe. Ich hatte trotz meines guten Einkommens nie genug Geld. Zu Monatsanfang zahlte ich allen möglichen Leuten das Geld zurück, das sie mir geliehen hatten, und beglich alle Rechnungen. Das hatte zur Folge, daß ich oft nach einer oder zwei Wochen schon wieder kein Geld mehr hatte und wieder leihen mußte. Erspartes hatte ich nicht, und mein Girokonto war meist überzogen, so daß ich hohe Zinsen zahlen mußte, übrigens ohne mir dessen richtig bewußt zu sein.

Hanneke hatte ihre Finanzen viel besser im Griff. Sie verdiente weniger, aber sie behielt immer etwas übrig, so daß sie ansehnliche Beträge auf die hohe Kante legen konnte. Sie hatte vollkommen recht, daß sie ihre Geldangelegenheiten von den meinen getrennt halten wollte, ich wäre imstande gewesen, in kürzester Zeit ihr Spargeld zu verjubeln. Natürlich gab es für diesen Unterschied eine Erklärung. Hanneke und ich wurden – auch was Geldangelegenheiten betrifft – vollkommen anders erzogen. Ihr Vater war Gärtner/Blumenhändler, und die Familie war während des Krieges und eine Zeitlang danach recht arm. Den Kindern fehlte es zwar an nichts, aber da das Geschäft nicht sehr viel einbrachte, mußte in der Familie mit vier Kindern immer auf den Pfennig geschaut werden. Hannekes Mutter hatte darum auch wieder angefangen, als Lehrerin zu arbeiten.

Meinen Eltern ging es finanziell viel besser. Mein Vater bekam gleich nach dem Krieg eine Stelle bei einem großen internationalen Unternehmen und arbeitete sich in eine hohe kaufmännische Position hinauf, in der er Aussichten auf eine Stelle als Direktor im Ausland hatte. Auch meine Großeltern mütterlicherseits, die ganz in unserer Nähe wohnten, hatten keine Geldsorgen. Sie hatten als erste in der Straße ein Auto, einen Fernseher, machten Urlaub im Ausland. Als Kind hörte ich zu Hause fast nie über Geld sprechen, und ich hatte auch kaum direkt damit zu tun. Wir hatten alles, was das Herz begehrt. Vor allem während meiner Pubertät, als mein Vater endlich die ersehnte Position als Direktor bekommen hatte, schienen die Bäume in den Himmel zu wachsen. Wir hatten ein Riesenhaus, Personal, Auto mit Fahrer und machten Urlaub in teuren Hotels an der Riviera. Den Umgang mit Geld brachte mir niemand bei, es war einfach immer vorhanden.

Aber die Bäume wuchsen nicht in den Himmel, nach Jahren stellte sich heraus, daß mein Vater mit der finanziellen Freiheit, die er hatte, nicht umgehen konnte. Er hatte Schulden gemacht. Er entging mit knapper Not dem Offenbarungseid, aber die ganze Familie mußte dem Luxus ade sagen. Wir zogen in zwei gemietete Zimmer in Den Haag, und ich verließ die elterliche Wohnung schnell. Und ohne echt über alles nachzudenken, habe ich mich die folgenden fünfzehn Jahre ferngehalten von allem, was mit Geld, Karriere und ähnlichen Dingen zu tun hatte. Ich wollte einfach nichts mit Geld zu tun haben, und es gelang mir auch immer, es so schnell wie möglich auszugeben. Und zur Not konnte ich ab und zu etwas von Hanneke leihen.

Als wir beide ausrechneten, wieviel wir in unserem ganzen Leben verdient hatten, war das Ergebnis überraschend. Hanneke hatte bis zu ihrem 51. Lebensjahr rund eine Million Gulden verdient, ich „nur" etwas mehr, obwohl ich doch immer die Idee gehabt hatte, viel mehr zu verdienen. Während längerer Perioden hatte ich tatsächlich recht viel verdient, aber es gab auch Zeiten, in denen ich selbständig war und praktisch nichts verdiente. Hanneke dagegen hatte immer Stellen gehabt, und während all der Jahre war ihr Einkommen fast gleich geblieben. Außerdem hatte sie – im Gegensatz zu mir – Nebeneinkünfte durch den Verkauf eines Hauses und hatte Schenkungen ihrer Eltern erhalten.

Auch die Bilanz zeigte ein anderes Resultat als das von mir erwartete. Ich hatte immer, so gut es eben ging, versucht, dafür zu sorgen, daß ich bei meinem Tod keine Schulden hinterlassen würde. Regelmäßig überschlug ich in etwa, ob genug übrig sein würde, um nach meinem Begräbnis alle Verpflichtungen zu erfüllen, so daß meine Hinterbliebenen das nicht zu tun brauchten. Dafür gab es einen Grund: Als mein Vater starb, erbten meine Schwester und ich die Schulden, die er damals noch hatte. Wir haben die Annahme der Erbschaft übrigens verweigert, was glücklicherweise möglich ist. Zu meiner Überraschung ergab meine Bilanz einen positiven Saldo in Höhe eines – für meine Begriffe – nicht unansehnlichen Betrages. Hanneke hatte zwar doppelt so viel Eigenvermögen, aber trotzdem war ich ein paar Wochen lang ziemlich stolz. Uns beiden wurde durch Stufe 1 klar, daß ich noch viel mehr hätte sparen können. Das läßt sich über ein einfaches Computer-Rechenprogramm feststellen. Da ich bis zu meinem 50. Lebensjahr eine Million verdient hatte, hätte ich, wenn ich ab meinem 20. Lebensjahr jeweils 10 % davon auf die Seite gelegt hätte, nun ein Kapital von einer halben Million unter Zugrundelegung eines durchschnittlichen Zinssatzes von 6 %. Das ist mir nicht gelungen. Es ist zwecklos, dem nachzutrauern.

Aber ich bin fest entschlossen, diesen Zinseszinseffekt in den kommenden Jahren auszunützen.

Über Geld nachdenken

Durch die Aufgabe in Stufe 1 haben Sie einen bestimmten Aspekt Ihres Lebens an sich vorüberziehen lassen und sind sich hoffentlich mehr der Geldsumme bewußt, die Sie eingenommen und ausgegeben haben. Und Sie wissen auch, was davon – materiell gesehen – noch übrig ist. Aber wissen Sie nun, was Geld ist?

Wenn wir echt Kontrolle über unser Geld bekommen wollen, müssen wir erst über eine geeignete Definition verfügen. Denken Sie erst einmal darüber nach, bevor Sie weiterlesen. Umschreiben Sie möglichst deutlich, was Geld für Sie ist. Es lohnt sich.

Einfach ist es nicht. Wir reden zwar viel über Geld, aber dabei geht es meist um das, was man damit tun kann: Es verdienen, sparen, ausgeben, Steuern zahlen, eine Rente erwerben. Aber was ist Geld nun eigentlich? Ein Stück Papier mit hübschen Abbildungen, das Sie aus Ihrem Portemonnaie holen? Mein Vater erklärte es mir, als ich noch ein kleiner Junge war. Er nahm eine Banknote von zehn Gulden, was zu jener Zeit viel Geld für mich war. Er sagte: „Geld an sich ist nichts weiter als ein Stück Papier" und zerriß es. Später hat er die Stücke wahrscheinlich wieder zusammengeklebt, aber ich war sehr beeindruckt. Wenn wir den Begriff Geld definieren wollen, ist es sinnlos, Banknoten oder Münzen zu beschreiben. Es geht um eine Definition im weiteren Sinne, wobei verschiedene Ausgangspunkte möglich sind.

Geld im Alltag: Sogar praktisch gesehen geht es bei Geld nicht nur um „Banknoten und Münzen", sondern um alles, was wir täglich, von der Wiege bis zur Bahre, damit tun. Vom ersten Taschengeld, das hoffentlich (teilweise) im Sparschwein verschwand, bis zur Sterbeversicherung bzw. bis zum Kauf eines Grabes. Geld spielt eine Rolle beim Finden einer Arbeitsstelle und beim Streben nach höherem Verdienst, sobald wir eine Stelle gefunden haben. Aber es spielt auch eine Rolle bei allen anderen Vorgängen im täglichen Leben, bei den täglichen Einkäufen und bei größeren Anschaffungen. Den Umgang mit Geld erlernt man allmählich. Man entscheidet sich für eine bestimmte Bank, sucht die günstigste Versicherung, füllt die Steuererklärung nach bestem Wissen und Gewissen aus, schließt einen Sparvertrag ab usw. Wir mieten oder kaufen eine Wohnung, schaffen ein Fahrrad oder ein Auto an. Wir zahlen Prämien für eine zusätzliche Altersversorgung, kaufen und verkaufen Anleihen oder Aktien, spenden Geld für wohltätige Zwecke. Und ohne uns dessen immer bewußt zu sein, haben wir ständig einen Gedanken im Hinterkopf: „Je mehr Geld ich habe, desto besser."

Sobald ein Problem auftaucht, und das bleibt natürlich nicht aus, ist unser erster Gedanke: „Hätte ich doch nur etwas mehr Geld." Wenn wir zu wenig davon haben, leihen wir es uns, betteln eventuell oder stehlen es sogar. Aber oft stellt sich heraus, daß mehr Geld nicht die Lösung ist. Natürlich muß man seine Probleme lösen, aber mit (mehr) Geld ist es nicht immer getan. So bekämpfte ich z.B. meine allmonatlich zurückkehrende Geldknappheit dadurch, daß ich mir etwas lieh oder mein Konto überzog. Seit ich damit aufgehört habe, verstehe ich nicht mehr, wie ich jahrelang so dumm sein konnte, Bekannten und

Banken, die mir aus der Verlegenheit halfen, Tausende an Zinsen zu zahlen. Abgesehen davon, daß ich dadurch immer wieder in peinliche Situationen kam, sehe ich von all dem Geld nie mehr etwas. Wenn man mir den Umgang mit Geld beigebracht hätte, wäre mir manches erspart geblieben. Aber seltsamerweise bringen nur die wenigsten von uns ihren Kindern bei, wie man mit Geld umgeht. Hat Geld vielleicht doch noch andere Aspekte als die praktischen? Und fällt es uns deshalb so schwer, darüber nachzudenken und darüber zu sprechen?

Was bedeutet Geld für uns? Wenn wir etwas weniger an die praktischen Aspekte denken, kommen wir zu den Gefühlen, die Geld in uns hervorruft. Es geht nicht mehr darum, was Sie mit Geld tun, sondern darum, wie Sie es tun und was Geld für Sie bedeutet. Gehen Sie impulsiv damit um oder vorsichtig? Wollen Sie immer mehr Geld haben, oder ist es Ihnen eher gleichgültig? Verschenken Sie viel, oder behalten Sie es lieber für sich selbst? Machen Sie sich Sorgen um Geld? Haben Sie ewig zu wenig und wollen Sie das lieber nicht wahrhaben?

Denken Sie ruhig darüber nach, wie Sie zu Geld stehen und welche Gefühle es in Ihnen hervorruft. Beziehen Sie auch Ihre Kindheit und Erziehung ein. Kommen Sie aus einer wohlhabenden, durchschnittlichen oder armen Familie? Wurde zu Hause offen über Geld gesprochen? Hatten Sie den Eindruck, daß Ihre Freunde mehr oder weniger Geld hatten als Sie? Bekamen Sie automatisch Taschengeld, oder mußten Sie etwas dafür tun? Wer verwaltete das Geld bei Ihnen, und was fanden Sie dabei? War genug Geld da, um zu kaufen, was die Familie brauchte? Wenn Ihre Eltern Ihnen einen Wunsch nicht erfüllten, war dann Geldmangel der Grund oder etwas anderes? Stand Geld im Zusammenhang mit Belohnung oder Strafe, und gab es deswegen Streit? Was wurde Ihnen zu Hause über Geld beigebracht, was genau erzählten Ihre Eltern Ihnen darüber? Unsere Erziehung ist oft die Basis für unseren Umgang mit Geld. Selbst wenn wir die Vorstellungen, die wir mitbekommen haben, eigentlich ablehnen, spielen sie vielleicht doch noch eine Rolle.

Für viele Menschen bedeutet Geld u.a. Sicherheit: ein Schild zwischen unserer verletzlichen Position und der bösen Außenwelt. Bis zu einem gewissen Grad ist das auch nicht verkehrt. Geld sorgt dafür, daß wir zu essen haben, uns kleiden können und ein Dach über dem Kopf haben. Aber wenn unsere Basisbedürfnisse erfüllt sind, verleiht Geld uns kaum zusätzliche Sicherheit. Ein teures Auto oder eine Luxusreise kosten zwar viel, sind aber eher ein zusätzlicher Risikofaktor. Viel Geld und viele Besitztümer machen unser Leben in gewisser Hinsicht eher weniger sicher. Wenn Ihre kostbaren Dinge gestohlen werden, zeigt sich, daß Besitz auch eine Gefahr darstellen kann, man wird interessant für Kriminelle.

Geld kann auch ein Gefühl von Macht vermitteln. Es gibt uns Einfluß, wir können Menschen tun lassen, was wir wollen. Sie können damit nach eigenem Gutdünken verfahren. Aber wenn Geld Macht ist, wieso sind dann weitreichende soziale Veränderungen ohne Geld vollzogen worden? Es gibt z.B. eine Macht, die Gandhi *Satyagraha* nannte: bürgerlichen Ungehorsam. Aller Reichtum und alle Gewalt der Engländer konnten dagegen nichts ausrichten. Die gleiche Kraft mobilisierte Martin Luther King gegen die Rassendiskriminierung in den Vereinigten Staaten. Sie wurde auch eingesetzt von den Menschen, die verhinderten, daß Kalkar ans Netz ging oder Shell die Brent Spar im Meer versenkte. Die Macht des Geldes wird leicht überschätzt, glücklicherweise kann man auch ohne Geld vieles erreichen.

Geld kann auch genutzt werden, um Kontakte oder sogar Freundschaft zu „kaufen". Wir alle haben das Bedürfnis, dazuzugehören. Ausgeschlossen zu sein ist ein furchtbares Gefühl. Wir wissen zwar, daß Freundschaft nicht zu kaufen ist, aber die Werbung nutzt unser Bedürfnis nach Anerkennung aus. Es gibt unendlich viel zu kaufen, um uns das Gefühl zu geben, zu einer bestimmten Gruppe zu gehören, Puder gegen Schweißfüße, Laura-Ashley-Kleider oder eine bestimmte Automarke. Unmerkbar werden Sie zum Sklaven, denn wenn Sie durch materielle Dinge „dazugehören" wollen, müssen Sie ständig kaufen. Käufliche Liebe ist vergänglich.

Geld wird oft überschätzt, aber auch das Gegenteil kommt vor: Geld wird als Ursache allen Übels gesehen. Es geht darum, daß Sie herausfinden, was Geld für Sie persönlich bedeutet. Denken Sie darüber nach, oder – noch besser – sprechen Sie mit Ihrer Familie, Ihrem Partner oder einem guten Geschäftsfreund darüber. So können Sie Ihren täglichen Umgang mit Geld, Ihre Probleme damit besser verstehen und – wenn nötig – ändern.

Geld als Tauschobjekt: Geld als solches hat wenig oder gar keine Bedeutung, solange man nicht etwas damit tut. Geld ist ein Tauschobjekt, für das man zwar nicht alles, aber doch sehr viel eintauschen kann. Darum gibt es bereits seit 4000 Jahren Geld. Als die Menschen immer mehr anbauten und produzierten, häuften sie Vorräte an, ein allgemein anerkanntes Tauschmittel war vonnöten. Als immer unterschiedlichere Dinge getauscht werden mußten, wurde das Ganze zu kompliziert – das Geld wurde „erfunden". Eine praktische Erfindung, denn man kann es sehr viel länger und einfacher bewahren als z.B. Getreide oder Salz. Aber wenn das System funktionieren soll, müssen eine Reihe von Vereinbarungen getroffen werden. Die Menschen müssen einander vertrauen, und es muß Stabilität vorhanden sein. Wenn nicht sicher wäre, daß man für Geld wieder etwas erwerben kann, würde man es nicht akzeptieren und lieber mit etwas „bezahlen", das unmittelbar einen Wert darstellt. Geld hat einen allgemein anerkannten Wert, und deshalb akzeptieren wir es als Tauschobjekt.

Damit kommen wir zur Wirtschaftswissenschaft, die dieses Tauschen und den Wert, den Geld repräsentiert, zu einer einflußreichen Disziplin gemacht hat, die einen nicht zu unterschätzenden Einfluß auf unser Denken ausübt. Wir tun oder unterlassen bestimmte Dinge wegen des guten oder schlechten Effekts auf „die Wirtschaft". Außerdem ist die Wirtschaft nicht zu trennen von der Idee des Wachstums: mehr, mehr und nochmals mehr. Denn die Wirtschaft muß wachsen, nicht wahr? Das Bruttosozialprodukt, die Kaufkraft und das Nationaleinkommen müssen unaufhörlich wachsen, sonst sprechen wir von Rezession. Aber Wachstum alleine ist noch nicht ausreichend, denn wenn die Wirtschaft „nur" um ein Prozent oder weniger pro Jahr wächst, sprechen wir bereits von Rezession. Wachstum muß eine bestimmte Höhe haben, 3 oder 4 % – so glauben wir – sind das Minimum.

Ist das eigentlich so? Wenn wir in den Nachrichten hören, daß die Kaufkraft gesunken ist, glauben wir, das am eigenen Leib zu erfahren. Aber stimmt das? Vor 20 Jahren kostete ein Fernseher doppelt soviel wie heute, und auch biologisch angebaute Kartoffeln kosten heute weniger als vor einigen Jahren. Bei Dutzenden anderer Produkte ist es genauso, das heißt, die von uns so gefürchtete Verringerung der Kaufkraft ist halb so schlimm.

Was hat das sogenannte Wachstum uns in den letzten Jahrzehnten gebracht? Seit 1960 verdoppelte sich das durchschnittliche Einkommen, aber sind wir deshalb doppelt so glücklich? Oder ging es uns damals gar nicht so schlecht? Auf jeden Fall sind seit jener Zeit kaum Arbeitsplätze geschaffen worden. Zwar nehmen jetzt rund vier Millionen mehr Menschen am Arbeitsprozeß teil, aber die Zahl der (bezahlt) gearbeiteten Stunden sinkt seit 1960 kontinuierlich *(Quelle: Statistisches Jahrbuch für die Bundesrepublik Deutschland 1996)*. Das also ist der tatsächliche Effekt des Wirtschaftswachstums. Fühlen wir uns geborgener? Steht es mit der Umwelt besser? Diese Fragen kann jeder für sich selbst beantworten.

Die Wirtschaftswissenschaft lehrt uns, daß Geld ein praktisches Tauschmittel ist, aber viele andere Erkenntnisse der Wirtschaftswissenschaft stehen inzwischen zur Diskussion. Man spricht manchmal sogar von „Seifenblasenwirtschaft", weil die Fixierung auf immer mehr Wachstum keinen tatsächlichen Wohlstand mehr erzeugt. Die wirtschaftliche Aktivität zum Beispiel, die durch Umweltverschmutzung entsteht, wird als Wirtschaftswachstum betrachtet, was zeigt, wie weit sich die Wirtschaftswissenschaft von der alltäglichen Wirklichkeit entfernt hat. Das Wachstumsdenken hat außerdem fatale Folgen für die Verteilung des Wohlstands zwischen den Völkern. Es prägt unsere gesamte Kultur. Es geht vor allem darum, wer am meisten hat. Hat der Nachbar ein neues, teureres Auto, dann sind wir unzufrieden. Aber der gesunde Menschenverstand sagt uns, daß nicht alle Bewohner dieser Erde so viel konsumieren können wie wir.

Geld als Lebensenergie

Aber noch immer ist der Begriff Geld nicht umfassend definiert. Denken wir darüber nach, was Geld wirklich für uns bedeutet, was es mit unserem Leben zu tun hat. Dazu brauchen wir niemand anderen zu befragen, wir können unsere eigenen Erfahrungen zu Rate ziehen. Alle Auffassungen, die wir bisher diskutiert haben, haben einen Schönheitsfehler. Wir tun so, als ob Geld etwas sei, das eine bestimmte Macht über uns hat, uns etwas „gibt". Es ist etwas, was wir ab und zu haben. Wir strengen uns an, um es zu erwerben, und verbinden damit unser Gefühl von Sicherheit, Macht, Anerkennung, Selbstwert und Glück. Wir unterwerfen uns ihm sozusagen. Wie können wir uns davon frei machen?

Wir können eine Definition nutzen, die dem Geld wieder seinen eigentlichen Platz gibt und uns wieder Macht darüber verleiht. Geld ist dann etwas, wofür wir unsere Lebensenergie tauschen bzw. tauschen möchten. Wie wir es auch erwerben oder ausgeben, stets ist es verbunden mit unserer eigenen bzw. der Lebensenergie anderer Menschen. Die Abbildung unten macht dies deutlich.

Links wird der Tausch unserer Lebensenergie gegen das „Geld der Welt" abgebildet. Durch Arbeit, sei es angestellt oder selbständig, tauschen wir unsere „Lebensenergie", einen Teil der Zeit und der Kraft, die uns zur Verfügung stehen. Wir liefern Arbeitskraft, Intelligenz, Aufmerksamkeit und Zeit nicht ausschließlich, aber auch für Geld. Das klingt logisch und selbstverständlich, trotzdem sollten wir es uns noch einmal vergegenwärtigen. Auch wenn wir von Sozialhilfe oder Arbeitslosengeld leben, erhalten wir diese als Gegenleistung für Lebensenergie. Denn wir haben ein Recht auf diese Unterstützung, wir haben sie selbst erworben. Sogar eine Erbschaft bekommt man nicht, ohne etwas dafür getan zu haben. Und wenn man das Geld in Besitz hat, hat man allerlei Verpflichtungen, die man mit Lebensenergie erfüllt.

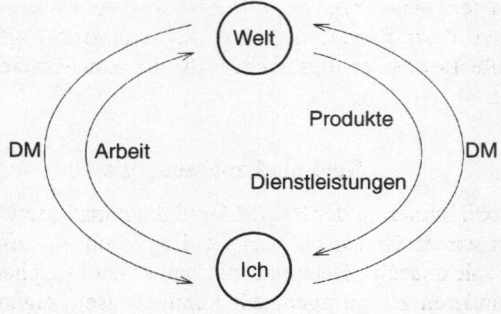

Der Kreislauf von Lebensenergie und Geld

Rechts wird genau das gleiche in umgekehrter Richtung dargestellt. Wenn Sie etwas kaufen, was immer es auch ist, tauschen Sie Lebensenergie – und natürlich Materie –, die ein anderer eingebracht hat, um dieses Produkt zu machen, gegen Geld. Unaufhörlich findet dieser Tausch von Lebensenergie zwischen

Menschen statt. Geld erleichtert diesen Tausch. Diese Auffassung von Geld liefert uns wichtige Informationen. Unser Leben und unsere Energie sind greifbarer als Geld. Man könnte auch sagen, daß Geld Lebensenergie ist, die wir auf Vorrat haben. Geld selbst hat im Gegensatz zu Lebensenergie eigentlich keine große Bedeutung für uns. Unsere Lebensenergie ist alles, was wir haben, sie ist echt und endlich. Eine Portion, die wir ausgegeben haben, ist für immer verloren. Es fällt uns nun viel leichter einzusehen, daß wir selbst bestimmen, was wir mit unserer Lebensenergie tun. Die Art und Weise, wie wir sie bisher eingesetzt haben, entsprach unseren eigenen Wünschen und Vorstellungen, wir haben die Entscheidungen getroffen.

Über den Tausch entscheiden Sie selbst. Sie sind selbst dafür verantwortlich, wieviel Lebensenergie Sie für welche Summe Geldes eintauschen. Sie zahlen für Ihre Einkommen mit Lebensenergie. Im Alter von 40 Jahren „stehen" Ihnen durchschnittlich noch 38 Jahre „zu". Das sind 333000 Stunden. In der folgenden Tabelle finden Sie die durchschnittlich noch „zu erwartenden" Stunden.

Lebensalter	Anzahl Jahre	Anzahl Stunden
20	56	497000
25	52	455000
30	47	413000
35	42	371000
40	37	330000
45	33	289000
50	28	250000
55	24	212000
60	20	176000
65	16	143000
70	12	112000
75	9	85000
80	7	62000
85	5	43000

(Durchschnittliche Lebenserwartung in Jahren und Stunden (abgerundet) für Männer und Frauen zusammen. Quelle: Statistisches Jahrbuch für die Bundesrepublik Deutschland, 1996, Zahlenmaterial von 1992–1994)

Vorausgesetzt, daß man die Hälfte der Zeit für Schlafen, Essen und sonstige „Körperpflege" aufwendet, hat man mit 40 Jahren also noch 166000 Stunden freie Lebensenergie zur Verfügung. Was kann man damit tun? Man kann sie für sich selbst verbrauchen, in die Beziehung investieren, mit Freunden und Bekannten verbringen, kreativen Tätigkeiten oder Hobbies nachgehen, etwas für die Mitmenschen tun, die Welt verbessern, inneren Frieden erlangen, oder … arbeiten. Machen Sie sich die Mühe, diese Frage für sich selbst zu beantworten, denn Sie selbst tragen die Verantwortung.

Finanzielle Unabhängigkeit

Dieses Buch soll Ihre finanzielle Unabhängigkeit vergrößern. Unter Umständen können Sie eventuell sogar vollkommen finanziell unabhängig werden. Der Stufenplan bringt Sie ein Stück weit in die richtige Richtung. Aber erst sollten wir klären, was finanzielle Unabhängigkeit nicht ist.

Wenn wir über finanzielle Unabhängigkeit nachdenken, stellen wir uns vor, den ersten Preis im Lotto zu gewinnen oder eine große Erbschaft zu machen, so daß wir nie mehr zu arbeiten brauchen und nur noch tun, was wir wollen. In einer Luxusvilla wohnen, Kreuzfahrten in der Karibik machen, Juwelen tragen und in Sportwagen fahren. Typische Armeleuteträume. Das ist nicht die finanzielle Unabhängigkeit, um die es hier geht. Denn da man nie reich genug sein kann, ist man auch nie unabhängig. Wer erst einmal eine Villa hat, wird feststellen, daß andere zwei oder drei haben. Solcher Reichtum befriedigt nicht, weil er unsere Wünsche immer höher treibt.

Wenn wir finanzielle Unabhängigkeit sagen, sprechen wir über einen bestimmten Punkt auf der Glückskurve, die wir im vorigen Kapitel behandelt haben. Sie hat nichts mit Reichtum zu tun, sondern mit dem Zeitpunkt, zu dem man genug oder mehr als genug hat. Diesen Punkt kann man sehr wohl erreichen, wahrscheinlich hatten Sie ihn sogar bereits einmal erreicht und haben ihn überschritten. „Genug" kann mehr oder weniger sein, als Ihr Nachbar hat, aber es ist auf jeden Fall ein Punkt, den Sie mit Ihrer eigenen Lebensenergie erreichen können. Nur wenn Sie sich von Ihren Vorstellungen über Geld befreien können, wenn Sie Geld mit Lebensenergie verbinden, können Sie finanzielle Unabhängigkeit erreichen. Psychologische Freiheit, Freiheit von althergebrachten Vorstellungen von Geld, Frustration, Wut, Schuldgefühlen. Sie selbst entscheiden, wieviel Geld Sie für eigene Lebensenergie bzw. für die anderer tauschen, wenn Sie Produkte kaufen bzw. Dienstleistungen in Anspruch nehmen. Wenden wir uns daher nun dem Tausch von Lebensenergie zu.

Stufe 2: Auf der Suche nach der heutigen Lebensenergie

Wie manifestiert sich „Geld ist Lebensenergie" in Ihrem persönlichen Leben? Da jeder Pfennig mit Lebensenergie zu tun hat, müssen wir uns ein klar umrissenes Bild davon machen. Deshalb besteht die zweite Stufe aus folgenden Teilen:

Stufe 2-A: Für wieviel Geld tauschen Sie Ihre Lebensenergie?

Errechnen Sie auf Basis der Zeit, in der Sie Ihr Einkommen erwerben, Ihren „tatsächlichen" Stundenlohn.

Stufe 2-B: Führen Sie Buch über jeden Pfennig, den Sie verdienen oder ausgeben

Tun Sie dies ab sofort präzise.

Stufe 2-A: Für wieviel Geld tauschen Sie Ihre Lebensenergie?

Da wir wissen, daß Geld gegen Lebensenergie getauscht werden kann, können wir feststellen, was wir wirklich verdienen. Wir stellen fest, was unsere Arbeitsstelle, unsere eigene Firma bzw. ein eventuelles anderes Einkommen uns tatsächlich kosten und welche zusätzlichen Kosten entstehen, um dieses Einkommen zu erzielen.

Die meisten von uns haben auf die Frage nach ihrem Stundenlohn schnell eine Antwort parat: „Ich habe eine Ganztagsstelle und verdiene 2700 DM netto pro Monat. Für 180 Stunden Arbeit pro Monat erhalte ich 2700 DM, also beträgt mein Stundenlohn 15 DM (= 2700 geteilt durch 180).

So einfach ist es aber nicht, wenn wir mit Geld und Lebensenergie rechnen. Falls ich erst einen Anzug kaufen muß, um an meiner Arbeitsstelle zu erscheinen, kostet das Lebensenergie, d.h. Geld, das muß ich also von meinem Einkommen abziehen.

Genauso ist es mit der Fahrtzeit zur Arbeitsstelle, die nicht bezahlt wird und die nicht anfallen würde, wenn man nicht arbeitete. Schließlich auch die Zeit (und evtl. Kosten), die wir aufwenden, um uns nach der Arbeit zu erholen. Wenn Sie all diese Punkte systematisch auflisten, wird das Resultat Sie wahrscheinlich überraschen.

Die gebräuchlichsten Kategorien im Formular auf Seite 56, das zur Berechnung des echten Stundenlohnes dient, besprechen wir etwas ausführlicher. Manches wird auf Ihre Situation nicht zutreffen; Sie können selbst Punkte streichen oder hinzufügen. Ausgangspunkt sind Einkommen, Stunden und Kosten jeweils pro Woche.

Weg zur und von der Arbeitsstelle: Errechnen Sie, wieviel Stunden dies pro Woche kostet, inklusive eventueller Wartezeiten auf Bahnhöfen, im Stau usw. Außerdem kommen die tatsächlich entstehenden Kosten dazu, beim Auto z.B. ein Kilometerpreis, in dem Abschreibung, Versicherung und Reparaturen enthalten sind. Eine eventuelle Reisekostenvergütung behandeln wir später.

Kleidung: Viele Berufe erfordern spezielle Kleidung, Schuhe etc. Wir selbst kaufen Kleidung für unsere Arbeit bzw. nutzen unsere Kleidung schneller ab. Es geht hier nicht nur um typische Berufskleidung, wie z.B. Uniformen, sondern um Kleidung, die man anschaffen und pflegen (reinigen, ausbessern) muß, um in der Firma zu erscheinen. Errechnen Sie die durchschnittlichen Kosten pro Woche, und vergessen Sie die Zeit nicht, die es Sie kostet, diese Kleidung zu kaufen und zu pflegen.

Essen und Trinken: Gemeint sind die Extrakosten für Essen und Getränke, das Essen in der Kantine und das Glas Bier, das Sie nach der Arbeit mit den Kollegen trinken. Hierzu zählen auch Kosten für Fertigmahlzeiten, weil Sie nach der Arbeit vielleicht zu müde sind, um einzukaufen und zu kochen. Bemühen Sie sich, diese Kosten realistisch zu berechnen, wobei Kosten für Essen, das Sie von zu Hause mitnehmen, nicht berücksichtigt werden, wohl eventuell zusätzliche Zeit, die Sie für die Zubereitung aufwenden. Vielleicht haben Sie auch durch den Streß so zugenommen, daß Sie Mitglied bei den Weight Watchers geworden sind.

Erholung von der Arbeit: Kommen Sie täglich oder ab und zu so abgespannt von der Arbeit, daß Sie erst mal eine Stunde Ruhe bzw. einen Drink haben müssen, um sich zu erholen, dann zählt auch das mit. Vielleicht brauchen Sie ja das ganze Wochenende, um sich zu erholen, oder Sie „versacken" ab und zu, um die Arbeit und den Frust zu vergessen.

Zusätzlicher Urlaub und Frustrationskäufe gehören auch zu dieser Kategorie. Jeder hat natürlich Urlaub nötig, aber wenn Ihre Stelle so aufreibend ist, daß Sie ab und zu extra Urlaub machen müssen, gehören die Kosten und die Zeit dafür in diese Aufstellung.

Zusätzliche Kosten für Gesundheit: Wieviel Tage pro Jahr sind Sie krank aufgrund von Streß, Erschöpfung oder anderen mit Ihrer Arbeit zusammenhängenden Faktoren? Rechnen Sie auch „Grippetage" mit, und stellen Sie die Kosten fest, die damit zusammenhängen bzw. nicht von Ihrer Krankenversicherung übernommen werden, z.B. Vitamintabletten, Physiotherapeut, Fitneß-Club etc.

Sonstige Kosten: Enthält Ihre Bilanz noch Gegenstände, die Sie ausschließlich für Ihre Arbeit angeschafft haben, wie z.B. einen Computer? Welche Dienstleistungen nehmen Sie in Anspruch, weil Sie sie aufgrund Ihrer Arbeit nicht selbst erledigen können? Putzfrau, Kinderkrippe, Babysitter, Handwerker, Fensterputzer etc. Außerdem schreiben Sie auch die Kosten für Kurse, Weiterbildung, Sprachkurse, Abonnements für Fachzeitschriften auf, die Sie für Ihre Arbeit nötig haben.

Errechnen Sie also zunächst, was Sie netto pro Woche erhalten, inklusive Erstattungen und eventuell Vergütungen in Naturalien. Den Betrag pro Woche erhalten Sie, indem Sie Ihr Nettojahreseinkommen durch die Anzahl der Wochen teilen, die Sie tatsächlich arbeiten. Dann schätzen Sie alle Ausgaben so genau wie möglich.

Die Beispielberechnung von Seite 55 zeigt, daß zwischen dem tatsächlichen Stundenlohn und dem auf althergebrachte Weise errechneten Stundenlohn ein großer Unterschied bestehen kann: in unserem Beispiel 8,55 DM anstatt 16,25 DM. Auf der Grundlage des tatsächlichen Stundenlohns erfahren Sie, wieviel Ihre Lebensenergie bei Ihrer jetzigen Arbeitsstelle aufbringt. Falls das – wie in diesem Beispiel – 8,55 DM sind, dann ist das die Summe, die Sie als Lohn für die Lebensenergie er-

Basisdaten	Stunden pro Woche	DM pro Woche (netto)	DM pro Stunde
Nettolohn	40	600	
Fahrtkostenerstattung		30	
Unkostenvergütung		20	
	——— +	——— +	
Einkommen gesamt	**40**	**650**	**16,25**
Ausgaben			
Fahrtkosten	6	35	
Kleidung	1	10	
Essen	5	20	
Entspannung	4	15	
Urlaub	3	20	
Trost	1	5	
Gesundheit	1	10	
Fachliteratur	1	5	
	——— +	——— +	
Zusätzl. Zeit/Geld	**22**	**120**	
	——— +	——— −	
Tatsächlicher Stundenlohn	**62**	**530**	**8,55**

Beispielberechnung tatsächlicher Stundenlohn in DM

halten, die Sie investieren. Mit dieser Summe im Gedächtnis können Sie sich bei jedem Kauf fragen, ob der jeweilige Artikel soviel Stunden Ihrer Lebensenergie wert ist.

Warum sollten Sie diesen Auftrag ausführen? Wir haben alle möglichen Ideen über Geld und unseren Stundenlohn. Finanzielle Unabhängigkeit kann man nur erreichen, wenn man die Tatsachen kennt. Darum ist es so wichtig, den tatsächlichen Stundenlohn zu errechnen, um zu wissen, was Ihre Arbeit Ihnen tatsächlich bringt.

Auch wenn Sie eine andere Stelle suchen wollen, ist dies praktisch, denn dann können Sie die Alternativen vergleichen. Natürlich gibt es auch andere Faktoren im Zusammenhang mit Ihrer Arbeit, die nicht in Geld auszudrücken sind. Aber erst wenn Sie über Ihre Geldangelegenheiten genau Bescheid wissen, können Sie eine Abwägung vornehmen.

Kontrollieren Sie Ihre Berechnung sowie die verschiedenen zusätzlichen Zeiten und Kosten regelmäßig, so daß Sie eventuell Veränderungen vornehmen können.

Peter arbeitet seit einigen Jahren für eine große Umweltschutzorgani-
sation, bei der er als wissenschaftlicher Koordinator von pädagogischen Projekten gut verdient. Täglich fährt er mit dem Zug 60 km zu
seiner Arbeitsstelle und zurück. Als er seinen tatsächlichen Stundenlohn errechnete, war er über das Ergebnis sehr enttäuscht. Trotz seines
guten Gehalts und anderer Annehmlichkeiten betrug dieser nur 12 DM
pro Stunde. Da er mit seiner Arbeit sehr zufrieden war, wollte er keine
andere Stelle suchen. Durch die Berechnung stellte er jedoch fest, daß
er pro Jahr 1200 DM (d.h. 100 Stunden Lebensenergie) für Kaffee, Tee
und Gebäck während der Zugfahrt ausgab. Deshalb schaffte er eine
Thermosflasche an und nahm einen Vorrat Gebäck mit, wodurch er
rund 80 Stunden Lebensenergie sparte, die er für nützlichere Dinge
ausgeben konnte.

Zur Berechnung Ihres „tatsächlichen" Stundenlohns notieren
Sie alle Kosten und die Zeit, die Sie zusätzlich investieren, um
arbeiten zu können. Passen Sie die Aufstellung Ihrer Situation
an. Falls Sie mehrere Stellen haben, machen Sie für jede eine
solche Aufstellung.

	Stunden pro Woche	Einkommen pro Woche	Lohn pro Stunde
Derzeitiger Stundenlohn	......	...... DM	...... DM
Extrastunden/-kosten			
Fahrtkosten	......	......	
Kleidung	......	......	
Aktentasche/Accessoires	......	......	
Weiterbildung	......	......	
Fachliteratur	......	......	
Extramahlzeiten	......	......	
Fertigmahlzeiten	......	......	
Extrarauchen/-trinken	......	......	
Entspannung	......	......	
Extraurlaub	......	......	
durch Arbeit entstandene Krankheit	......	......	
Haushaltshilfe	......	......	
Kinderbetreuung	......	......	
Handwerker	......	......	
Sonstiges	......	......	
Gesamt Extrastunden/-kosten	......	...... DM	
	+	−	
Tatsächlicher Stundenlohn	......	...... DM	...... DM

Berechnung tatsächlicher Stundenlohn

Bei Teilzeitarbeit, die eine längere Anfahrt und teure Dienstleistungen (Kinderbetreuung) erforderlich macht, kann durchaus ein negativer tatsächlicher Stundenlohn herauskommen. Dann kostet eine Arbeitsstelle einen Geld. So lange andere Faktoren dies aufwiegen, z.B. der Spaß, den die Arbeit macht, das Nicht-zu-Hause-Sitzen, Teilnahme am gesellschaftlichen Leben, soziale Kontakte usw., kann man das in Kauf nehmen. Dann ist es auf jeden Fall sinnvoll, alle Posten noch einmal auf Einsparungsmöglichkeiten zu überprüfen. Vielleicht können Sie auch über eine Gehaltserhöhung verhandeln. Auf jeden Fall wissen Sie dann genau, wo Sie stehen.

Stufe 2-B: Führen Sie Buch über jeden Pfennig, den Sie einnehmen oder ausgeben

Bisher erforderte der Stufenplan nicht mehr als einige Stunden Ihrer Zeit, um die Berechnungen durchzuführen. Wahrscheinlich haben Sie dadurch wichtige Informationen erhalten, sind eventuell zu Veränderungen angeregt und sind sich des Tausches bewußt geworden, der durch die Arbeit stattfindet – Ihre Lebensenergie gegen ein Einkommen. Aber jetzt wird sich herausstellen, ob Sie wirklich bereit sind, Ihr Geldverhalten genau unter die Lupe zu nehmen.

Bei diesem Schritt geht es um die Kehrseite des Schemas von Seite 49. Durch jede Anschaffung tauschen Sie Geld für die Lebensenergie anderer, die in den Produkten und Dienstleistungen enthalten ist, die Sie kaufen. Diese Aufgabe auszuführen erfordert fortwährende Aufmerksamkeit. Sie werden aus dem Staunen nicht mehr herauskommen, wenn Sie sehen, wieviel Geld Sie jeden Tag bekommen oder ausgeben, ohne es zu merken. Ist es denn wirklich nötig, über jeden Pfennig Buch zu führen?

Disziplin: Ja, sie ist nötig. Vor allem, wenn Sie glauben, daß es im Leben wichtigere Dinge gibt als Geld. Wenn Sie wirklich Kontrolle über Ihr eigenes Leben erlangen wollen, müssen Sie genau wissen, wie Sie mit Geld umgehen. Nur wenn Sie bisher schon eine präzise Buchhaltung geführt haben und genau wissen, was Sie jeden Monat ausgeben, brauchen Sie diese Aufgabe nicht zu erledigen.

In den Kursen, die wir geben, ist das „Schätzen" der eigenen Einkünfte und Ausgaben fester Teil des Morgenprogramms. Die

Teilnehmer füllen ein Formular aus und geben möglichst genau an, wofür – unterteilt in Kategorien – sie ihr Geld ausgeben. Fast niemandem gelingt das problemlos. Die meisten müssen nach einer Viertelstunde des Rechnens und Schätzens – normalerweise mit vielen Seufzern verbunden – zugeben, daß ihre Schätzungen nicht sehr präzise sind. Viele kennen selbst ihre monatlichen Einkünfte nur annähernd. Wie hoch die Miete ist, wissen die meisten noch, aber was für Essen, Getränke, Ausgehen, Versicherungen und Geschenke ausgegeben wird, weiß kaum jemand, obwohl diese Beträge zusammen ein Mehrfaches der Miete betragen. Auch fällt uns auf, daß manch einer zu Anfang davon überzeugt ist, alles zu wissen, und sich später dann doch zu Gedächtnislücken bekennen muß.

Am besten ist es, wenn Sie selbst erst einmal eine Schätzung machen. Bei den aufgeführten Posten handelt es sich um die am häufigsten vorkommenden, aber es kann natürlich noch andere geben, die für Sie zutreffen. Wenn Sie etwas nicht genau wissen, machen Sie sich nicht die Mühe, es herauszufinden, schätzen Sie den Betrag. Bewahren Sie dieses Formular gut auf, um später, wenn Sie die genauen Beträge kennen, vergleichen zu können. Das wird Ihnen vor Augen führen, welche Vorstellungen Sie hatten, bevor Sie mit Ihrer Buchführung begannen.

Ihnen wird auch klar, wie wenig sorgfältig wir mit Geld umgehen. Mit welcher Disziplin gehen wir nicht täglich zur Arbeit, erledigen unsere Hausarbeit und machen sportliche Übungen, Yoga und Fitneß? Wieviel Menschen unterziehen sich nicht eisern jeder Woche der einen oder anderen Therapie? Die gleiche Disziplin müssen Sie in Gelddingen entwickeln. Sie brauchen genaue Daten, um weiterzukommen. Lassen Sie sich deshalb nicht abschrecken, denn es geht um Ihre Lebensenergie. Führen Sie genau Buch über jeden einzelnen Pfennig!

Schreiben Sie alles auf! Wie Sie das machen, ist nicht so wichtig, es geht darum, daß Sie eine genaue Übersicht mit Bezeichnung von den Beträgen haben, die Sie ausgeben oder einnehmen. Vorläufig geht es dabei nur um Bargeld. Ausgaben, die Sie mit Scheck, Überweisung, Kreditkarte o.ä. bezahlen, bleiben vorläufig außer Betracht. Wir konzentrieren uns auf das Geld, das wortwörtlich durch unsere Hände geht.

Ein Notizbuch, das in die Handtasche paßt, ist am praktischsten. Bei jeder Ausgabe schreiben Sie auf, was Sie wo und für was bezahlt haben. Sie können natürlich auch alle Kassenzettel bewahren, aber das ist nicht unbedingt einfacher, weil Sie nicht überall einen (leserlichen) bekommen. Ein Kassenblock für chronologische Aufzeichnungen ist und bleibt das beste. Lernen Sie, wirklich alles zu notieren, bis es Ihnen in Fleisch und Blut übergeht.

Beispiel für eine Übersicht aller Ausgaben, geordnet nach Kategorien. Falls Sie den genauen Betrag nicht kennen, machen Sie Schätzungen. Führen Sie Buch über die Ausgaben für sich selbst bzw. gegebenenfalls für die gesamte Familie, falls bei Ihnen alles in einen Topf geht. Ergänzen Sie die Kategorien, falls nötig.

Kategorie	Betrag pro Monat	Gesamt
Gesamtnettoeinkommen		
		.... DM
Ausgaben		
Miete/Hypothek	.... DM	
Gas/Öl	.... DM	
Elektrizität	.... DM	
Wasser	.... DM	
Abgaben	.... DM	
Telefon	.... DM	
Versicherungen	.... DM	
Aus- und Fortbildung	.... DM	
Beiträge/Abonnements	.... DM	
Fahrtkosten	.... DM	
Kleidung/Schuhe	.... DM	
Möbel/Hausrat	.... DM	
Unterhalt Haus/Garten	.... DM	
Zusätzl. Gesundheitskosten	.... DM	
Hobby/Ausgehen/Urlaub	.... DM	
Nahrung/Snacks	.... DM	
Sonstige Haushaltsausgaben	.... DM	
Friseur/Körperpflegeartikel/Make-up	.... DM	
Schuldzinsen	.... DM	
Geschenke	.... DM	
Spenden	.... DM	
....	.... DM	
....	.... DM	
....	.... DM	
	——————— +	
Ausgaben gesamt		.... DM
		————————— –
Überschuß/Defizit		.... DM

Schätzung der eigenen Ausgaben

59

Jeden Pfennig? Ja, denn jeder Pfennig bedeutet Lebensenergie, mit der Sie nicht sorgfältig genug umgehen können. Und falls Sie nicht zufällig ein geborener Perfektionist sind (wir haben noch keinen getroffen), werden Sie schnell genug feststellen, daß Ihre Buchführung doch nicht lückenlos ist. Am praktischsten ist es deshalb, jeden Tag erst aufzuschreiben, was Sie im Geldbeutel haben, und abends Kassensturz zu machen. Differenzen, die Sie nicht klären können, buchen Sie als „Kassendifferenz". Sie werden übrigens feststellen, wie hoch jene sein können, wenn Sie nicht ganz genau arbeiten. Führen Sie diese Buchhaltung einen Monat lang. Im folgenden Kapitel wird erklärt, was Sie mit diesen Daten tun.

Sich selbst betrügen: Geht ganz einfach. Solange nur Sie Zugang zum Kassenbuch haben, können Sie aufschreiben, was Sie wollen, und „kreative" Buchführung praktizieren. Sie sollten sich dann aber fragen, ob Sie tatsächlich Kontrolle über Ihr Geldverhalten erlangen wollen. Sie tun dies für sich selbst und betrügen also auch nur sich selbst.

Interview

Schon vor Jahrhunderten hat die Menschheit die Notwendigkeit von Buchhaltung erkannt. Im alten Rom gab es verschiedene Methoden dafür. Die Erkenntnisse in diesem Buch sind also eigentlich nicht neu. Auch das, was das Ehepaar tut, mit dem wir das nachfolgende Gespräch führten, ist nicht neu.

Armer Mann

Wir sind bei Rie und Piet Cossee-Bommeljé in Scheveningen. Auf dem Wohnzimmertisch liegt ein Stapel Kassenbücher, die Rie im Laufe der Jahre geführt hat. Deshalb bin ich hier.

„Als wir 1942 heirateten, wußte ich absolut nicht, wie man einen Haushalt führt. Ich dachte z.B., daß man Kartoffeln aus Kartoffelmehl macht. Ich mußte mir alles aus Büchern zusammensuchen. Aus jener Zeit stammt das Sprichwort: ‚Wer lesen kann, der kann auch kochen.‘ Inzwischen habe ich sicher zwei Meter Kochbücher. 1942 erschienen in den Zeitungen Anleitungen, wie man auch in Kriegszeiten Soße machen kann (ohne Butter oder Margarine also), und da ich sowieso keine Ahnung vom Kochen hatte, ließ ich fast meine Butter- und Margarinemarken verfallen.

Nachdem ich sieben Jahre bei der Postbank gearbeitet hatte, war ich also verheiratet und saß zu Hause. Ich wußte nicht, was ich mit all meiner Zeit anfangen sollte, denn unser erstes Kind kam erst nach zwei Jahren. Um meine Zeit zu strukturieren, erstellte ich ein Schema für alles, was ich tun mußte, und vergaß dabei auch eine halbe Stunde Lesen nicht, ich komme nämlich aus einer Verlegerfamilie. Lesen war zwischen 13 und 13:30 Uhr vorgesehen, nicht länger, sonst fühlte ich mich schuldig.

Mein Mann arbeitete bei der Post und sagte: ‚Ich verdiene, du gibst aus.‘ Ich war laufend am Rechnen, und das Führen eines Haushaltsbuches war absolut erforderlich. Im Lauf der Jahre habe ich alle möglichen Systeme ausprobiert, denn ich betrachte das Hausfrauendasein als Beruf. Schauen Sie, hier habe ich ein Haushaltsbuch der Post von 1952, das alle Arbeitnehmer damals kaufen konnten, um die wöchentlichen Einnahmen und Ausgaben zu notieren. Am Anfang war Platz für das Jahresbudget.“

Dieses Haushaltsbuch enthält günstige Rezepte, Erziehungstips und erbauliche Lektüre. „Hunger kostet nicht viel ... Ehrgeiz und ein verwöhnter Gaumen wohl.“ Das könnte auch aus der Geizhalszeitung stammen. Über Mütter heranwachsender Kinder wird gesagt: „Mütter nennen diese Zeit manchmal ‚sauer und teuer.‘ Sauer, weil sie laufend Angst um ihre auf Bäume kletternden und auf Brückengeländern balancierenden oder radfahrenden Kinder haben, und teuer, weil die Kleider laufend zerrissen sind.

„Es macht mir Spaß, in den alten Haushaltsbüchern zu blättern, weil ich darin auch manchmal aufschrieb, was mit den Kindern passierte. Hier steht, daß unser Jüngster am 24. Juli stehen und am 13. August 1948 an den Ärmchen festgehalten laufen konnte. Am 3. September entdeckten wir zwei Zähne. Die Zahlen sagen auch viel über unser Leben. Samstags z.B. kauften wir immer Frikadellen. Alle Backwaren für ein Geburtstagsfest kosteten damals 2,20 DM. Hier sehe ich einen Betrag für Zigaretten, obwohl wir selbst nicht rauchten, das war wahrscheinlich für Besuch."

In der Woche vom 6. bis 12. April steht ein Betrag von 50 Pfennig für den Mopedclub, und auch an anderen Stellen im Buch gibt es Ausgaben für das Moped: Benzin, Öl, ein neuer Reifen. „Kassendifferenzen verbuchte ich unter ‚Unvorhergesehenes‘, und ich erinnere mich an einen Witz aus jener Zeit: Wenn eine Hausfrau nicht mit dem Geld auskam, konnte sie einen nicht allzu großen Differenzbetrag unter ‚armer Mann‘ verbuchen."

Der Hausherr setzt sich zu uns, und seine Frau serviert zum Tee schmackhafte selbstgemachte Plätzchen. „Diese kosten nur 40 Pfennig pro 100 g, während die gleiche Qualität im Geschäft rund 2,20 DM kostet. Das Rezept ist einfach: Aus 350 g Mehl, 1 Teelöffel Backpulver, 125 g Butter und 150 g grobem Zucker einen Teig kneten und zu einer Art Wurst formen. Davon werden kleine Plätzchen abgeschnitten und 15 bis 20 Minuten bei 170° gebacken. Machen Sie immer gleich eine größere Menge Teig, und frieren Sie einen Teil für das nächste Mal ein."

Dann kommt Piet zu Wort. Er erzählt, wie er als Halbwüchsiger in der sozialistischen Jugendbewegung von Walther Rathenau hörte. Er läßt uns ein Buch von 1912 sehen: „Von ihm lernten wir, daß das kapitalistische System selbst Bedürfnisse schafft. Man schärfte uns ein, nicht zu rauchen und zu trinken. Überall sieht man, wie Menschen das Opfer von Kaufzwang werden, andere übertrumpfen wollen. Ein Freund unserer Kinder erzählte uns, daß sein Vater ein weißes Auto gekauft hatte, weil die größer erscheinen. Als das Fernsehen aufkam, galt es z.B. absolut nicht als vornehm, selbst einen Apparat zu haben. Ein Bonmot von Wim Kan (einem sehr bekannten niederländischen Kabarettier) lautete damals: ‚Fernsehen schaut man bei der Putzfrau.‘ Wir schafften einen Fernseher an, damit unsere Kinder gut Englisch lernten, weil man Aussprache eben nicht aus einem Buch lernen kann. Die Kinder schämten sich so wegen des Fernsehers, daß er im Schlafzimmer stehen mußte."

Piet arbeitete also bei der Post und durfte absolut keine Nebenverdienste haben. Es war z.B. verboten, Hühner zu halten, denn dann „verdiente" man an den Eiern. Gottlob bekam er eine Sondergenehmigung für die typographischen Entwürfe, die er in seiner Freizeit machte, um den Wohlstand der Familie zu sichern. Die beiden Söhne und die

Tochter konnten studieren, ohne Stipendien zu beantragen. Piet arbeitete jeden Abend und auch am Wochenende. „Das war nichts Außergewöhnliches, so waren wir erzogen worden, Arbeit stand in hohem Ansehen. Damals sangen wir sogar in der Kirche ein Lied, das unermüdliche Arbeit preist."

Bevor Piet wieder geht, zeigt er uns stolz die Schweizer Nähmaschine, die er seiner Frau kaufte: „Schau mal, damit kann sie sogar Socken stopfen und auch sticken. Eine erstklassige Investition." Seine Frau erzählt uns, daß sie viel näht: „Auf dem Markt habe ich für 4,50 DM pro Meter Stoff gekauft, der wie Damast aussieht. Davon mache ich einen Bettbezug für meine Tochter. In den fünfziger und sechziger Jahren stopfte ich nicht nur für meine eigene Familie die Socken, sondern auch für Freundinnen. Sie gaben mir manchmal 30 Paar Socken, und im Gegenzug bügelten sie meine Wäsche."

Obwohl Rie das Hausfrausein als Beruf ansieht, arbeitete sie und bildete sich weiter, nachdem die Kinder größer waren. „Erst wollte ich Handarbeitslehrerin werden, aber das machte mir dann doch nicht soviel Spaß. Ich hatte immer ein Gefühl für Zahlen und für Sprachen, und deshalb studierte ich Hebräisch. Ich bin eine geborene Lehrerin und arbeitete hart, auch weil ich mich nicht vor meinen Kindern blamieren wollte. Damals wohnten meine Eltern bei uns, und deshalb konnte ich mit gutem Gewissen hart arbeiten. Mutter sein, Haushalt und Kinder erziehen ließen sich mit meinen acht Stunden pro Woche als Religionslehrerin gut kombinieren. Außerdem lese ich sehr gern. Schau mal, was ich gerade gekauft habe: Drei neue Penguin Classics für 10 DM. Glücklicherweise haben sie ein Happy-End." Bevor ich mich verabschiede, unterhalten wir uns noch über sparsamen Umgang mit Wasser. Rie: „In manchen Städten gibt es leider keine separate Wasserrechnung, so daß man nicht angespornt wird, sparsam mit Wasser umzugehen. Warum muß man denn zweimal am Tag baden oder duschen?" Rie kommt aus Zeeland (der südlichsten Provinz der Niederlande). Dort gibt es eine alte Redensweise: „Wenn der Monat ein R hat, soll man sparsam mit Wasser am Körper umgehen."

Als ich weggehe, bekomme ich noch einen Gartentip. Rie pflanzt überall im Garten Stangenbohnen, die aussehen wie Lathyrus. Das sieht hübsch aus und ergibt ein paar Mahlzeiten. Im Gang zeigt sie auf den Lorbeerbaum, der im Sommer draußen steht. „So hat man immer ein paar Blätter für die Suppe." Sie gibt mir noch ein Glas selbstgemachte Pflaumen-Rhabarbermarmelade mit. Wer sagt denn, daß Geizhälse knauserig sind?

3.
Wo geht das Geld hin?

Bei den Übungen im vorigen Kapitel haben Sie vielleicht gemerkt, daß das Führen eines Haushaltsbuches noch nicht ausreichend ist. Aber wenn Sie über jeden Kauf Buch führen, wird Ihnen bewußt, was Sie wann kaufen und was das kostet. Ein erster Schritt, dem jedoch weitere folgen müssen. In diesem Kapitel lernen Sie eine einfache Methode kennen, um Ihre Ausgaben besser beurteilen zu können. Diese Buchführung erfordert nur ein paar Stunden pro Monat, eventuell mit Hilfe des Computers. Die Aufstellungen ermöglichen Ihnen eine Übersicht über Ihre gesamten Einkünfte und Ausgaben. Nur dann werden Sie sich Ihres Umgangs mit Geld vollkommen bewußt.

Hanneke und ich begannen am 1. Januar 1994 mit unserer Buchführung. Ganz einfach war es nicht, denn ich bin kein Buchhaltertyp. Damals hatten wir – als Geizhalsehepaar – bereits einige Jahre Sparsamkeit hinter uns. Unsere monatlichen Ausgaben waren von fünftausend Gulden auf rund dreitausend zurückgegangen. Im ganzen Jahr 1994 führten wir die Buchhaltung gemäß dem Stufenplan aus „Your Money or Your Life" und erstellten jeden Monat eine Übersicht unserer Ausgaben und Einnahmen. Ohne daß wir uns merkbar einschränkten, sanken unsere Ausgaben „ganz von selbst". Die Aufstellung zum Jahresende 1994 ergab, daß wir von 2672 Gulden pro Monat (inkl. Hypothektilgung, exkl. Spenden und Spareinlagen) gelebt hatten. Und selbst nach gründlichem Nachdenken konnten wir nicht sagen, daß wir weniger komfortabel gelebt hatten, es war eher umgekehrt.

Also machten wir 1995 weiter mit den Aufzeichnungen. Meine ursprüngliche Abneigung gegen Zahlen war längst verschwunden. Angesichts der guten Resultate wollte ich sogar herausfinden, ob nicht noch mehr möglich war. Schließlich muß eine große Anzahl von Menschen mit viel weniger auskommen.* Wir wollten versuchen, eventuell mit noch einmal 100–200 Gulden weniger pro Monat auszukommen. Vor kurzem haben wir die Bilanz der ersten sechs Monate 1995 gezogen, und zu unserer Überraschung sind die Beträge wieder niedriger geworden. Es geht um immerhin 500 Gulden weniger pro Monat, so daß unsere durchschnittlichen Ausgaben nun 2172 Gulden pro Monat betra-

---

* Das Existenzminimum in der Bundesrepublik beträgt 1997 13000 DM pro Jahr.).

gen. Kaum zu glauben, daß man ein solches Ergebnis schon alleine dadurch erzielen kann, daß man Buch führt.

Sie brauchen keinen Haushaltsplan aufzustellen

Kaum jemand wird mit Begeisterung eine persönliche Buchhaltung organisieren. Das wird uns deutlich, wenn wir in unserem Kursus den Teilnehmern vorschlagen, in Zukunft über alle privaten Ausgaben und Einkünfte genauestens Buch zu führen. Nur wenige Menschen haben Lust, soviel Disziplin aufzubringen. Eigentlich komisch. Wieso freut man sich nicht über die Möglichkeit, die Ausgaben um Hunderte, vielleicht sogar Tausende von Mark zu verringern? Zum Teil ist das eine Folge des Wortes „Buchhaltung", das Wort alleine schon läßt uns an Kontrolle, Einschränkung und langweilige Arbeit denken. Aber damit hat unsere Art der Buchhaltung nichts zu tun. Es geht lediglich darum, alle Ausgaben und Einkünfte in einer Übersicht festzuhalten, so daß man sich über die genaue Höhe und die Einteilung in verschiedene Kategorien im klaren ist. Ein Haushaltsplan ist im Gegensatz zu den meisten herkömmlichen Methoden der Finanzkontrolle nicht erforderlich. Sie brauchen sich also nicht an bestimmte Vorgaben zu halten, die nicht überschritten werden dürfen. Das Arbeiten mit Ge- und Verboten hält man meist nicht durch, deshalb gehen wir anders vor. Ähnlich wie bei der „Nichtdiät", bei der es ausschließlich darum geht, alles, aber auch wirklich alles, was man ißt, aufzuschreiben. Das reicht schon aus, um abzunehmen. Genau das ist der Kern dieser Methode. Schreiben Sie alles auf und präsentieren Sie sich selbst am Ende des Monats die Übersicht. Das reicht aus, um Ihr Verhalten zu ändern, sofern Sie dies wirklich wollen.

Manchmal kann das Erstellen eines Haushaltsplans natürlich nützlich sein. Familien, die erhebliche Schulden angesammelt haben, können in den Niederlanden vom Sozialamt gezwungen werden, nach einem Haushaltsplan zu leben, und müssen einen entsprechenden Kurs besuchen. Aber die Veranstalter, die diese Kurse anbieten, haben eingesehen, daß durch Zwang keine dauerhaften Veränderungen zu erzielen sind.

Beim Stufenplan wird die Familie als eine Art Unternehmen gesehen, in dem viel Geld umgesetzt wird, um Produkte und Dienstleistungen zu erwerben. Innerhalb der Familie müssen bestimmte Aufgaben so effizient wie möglich erledigt werden.

Man muß wohnen, essen, trinken, schlafen, den Körper pflegen. Auch für Gemütlichkeit, Erziehung und Entspannung muß gesorgt werden. Wenn Sie die Familie als Unternehmen sehen, ist das Führen einer Buchhaltung selbstverständlich. Die Daten ermöglichen Ihnen die Entscheidung, ob „Rationalisierungen" in der Unternehmensführung erforderlich sind, was dann unter Umständen zum Aufstellen eines Haushaltsplans führen kann. Aber es gibt unendlich viele Möglichkeiten, den eigenen Umgang mit Geld zu optimieren, sie alle erfordern jedoch eine genaue Übersicht über den Stand der Dinge.

Stufe 3: Teilen Sie Ihre Monatsübersicht in Kategorien ein

Erstellen Sie bestimmte Kategorien entsprechend Ihrer jeweiligen Situation. Dann können Sie

- **eine Monatsübersicht erstellen, die Ihnen präzise Informationen pro Kategorie liefert,**
- **die Saldi von Bargeld, Konto etc. kontrollieren,**
- **die Kategorien summieren und in Stunden Lebensenergie umrechnen.**

Wenn Sie während eines Monats ein Kassenbuch geführt haben, können Sie zur Stufe 3 übergehen. Dadurch, daß Sie Ihre Ausgaben während eines Monats genau notiert haben, erfahren Sie eine Menge über Ihren Umgang mit Geld. Haben Sie sich dafür entschieden, alle Kassenzettel aufzubewahren, sortieren Sie diese chronologisch und schauen Sie sich jeden einzelnen an, auch das liefert Ihnen wertvolle Informationen.

Dann nehmen Sie die Einteilung in Kategorien vor. Einige davon treffen auf uns alle zu, z.B. Nahrungsmittel, Miete oder Hypothek, Kleidung, Fahrtkosten – aber auf jeden Fall muß die Einteilung Ihrem persönlichen Lebensstil entsprechen.

Was muß die Aufstellung umfassen?

Sie können alle Ausgaben und Einkünfte in einer Übersicht erfassen, z.B. bei Familien mit Kindern, oder auch für jedes Familienmitglied eine extra Übersicht machen, das bietet sich z.B. bei Doppelverdienern an. Dies hängt ganz von Ihrem Lebensstil und Ihrem Ausgabenverhalten ab.

Schwierig wird es, wenn ein Familienmitglied, z.B. der Partner, diese Buchführung nicht will. Eventuell ist es möglich, ihn oder sie mit dem Argument einer möglichen deutlichen Einsparung zu überzeugen, die es ermöglicht, bestimmte gemeinsame Ziele zu verwirklichen. Bei Männern scheint es auch zu helfen, wenn man ihre Hilfe beim Arbeiten mit dem Computer erbittet.

Wenn alles nichts nützt, beginnen Sie mit einer Übersicht aller Ausgaben und Einkünfte, für die Sie selbst verantwortlich sind.

Monatsübersicht erstellen

Für die Monatsübersicht können Sie selbst in einem großen Heft die Einteilung machen oder eine Mappe mit Einteilungen im Buchhandel kaufen. Im Prinzip geht es um eine große Tabelle, so daß für jede Kategorie eine Spalte vorhanden ist. Alle Einnahmen und Ausgaben werden zweimal verbucht. Einmal unter „Kasse" bzw. „Girokonto" und dann nochmals in der jeweiligen Spalte, wie z.B. „Lebensmittel", „Fahrtkosten" usw. Nachstehend die Einteilung, die Hanneke für sich selbst gemacht hat. Auch die Zahlungsart muß angegeben werden, so ist z.B. eine Spalte für Barzahlungen in jedem Fall erforderlich. Bei der Spalte Bankzahlungen geht es ausschließlich um Zahlungen vom Girokonto, über das Rechnungen bezahlt werden. Sie können jedoch Einzahlungen auf Sparkonten in einer eigenen Spalte buchen, falls Sie dies sinnvoll finden. Vor allem wenn Sie wechselnde oder unterschiedliche Einkünfte haben, sollten Sie auch Ihr Einkommen in einer eigenen Spalte aufführen.

Eigener Entwurf, tabellarisches Kassenbuch oder Spreadsheet? Ein großes Heft, Bleistift, Lineal und Radiergummi sind ausreichend, um die Monatsübersicht zu erstellen. Ein Kassenbuch in Tabellenform ist zwar teurer, aber dafür sind die Spalten bereits vorgedruckt. Aber vielleicht haben Sie noch ein altes Kassenbuch auf dem Speicher liegen, das noch nicht voll ist.

Wenn Sie mit dem Computer umgehen können, bietet sich ein Spreadsheet-Programm an, mit dem Sie dann auch Graphiken erstellen können. Außerdem erledigt der Computer auch das Rechnen, wobei Plus und Minus auch untereinandergeschrieben werden können. Bei einer handgestrickten Übersicht erfordert das Errechnen des Saldos etwas mehr Arbeit. Aber meist geht es doch um Ausgaben, die nur addiert werden müssen. Falls Sie nicht bereits mit dem Computer arbeiten, sollten Sie nicht eigens für diesen Stufenplan damit beginnen, denn das würde zuviel Zeit kosten. Vorteil einer handgeschriebenen Übersicht ist auch, daß jedes Familienmitglied mitmachen und die Übersicht jederzeit eingesehen werden kann. Beim Arbeiten mit dem Computer sind Korrekturen oder Änderungen einfacher zu erledigen als bei einer handgeschriebenen Übersicht, man wird daher auch eher zu kreativer Buchführung verleitet.

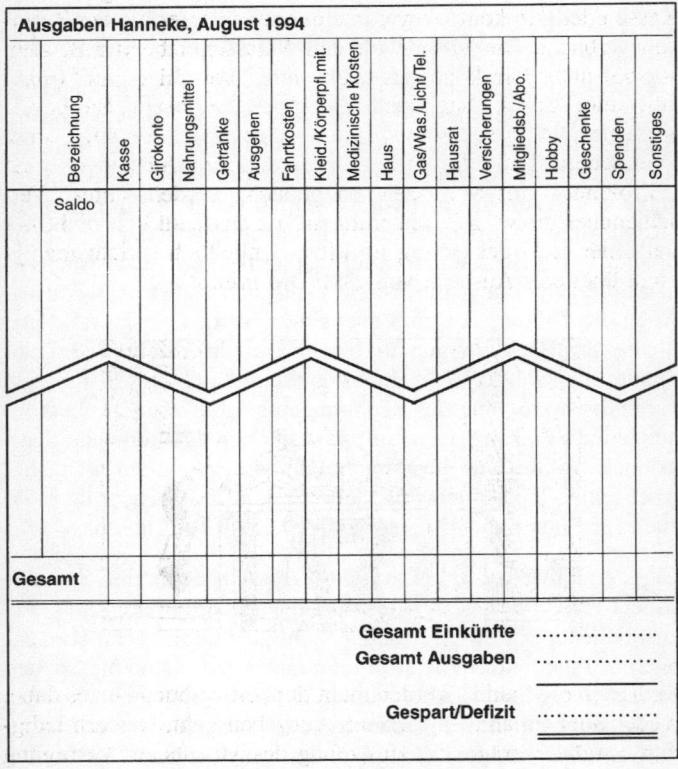

Beispiel einer Aufteilung nach Kategorien

Verbuchen: Jetzt ist es an der Zeit, alles in der Monatsübersicht zu verbuchen. (Siehe Beispiel auf den Seiten 70 bis 73)

Dies ist die Übersicht von Hans und Petra nach dem ersten Monat. Sie haben der Einfachheit halber nicht allzuviele Rubriken erstellt. So fällt alles, was sie im Supermarkt kaufen, unter „Nahrungsmittel", z.B. auch Putzmittel, Make-up und Haushaltsartikel. Unter „Haus" finden sich die Miete und sämtliche anderen Kosten für Haus und Hausrat.

Als erstes werden die Salden verbucht, in diesem Fall 262,95 DM Bargeld und 945,63 DM auf dem Girokonto. Falls Sie noch von anderen Konten Rechnungen bezahlen, werden die Salden dieser Konten ebenfalls aufgeführt. Auf den Posten „Kreuzposten" kommen wir später zurück. Dann wird jede Ausgabe unter Kasse oder Girokonto sowie in einer der entsprechenden Rubriken verbucht. Die Spende für den Naturschutzbund z.B. steht sowohl unter Girokonto als auch unter „Verschiedenes" (mangels einer Rubrik „Spenden"). Der folgende Posten „Sterbeversicherung" erscheint sowohl unter „Girokonto" als auch unter „Versicherungen". Sie sehen hier, daß die Ausgaben unter „Girokonto" mit Minuszeichen gebucht werden, unter „Verschiedenes" bzw. „Versicherungen" ist das natürlich nicht der Fall, hier steht der Betrag im Plus. Schließlich spricht man ja nicht über eine Ausgabe von „300 DM minus".

Lediglich die Salden werden nicht doppelt verbucht, da es dabei weder um Einnahmen noch um Ausgaben geht, sondern lediglich um die Beträge, die zu Anfang des Monats zur Verfügung stehen. Manche Posten werden auch nicht doppelt gebucht, da es weder echte Ausgaben noch Einnahmen sind.

Einen solchen Posten sehen wir z.B. unter 11. Januar: 500 DM vom Girokonto. Das Geld diente der Auffüllung des Bargeldbestandes, es geht also um einen Kreuzposten. Am 15. Januar wird dieser Posten daher unter „Kasse" verbucht. Hans und

Daten	Kostenposten	Kasse	Girokonto oder Bankkonto	Einkommen	Kreuzposten	Nahrungsmittel, Getränke	Ha Un ha
1	SALDO	262,95	945,63		78,70		
3	Spende		− 147,00				
	Schuldzinsen		− 9,94				
4	Sterbeversicherung		− 18,05				
5	Krankenkasse		− 79,20				
	Brille Hans		− 445,40				
	Haftpflichtvers.		− 33,78				
	Fahrradschlauch	− 9,50					
	Bäcker	− 19,95				19,95	
	Busfahrkarte	− 32,25					
	Fahrradaufbewahrung	− 3,50					
6	Supermarkt	− 38,35				38,35	
	Ökol. Waschpulver	− 36,50				36,50	
	Miete		− 754,60				75
9	Bibliothek		− 35,00				
10	Telefon		− 165,50				
	Paßfotos	− 12,50					
11	Von Girokonto	500,00			− 500,00		
	Zugfahrkarte		− 16,50				
	Geizhalszeitung		− 15,00				
	Gas/Licht/Wasser		− 163,00				
	Tassen/Gläser	− 23,55					2
	Kosmetik	− 24,90				24,90	
	Supermarkt	− 46,00				46,00	
	Lebensmittel-händler	− 15,25				15,25	
	Paß	− 95,95					
	Aspirin	− 3,50					
12	Zeitschrift	− 6,25					
	Tee/Zahnpasta	− 15,85				15,85	
	Lebensmittel	− 6,55				6,55	
	Mittagessen E	− 12,50			12,50		
	Taxi zur Arbeit E	− 13,50			13,50		
	Sparkonto		− 250,00				
	Getränke	− 45,75				45,75	
	Gehalt Hans		3.455,68	3.455,68			
	Unkosten Dez. 95		78,70		− 78,70		
13	Copyshop Büro E	− 9,00			9,00		
	Supermarkt	− 68,00				68,00	
14	Geschenk Mutter	− 50,00					
	Kaffee/Kuchen	− 15,00					
	Schulbücher	− 32,00					
15	Leim/Umschläge	− 6,15					
	Arbeit Petra	250,00		250,00			
	Restaurant	− 52,00					
	Bonbons	− 2,50				2,50	
	In Kasse		− 500,00		500,00		

ergie, sser,	Kleidung	Gesundheit	Versicherungen	Transport	Beiträge, Abonnements	Versch.	Gesamt
						147,00 9,94	
			18,05				
		79,20 445,40					
			33,78				
				9,50			
				32,25 3,50			
					35,00		
,50						12,50	
				16,50			
,00					15,00		
						95,95	
		3,50					
						6,25	
						250,00	
						50,00 15,00 32,00	
						6,15	
						52,00	

17	Hemd Hans Erstatt. Zahnpasta		− 65,00 3,89			− 3,89	
18	Schwimmen Shirley Cafébesuch	− 17,00 − 22,50					
19	vom Girokonto Schuhe Petra Gasthausbesuch Zimmerpflanzen Reparatur Haustür	1.000,00 − 98,00 − 8,50 − 15,00 − 316,50			− 1.000,00		1 31
22	Supermarkt in Kasse Fernsehgebühren	− 89,30	− 1.000,00 − 10,00		1.000,00	89,30	
23	Kino	− 22,00					
24	Streifenk. Straßen- bahn Briefmarken Telefonkarte Kalktabletten Schnaps Supermarkt Bier/Wein	− 28,00 − 30,00 − 25,00 − 3,50 − 19,95 − 32,95 − 43,00				19,95 32,95 43,00	
25	Zugfahrkarte Gesangsunterr. Petra	− 46,00 − 120,00					
26	Steuer 1994 Personalkasse Fahrt zur Tante Elsbeth 2 Flaschen Wein Kado Haartönung Geschenk Tante Elsbeth	− 25,00 − 12,80 − 19,90 − 10,95 − 2,50	− 311,40	− 311,40			
27	Markt Pflanze Nachbarin vom Girokonto Supermarkt Brot	− 14,30 − 5,95 100,00 − 12,05 − 6,45			− 100	14,30 12,05 6,45	
31	Bäcker Taschengeld Shirley Kassendifferenz	− 10,35 − 30,00 − 34,75				10,35	
	Saldo / Gesamt	294,00	464,53	3.394,28	− 65,00	544,06	1.10

Stunden Lebens- energie			
Frage 1			
Frage 2			
Frage 3			

	65,00						
					17,00	22,50	
	98,00					8,50	
					10,00		
						22,00	
25,00		3,50		28,00		30,00	
				46,00	120,00		
10,95				12,80		25,00 19,90 2,50	
						5,95	
						30,00 34,75	
53,50	173,95	531,60	51,83	148,55	197,00	877,89	3988,03

Petra waren so schlau, für solche Kreuzposten eine eigene Spalte anzulegen, das erleichtert die Kontrolle.

Unter dem 12. und 13. Januar sind drei Posten zu finden, die doppelt gebucht werden und mit „E" markiert sind.

Dabei geht es um berufsbedingte Ausgaben, die später vom Arbeitgeber erstattet werden. Da es keine echten Ausgaben sind, werden sie als Kreuzposten verbucht. Nach Eingang auf dem Girokonto (siehe 12. Januar „Unkosten Dez. 95") wird der Betrag wieder unter Kreuzposten verbucht, denn es geht nicht um eine echte Einnahme. Der Saldo dieser Rubrik dient der Kontrolle auf Buchungsfehler bzw. auf nicht erfolgte Erstattungen.

Unter dem 17. Januar findet sich ein anderer außergewöhnlicher Posten. „Rückerstattung". Petra hat im Rahmen einer Werbeaktion einer Firma den Preis einer Tube Zahnpasta gegen Einsendung des Kassenzettels zurückbekommen. Dieser Betrag ist positiv unter Girokonto verbucht und negativ in der Spalte „Nahrungsmittel", da sich dieser Posten ja schließlich verringert. Hans und Petra verbuchen alles, was sie im Supermarkt kaufen, also auch Zahnpasta, unter Nahrungsmittel. Genausogut kann man eine eigene Spalte „Körperpflege" anlegen.

Unter dem 12. Januar findet sich die letzte besondere Eintragung: 250 DM auf ein Sparkonto mit spezieller Kündigungsfrist. Hans und Petra haben keine spezielle Rubrik „Sparen", deshalb wird diese Ausgabe unter „Verschiedenes" gebucht, was eigentlich nicht ganz stimmt, denn das Spargeld gehört ihnen schließlich noch immer. Sie können auch eine Extrarubrik – eventuell mit Salden – erstellen, so daß Sie den Stand Ihrer Sparkonten kontrollieren können.

Noch einige Anmerkungen zu dieser Übersicht: Hans und Petra führen eine eigene Rubrik „Einkünfte", da sie feststellten, daß sie nicht präzise wußten, wieviel sie verdienten. Hans' Einkommen variiert durch die Überstundenvergütung, und Petra verdient ab und zu etwas dazu. Unter dem 26. Januar findet sich übrigens ein Posten „Steuern 95", der der Erläuterung bedarf. Hans zahlt seine Steuerschuld nämlich in Raten und verbucht diese als negative Einkünfte.

Verändern/Ergänzen von Rubriken: Nach einigen Monaten werden Sie die Einteilung wahrscheinlich verändern bzw. ergänzen wollen. Anhand der Übersicht von Hans und Petra läßt sich bereits einiges über die einzelnen Spalten sagen. Unter „Sonstiges" werden beinahe zwanzig Prozent der Gesamtausgaben verbucht. Deshalb wurden die Rubriken „Abonnements/ Zeitschriften", „Geschenke" und „Ausgehen" hinzugefügt, um den Posten transparenter zu machen.

Auch die Rubrik „Nahrungsmittel" wurde unterteilt. Dies bedeutet natürlich Mehraufwand, weil nun einmal viele unterschiedliche Artikel im Supermarkt angeschafft werden. Machen Sie gleich nach dem Einkauf Notizen, sonst können Sie die Ausgaben später kaum noch rekonstruieren.

Scheuen Sie sich nicht, Ihre Einteilung zu ändern, denn es geht darum, daß sie Ihrem eigenen Verhalten entspricht. Allerdings sollten Sie auch nicht so viel verändern, daß der spätere Vergleich erschwert wird. Anhand unserer eigenen und der Erfahrungen unserer Kursteilnehmer folgen hier noch einige Beispiele.

Lebensmittel: Diese Rubrik fehlt in keiner Übersicht. Falls Sie – abgesehen vom Essen zu Hause – öfter in Restaurants, Snackbars usw. essen, könnten Sie dafür eine eigene Rubrik anlegen bzw. diese Kosten unter „Ausgehen" verbuchen. Falls Sie öfter während der Mittagspause im Restaurant essen, sollten Sie auch diese Kosten extra verbuchen, so daß Ihnen deutlich wird, wieviel die gemütliche Pause mit den Kollegen kostet. Vielleicht ist es auch sinnvoll, die Naschereien, die Sie jeden Abend vor dem Fernseher zu sich nehmen, extra aufzuführen.

Ingrid: „Ich hatte das Bedürfnis, absolute Klarheit über mein Ausgabenverhalten zu bekommen, und deshalb habe ich relativ viel verschiedene Rubriken. In ein altes Kassenbuch habe ich zusätzlich ausklappbare Seiten geklebt, um alles aufführen zu können. Eine Rubrik für Zahnpasta und -bürsten, für Slipeinlagen und Damenbinden, eine Rubrik für Hundefutter und sogar eine für Coca-Cola. Als ich feststellte, daß ich dafür jeden Monat 20 DM ausgebe, hab ich es nicht mehr gekauft."

Hanneke: „Zu Anfang hatten wir eine Rubrik für Nahrungsmittel und alles andere, was man im Supermarkt kauft, wie Waschpulver, Seife, Zahnpasta, Toilettenpapier und Getränke. Dieser Posten kam mir sehr hoch vor, und ich vermutete, daß dies vor allem durch die alkoholischen Getränke kam, deshalb haben wir dafür eine eigene Rubrik angelegt."

Kleidung: Eine Spalte ist dafür oft nicht ausreichend, vor allem bei Familien mit Kindern. Eine Unterteilung kann jedoch auch sinnvoll sein, wenn Sie spezielle Berufskleidung oder Kleidung zur Ausübung eines Hobbys kaufen. Wie dem auch sei, überlegen Sie, was Sie am sinnvollsten finden.

Maria war sich seit langem darüber im klaren, daß sie Kleidung zur Frustbekämpfung kaufte. Ihre Schränke hingen voll, und manchmal schmiß sie ein gerade gekauftes Kleidungsstück sogar daheim sofort weg, weil sie nicht wollte, daß ihr Mann dahinterkam. Seit sie in Therapie war, weiß sie, daß sie nicht die einzige ist, die an Kaufzwang leidet. Sie führt eine eigene Rubrik für solche Kleidung, um genau zu wissen, was ihre Trostkäufe kosten.

Geschenk: Der Posten Geschenke kann manchmal ordentlich auflaufen. Sobald Sie die Kosten genau kennen, können Sie etwas dagegen tun.

Robert: „Wir hatten eine gemeinsame Rubrik Geschenke und Spenden, da in beiden Fällen das Geld nicht für uns selbst bestimmt war. Spenden gingen vor allem an Umweltschutzorganisationen, Entwicklungsprojekte und ähnliches. Der Posten betrug zwischen fünf- und sechshundert Mark pro Monat. Nachdem wir eine Einteilung vorgenommen hatten, wurde klar, wohin das Geld ging. Über die Höhe des Postens Geschenke waren wir unzufrieden, und deshalb versuchten wir, dafür weniger auszugeben."

Kontrolle der Saldi

Wir kommen nun zu einem wichtigen Punkt. Während des Buchens sollten Sie regelmäßig eine Kassenkontrolle durchführen, d.h. feststellen, ob der Inhalt Ihres Geldbeutels mit dem Saldo des Kassenbuches bzw. der Monatsübersicht übereinstimmt, vor allem wenn Sie gerade angefangen haben, (täglich) ein Kassenbuch zu führen. Zu Anfang des Monats stellen Sie den Saldo fest, d.h. Ihren Bargeldbestand. Nach einigen Tagen können Sie dann kontrollieren, was Sie ausgegeben bzw. bar eingenommen haben, und dann den neuen Saldo feststellen. Hier ein Beispiel:

Saldo am 1. Januar:	121,50 DM
Abgehoben vom Girokonto	+ 100,00 DM
	221,50 DM
Ausgaben bis einschl. 7. Januar	− 175,40 DM
Saldo am 7. Januar	46,10 DM

Falls Sie weniger als 46,10 DM im Geldbeutel haben, stimmt etwas nicht. Falls Sie die Differenz noch klären können, verbuchen Sie den Betrag noch in der entsprechenden Spalte, ansonsten als „Kassendifferenz" oder „Sonstiges". Ausgegeben haben Sie das Geld ja schließlich, auch wenn Sie nicht wissen, wofür. Vielleicht haben Sie auch bestimmte Ausgaben nicht gebucht oder einen Rechenfehler gemacht. Viele Leute wundern sich zu Anfang über die vielen unerklärlichen Kassendifferenzen. Falls dies allzu oft passiert, sollten Sie öfter Kassensturz machen und unbedingt versuchen herauszufinden, was mit dem Geld passiert, das Sie nicht buchen. Petra und Hans konnten die Differenz nicht klären und buchten schließlich in ihrer ersten Monatsübersicht ein Kassendefizit von 34,75 DM.

Die Kontrolle der Girokonten ist viel einfacher, weil auf den Bankauszügen jeweils der alte und neue Saldo erscheinen und eine Differenz eigentlich unmöglich ist, falls Sie keine Buchungsfehler machen. Regelmäßige Kontrolle erspart später langes Suchen. Auch bei Kreuzposten ist Aufmerksamkeit geboten, Geld, das Sie vom Girokonto abheben, muß auch gebucht werden.

Bilanz ziehen und umrechnen in Lebensenergie

Nachdem Sie einen Monat lang Buch geführt haben, können Sie Bilanz ziehen. Addieren Sie alle Rubriken, so daß Sie jeweils eine Gesamtsumme erhalten. Nachfolgend sehen Sie die durchschnittlichen Zahlen von Hanneke und mir für das erste Halbjahr 1995. Seit wir zusammen sind, haben wir getrennte Kassen, und deshalb hat jeder von uns eine eigene Monatsübersicht. Aber für dieses Beispiel haben wir alles zusammengezählt:

Bezeichnung	HFL pro Monat	Stunden (abgerundet)
Lebensmittel	306	18
Getränke	62	4
Ausgehen	103	6
Fahrtkosten	180	10
Kleidung/Körperpflege	58	3
Gesundheitskosten	165	9
Hypothektilgung/Unterhalt Wohnung	499	29
Energie/Wasser/Telefon	184	11
Hausrat	9	1
Versicherungen	158	9
Mitgliedsbeiträge/Abonnements	50	3
Hobby (einschl. Schrebergarten)	226	13
Geschenke	42	2
Sonstiges	130	7
Gesamt	**2172**	**125**

(Umrechnungskurs: 1 DM = 1,13 Gulden, Stand Januar 1997)

Monatsübersicht Hanneke und Rob.
Durchschnittszahlen erstes Halbjahr 1995

Obwohl schon die erste Monatsübersicht aufschlußreich ist, zeichnen sich erst nach einigen Monaten deutliche Konturen ab, weil sich die Ausgaben nun einmal nicht gleichmäßig über alle Monate verteilen, Versicherungsprämien, Abonnements und Ausgaben für den Urlaub kommen meist nur ein- bis zweimal pro Jahr vor. Es gibt also teure und billige Monate. Aus der Übersicht ergibt sich, was für die jeweiligen Kategorien ausgegeben wurde. Außerdem können Sie feststellen, wieviel Sie in einem bestimmten Monat gespart haben bzw. wieviel Ihnen gefehlt hat.

Abgesehen von den Summen führen wir bei den einzelnen Kategorien auch die „Lebensenergie" auf, die eine bestimmte Ausgabe uns gekostet hat. Wir haben für das erste Halbjahr 1995 unseren „tatsächlichen Stundenlohn" gemäß Kapitel 2 berechnet. Für Hanneke betrug er 11,02 Gulden netto und für mich 23,65 Gulden netto. Ausgehend von der Anzahl tatsächlicher Arbeitsstunden (gemäß der Berechnung des „tatsächlichen Stundenlohns") ergibt das einen gemeinsamen Stundenlohn von 17,46 Gulden. Wir können jetzt die Gesamtbeträge durch den tatsächlichen Stundenlohn dividieren und feststellen, wieviel Lebensenergie die jeweiligen Ausgaben uns kosten. So wird uns besser deutlich, was es bedeutet, so viel (bzw. so wenig) wie möglich auszugeben. Eine richtige Aufteilung in Kategorien ist deshalb so wichtig, weil diese Ihren eigenen Umgang mit Geld widerspiegeln sollen. Dieser tatsächliche Stundenlohn wird, je mehr Sie sich dessen bewußt sind, Ihren Umgang mit Geld beeinflussen. Sie werden feststellen, daß Sie ab und zu Entschlüsse fassen, die früher anders ausgefallen wären, weil Sie denken: „Der neue Computer kostet mich 200 Stunden, also fünf volle Arbeitswochen, eigentlich tut der alte es doch noch."

Errechnen Sie auch jeden Monat, wieviel Sie eingespart bzw. mehr ausgegeben haben, indem Sie die Gesamtsumme der Ausgaben von Ihren Einnahmen abziehen. Mehr dazu finden Sie in den Kapiteln 8 und 9.

Die Zahlen sprechen für sich: Wenn Sie Ihre Monatsübersicht fertiggestellt haben, kommt das Wichtigste: Schauen Sie sich die Beträge genau an. Wieviel Stunden mußten Sie für Ihre Gesamtausgaben arbeiten und wieviel für eine bestimmte Kategorie? Wie finden Sie es, daß eine bestimmte Ausgabe Sie soundsoviel bzw. -wenig kostet? Sie werden feststellen, daß die Zahlen mehr aussagen, als Sie dachten. Analysieren Sie die Zahlen erst für sich alleine und besprechen Sie sie dann – gegebenenfalls – zusammen. Aber beginnen Sie vorläufig keine Diskussion, hören Sie nur zu. Ermuntern Sie den/die anderen weiterzumachen. Vielleicht ist es das erste Mal, daß Sie so über Geld sprechen. Angriff ist fehl am Platze, zeigen Sie Respekt gegenüber dem anderen.

4.
Auf der Suche nach dem rechten Maß

Sie haben sich Ihre erste Monatsübersicht hoffentlich genau angesehen und einige Erkenntnisse gewonnen. Sie wissen jetzt, wieviel Geld Sie wofür ausgeben und wie lange es dauert, dieses Geld zu verdienen. Vielleicht haben Sie sich gewundert, daß bestimmte Posten so hoch sind, und sich gefragt, wie das kommt, ob weniger nicht auch möglich wäre bzw. ob Sie den tatsächlichen Gegenwert für Ihr Geld bekommen. Auf die Dauer werden Sie beinahe alles über Ihren eigenen Umgang mit Geld herausfinden. Und wenn Sie stets ausrechnen, wieviel Lebensenergie bestimmte Ausgaben erfordern, können Sie diese Ausgaben auch verringern. Auch das Umgekehrte ist möglich. Vielleicht denken Sie bei manchen Kategorien auch: „Dafür möchte ich eigentlich mehr Geld, Zeit und Energie aufwenden", z.B. für ein Hobby, Sport oder bestimmte Arbeiten im Haus, die bisher zurückstehen mußten. Sie sollten gute Vorsätze und Beschlüsse nicht zu schnell fassen. Warten Sie, bis Sie das Gefühl für das rechte Maß erworben haben und gut untermauert vorgehen können.

In diesem Kapitel werden die Resultate der Monatsübersicht weiter durchleuchtet. Bevor wir uns bestimmten Fragen zuwenden, die Ihnen helfen, die Zahlen besser zu beurteilen, geht es noch um ein anderes wichtiges Thema. Sehen Sie sich die Aufteilung der Lebensenergie auf die jeweiligen Kategorien an. Sie geben Lebensenergie nicht nur in der Form von Geld aus, sondern bieten Sie – abgesehen von Ihrer Arbeit – auch Ihrer Umgebung und der Gesellschaft an, und Sie nützen sie natürlich auch für sich selbst.

Vielleicht fragen Sie sich auch: „Warum wende ich dafür nicht etwas mehr Zeit auf, während ich soviel Zeit für meine Arbeit aufbringe? Wofür tue ich das eigentlich alles? Was ist im Leben eigentlich wichtig für mich?"

Wofür leben Sie eigentlich?

Die meisten von uns wußten genau, was sie werden wollten, als sie jung waren. Es war die Zeit der Ideale und der ehrgeizigen Zukunftspläne. Unsere Träume und Vorstellungen waren vielleicht nicht sehr realistisch, aber wir besaßen sie im Überfluß. Welches auch immer unsere Träume waren, wir wollten ein bedeutungsvolles Leben, wollten einen Beitrag leisten und die Welt verbessern. Kurzum, wir erträumten für uns ein glückliches, befriedigendes Leben ohne Kummer. Bei vielen ist davon nicht viel übriggeblieben. Vielleicht hatten wir auch einfach zu hohe Erwartungen und sind schon damit zufrieden, daß wir den Alltag meistern. Trotzdem hat ein jeder von uns Momente, in denen er mit Wehmut an diese Zeit denkt, in der er Ideale pflegte. Sie sollten einige Stunden opfern, um darüber nachzudenken, was aus diesen Idealen geworden ist, was Ihnen im Leben wirklich Befriedigung schenkt, und versuchen, die folgenden Fragen zu beantworten:

- Wovon träumten Sie in Ihrer Jugend?
- Gibt es etwas, das Sie immer erstrebt und nie erreicht haben?
- Auf welche Dinge in Ihrem Leben sind Sie stolz?
- Was würden Sie auf jeden Fall noch tun wollen, wenn Sie nicht mehr lange zu leben hätten?
- Welcher Zusammenhang besteht zwischen Geld und dem, was Ihnen im Leben die meiste Befriedigung schenkt?
- Was würden Sie mit Ihrer Zeit anfangen, wenn Sie nicht zu arbeiten brauchten?

Jeder hat einen Traum

Glücklicherweise gibt es Menschen, die sich – gegen alle Widerstände – bemühen, ihre Träume zu realisieren. Von ihnen können wir lernen.

Konzentrieren Sie sich zunächst in aller Ruhe auf das, wovon Sie träumen. Lassen Sie Ihrer Phantasie freien Lauf und versuchen Sie herauszufinden, was Sie wirklich wollen. Entmutigen Sie sich nicht, indem Sie denken „Das gelingt mir sowieso nicht", oder „Ich habe ja immer nur Pech". Versuchen Sie, eine möglichst deutliche Vorstellung von Ihren eigenen Wünschen zu bekommen, und schreiben Sie sie auf oder sprechen Sie später mit jemandem darüber.

Petra arbeitet seit mehr als zwanzig Jahren als Lehrerin an einer Berufsfachschule. Eines Tages wurde ihre Arbeitsstelle unsicher, aber sie wollte auf keinen Fall die – durchaus großzügige – Abfindungsregelung in Anspruch nehmen und aufhören zu arbeiten. Nicht zu arbeiten war für sie unvorstellbar. Sie begann, alle möglichen Tätigkeiten nebenher zu suchen, um mehr „Sicherheit" zu haben. Abends und am Wochenende bereitete sie ihren Unterricht vor, und schließlich dachte sie nur noch an Arbeit. Nach einem Jahr war sie total erschöpft und begann eine Therapie. Ihr war deutlich, daß sie ihr Leben ändern mußte. Als sie von ihrem Vater Geld erbte, erfüllte sie sich einen Jugendtraum und kaufte ein Haus in Frankreich. Schon als kleines Kind hatte sie von einem Leben „in der Natur" geträumt. In Frankreich fühlte sie sich zum ersten Mal wirklich glücklich, und jedes Mal, wenn die Ferien zu Ende gingen, kehrte sie nur ungern zurück. Sie hatte die Idee, einen längeren unbezahlten Urlaub zu nehmen, aber sie wußte, daß sie dann sparsam leben mußte, was ihr trotz ihres guten Gehaltes bisher nie gelungen war. Sie besuchte den Kurs „Geld oder Leben", gab weniger für Bücher und Kleidung aus und kaufte in billigeren Geschäften ein. Die Schule gab ihr acht Monate unbezahlten Urlaub, sie vermietete ihre Wohnung in Amsterdam und ging nach Frankreich, von wo aus sie Freunden das Folgende schrieb: „Wenn man seinen idealen Platz gefunden hat, kommt man mit wenig aus. Ich habe keinen Fernseher, kein Telefon und kaufe im billigsten Supermarkt ein. Wenn ich abends die Sonne untergehen sehe und die Grillen höre, bin ich vollkommen glücklich. Ich bin unendlich froh, daß ich diesen Schritt getan habe."

Nicht nur Menschen mit gutbezahlter Arbeit können sich ihre Träume erfüllen. Auch Arbeitslose haben Träume, vielleicht von der idealen Arbeit.

Hans hatte nach Abschluß seines Studiums Hunderte von Bewerbungsbriefen verschickt, wurde aber nie zu einem Gespräch gebeten. Viele Menschen mit der gleichen Ausbildung suchten ebenfalls Arbeit. Er bezog jahrelang Sozialhilfe und verlor den Mut. Zwar schrieb er noch immer Bewerbungsbriefe, aber er glaubte selbst nicht mehr an einen Erfolg. Durch Zufall hörte er von einem Büro, das Arbeitslosen beim Finden einer Arbeitsstelle hilft. Dort empfahl man ihm, vorläufig keine Bewerbungsbriefe mehr zu schreiben. Statt dessen riet man ihm herauszufinden, welches seine starken Seiten waren und was er wirklich wollte. Hans war sehr erstaunt, denn da er nicht einmal Stellen bekommen konnte, die unter seinem Niveau lagen, war es doch vermessen, etwas anzustreben, was ihm wirklich gefallen würde?

Schließlich beschrieb er seine ideale Stelle; was er tun würde, wenn er im Lotto gewinnen würde. Unter anderem (denn er hatte mehr als einen Traum) wollte er gerne im Bereich des Umweltschutzes in einem osteuropäischen Land arbeiten und zusammen mit Behörden und lokalen Umweltschutzorganisationen den Zustand der Umwelt katalogisieren.

Er stellte fest, daß er durch das Beschreiben seiner idealen Arbeit wieder Mut faßte. Er wußte nun, was er wirklich wollte, wo seine Stärken lagen, und änderte seine Strategie. Er ließ seinen Drucker keine Standardbriefe mehr ausspucken, sondern erzählte jedem, der es hören wollte, was er gerne tun wollte. Außerdem antwortete er auf entsprechende Fragen nicht mehr, daß er arbeitslos sei, sondern daß er als Umweltschutzexperte verschiedene Projekte im Auge habe. Innerhalb eines Jahres fand er ein Consultingbüro, das seine Fähigkeiten nutzen wollte. Inzwischen erforscht er in verschiedenen Ländern im Ostblock Umweltprobleme und kann manchmal noch immer nicht glauben, daß seine Träume Wirklichkeit geworden sind.

Als letztes Beispiel die Geschichte von Amy Dacyczyn, der Frau, die seit 1990 in Amerika die *The Tightwad Gazette* herausgibt.

Amy und ihr Mann Jim hatten einen einfachen Traum. Sie wollten mehrere Kinder haben und auf einer Farm auf dem Land leben. Als sie heirateten, hatten beide seit rund zehn Jahren gearbeitet, sie als graphische Gestalterin und Jim bei der Marine. Zusammen hatten sie ganze 1500 Dollar gespart. Amy erzählt, daß ihr erstes Kind „neun Monate und fünf Minuten" nach ihrer Hochzeit geboren wurde. Da sie die Erziehung ihrer Kinder nicht anderen überlassen wollten, hörte Amy auf zu arbeiten. Jims Einkommen war nicht sehr hoch, deshalb beschlossen sie, möglichst sparsam zu leben, was beide übrigens von ihren Eltern gewöhnt waren. Zu ihrem Erstaunen fanden sie das sparsame Leben nicht mühsam, ihre Leben und ihre Beziehung wurden dadurch eher angenehmer. Von Jims Einkommen von 30000 Dollar netto pro Jahr konnten sie einen nicht unbeträchtlichen Teil sparen. Nach sieben Jahren verfügten sie über vier Kinder und 49000 Dollar Ersparnisse, mit denen sie eine Anzahlung auf eine Farm in Maine leisten, ein Auto kaufen und das Haus einrichten konnten. Zwei Jahre später entschloß Amy sich, ihre Kenntnisse als Graphikerin mit ihrem Talent zur Sparsamkeit zu kombinieren, und gab die erste The Tightwad Gazette heraus, voller Tips und Tricks für ein angenehmes, sparsames Leben. Die Zeitschrift wurde ein großer Erfolg. Inzwischen ist die Familie um Zwillinge vergrößert, und Amy gibt in ihrer Traumwohnung auf dem Land noch immer die Zeitschrift heraus.

Stufe 4: Auf der Suche nach dem rechten Maß

Beurteilen Sie aufgrund Ihrer persönlichen Situation Ihre Monatsübersicht. So entwickeln Sie ein deutliches Gefühl für das rechte Maß und kommen der Erfüllung Ihrer Träume näher.

Kehren Sie zurück zur Monatsübersicht von Hans und Petra im Beispiel auf den Seiten 70 bis 73. Unter der Reihe mit den Stunden an Lebensenergie stehen noch drei weitere Reihen, in denen Sie für jede Kategorie Ihre Antwort auf die nachfolgenden Fragen notieren können.

Unsere Fragen dienen als Hilfsmittel für das Formulieren Ihrer persönlichen Fragen, die Sie jeden Monat pro Ausgabenkategorie stellen und beantworten sollten. Zum Beispiel:

- Bin ich zufrieden mit dem Tausch, der stattgefunden hat?
- Stimmen die Ausgaben mit meinen Vorstellungen und Träumen überein?

Frage 1: Bin ich zufrieden mit dem Tausch, der stattgefunden hat?

Bei dieser Frage können Sie bestimmen, ob der Tausch Ihr Geld wert war. Das ist nicht unbedingt buchstäblich gemeint, vielleicht haben Sie ein gutes Geschäft gemacht, als Sie all die Flaschen mit Alkohol kauften, aber vielleicht sind Sie doch unzufrieden über den Tausch. Er hat Ihnen einen Kater besorgt und ist schädlich für Ihre Gesundheit. Es geht nicht darum, ob Sie zuviel bezahlt haben, das können Sie besser mit einem Preisbuch feststellen (siehe Kapitel 6). Falls Sie unzufrieden sind über das Geld und die Lebensenergie, die Sie gezahlt haben, setzen Sie hier ein Minus. Vielleicht hätten Sie für eine bestimmte Kategorie lieber mehr ausgegeben, markieren Sie diese dann mit einem Plus; war der Tausch Ihrer Meinung nach genau in Ordnung, bekommt die Rubrik eine Null.

So strukturieren Sie Ihr Ausgabenverhalten. Sie werden schnell feststellen, daß es Ausgaben gibt, deren Sie sich nicht bewußt waren. Kaufen ist Gewohnheit, Langeweile oder vielleicht sogar Abhängigkeit. Oder Sie kaufen, weil Sie Eindruck schinden, „dazugehören" wollen. Sie gewinnen Erkenntnisse über Ihr Kaufverhalten, wenn Sie die Plus-, Minus- und Nullzeichen so objektiv wie möglich verteilen. Denken Sie daran, daß Sie dies für sich selbst tun. Wenn Sie diese Fragen regelmäßig beantworten, entwickeln Sie ein Gefühl für das, was Sie wirklich wollen, und werden entdecken, daß Zufriedenheit davon abhängt, den Punkt zu erreichen, an dem Sie „gerade genug" haben. Solange Sie diesen Punkt nicht erreichen, sind Sie unzufrieden, wenn Sie ihn überschreiten, ebenfalls. Die Kunst besteht darin, aus eigener Kraft diesen Idealzustand zu erreichen. Das Gefühl für das rechte Maß ist unserer Gesellschaft allerdings teilweise abhanden gekommen. Versuchen Sie, das richtige Gefühl dafür zu entwickeln. Formulieren Sie die erste Frage daher so präzise wie möglich.

Frage 2: Stimmen die Ausgaben mit meinen Vorstellungen und Träumen überein?

Vielleicht sind Sie zufrieden mit dem Tausch, den Sie gemacht haben, aber finden, daß die Ausgabe doch nicht mit dem übereinstimmt, was Sie wirklich wollen. Plazieren Sie dann ein Minus in die zweite Reihe unter der Monatsübersicht. Entsprechen die Ausgaben genau dem, was Sie wollen, wird es ein Plus, ist Ihr Gefühl neutral, eine Null.

Manche Menschen haben deutliche Ideale, Träume und Ziele, ihnen wird es nicht schwerfallen, diese Frage bei jeder Kategorie zu beantworten. Wenn Sie sich lange Zeit nicht mit diesen Dingen beschäftigt haben, wird es Ihnen Mühe bereiten. Probieren Sie es trotzdem. Sie werden nicht der erste sein, der auf diese Art und Weise wieder die Dinge entdeckt, die eigentlich den Sinn des Lebens ausmachen. Wenn Sie sich diese Fragen regelmäßig stellen, werden sich große und kleine Veränderungen in Ihrem Leben ergeben, Aufmerksamkeit ist der Schlüssel dazu.

In der folgenden Monatsübersicht sehen Sie ein entsprechendes Beispiel. Wilhelm ist 36 Jahre alt und Junggeselle. Er will vorläufig sein Ausgabenverhalten nicht ändern und alles so lassen wie bisher. Nach vier Monaten errechnete er die durchschnittlichen Beträge und markierte die Kategorien. Seine erste Frage ist: „Ist dies ausreichend?" Die zweite lautet: „Ist es das, was ich eigentlich will?"

Bezeichnung	DM	Lebensenergie Stunden	Genug?	Stimmt's?
Miete, Abgaben etc.	571	48	0	–
Gas, Licht, Wasser	120	10	0	0
Telefon	66	6	+	0
Versicherungen	230	19	0	0
Auto, Reisekosten	594	50	–	–
Kleidung	139	12	–	0
Hausrat	198	17	0	–
Nahrungsmittel	440	37	0	0
Sonstige Haushalts-ausgaben inkl. Putzfrau	375	32	?	0
Sonstiges	603	51	?	?
Ausgaben gesamt	**3336 DM**	282		
Einkünfte	**3515 DM**			
Gespart pro Monat	**179 DM**			
Tatsächlicher Stundenlohn	**11,80 DM**			

Monatsübersicht Wilhelm mit beantworteten Fragen.
Durchschnitt von vier Monaten

Eine der ersten, recht schockierenden Entdeckungen machte Wilhelm, als er nach dem Beantworten der Fragen seinen tatsächlichen Stundenlohn errechnete. Er war mit seiner Arbeit und seinem Gehalt immer zufrieden gewesen. Aber nun sah er zum ersten Mal schwarz auf weiß, daß er 300 Stunden pro Monat arbeitete. Das erschien ihm recht viel.

Kleidung war ihm immer wichtig gewesen, nicht nur wegen seiner Arbeitsstelle. Da er hoffte, noch eine Partnerin zu finden, wollte er chic und gepflegt aussehen. Aber er war doch ohnehin Tag und Nacht mit seiner Arbeit beschäftigt und hatte kaum Zeit, die Kleider „auszuführen". Er beschloß, vorläufig etwas weniger Geld für Kleidung auszugeben und mehr den telefonischen Kontakt zu Freunden und Bekannten zu pflegen, die er vernachlässigt hatte. Also versah er den Posten Kleidung mit einem Minus- und den Posten Telefon mit einem Pluszeichen.

Die Autokosten wurden mit einem Minuszeichen versehen. Da er für seine Arbeit viel und weit reisen mußte, hatte Wilhelm vor drei Jahren ein Luxusauto erworben, dessen Kosten größtenteils durch das Kilometergeld gedeckt wurden. Inzwischen hatte sich die Situation geändert. Aufgrund einer Beförderung reist er weniger. 594 DM pro Monat sind für ein Auto nicht ungewöhnlich, aber es bleibt eine Menge Geld, denn er mußte dafür jeden Monat 50 Stunden arbeiten, mehr als eine ganze Arbeitswoche.

Die zweite Frage „Ist es das, was ich eigentlich will?" wurde daher mit einem Minuszeichen beantwortet. Denn eigentlich wollte er soviel Geld nicht für Autofahren, sondern lieber für etwas anderes ausgeben. Und hier kommen wir zu einem anderen Minuszeichen, das bei der Miete steht. Schon lange wollte Wilhelm ein Haus kaufen, weil er nicht mehr jeden Monat einem Vermieter Geld zahlen wollte. Er stellte fest, daß er, wenn er die Autokosten verringern würde, durchaus einen Hauskauf realisieren konnte. Er wollte versuchen, sein Auto gegen ein kleineres, sparsameres Modell zu tauschen.

Auch der Posten Hausrat wurde mit einem Minuszeichen versehen. Wilhelm hatte eigentlich gerade ein paar größere Anschaffungen geplant, verschob diese aber. Denn wozu sollte er einen neuen Kühlschrank kaufen, wenn dieser vielleicht später nicht in sein neues Haus paßte? Er verteilte auch eine Reihe von Fragezeichen. So z.B. bei „Sonstige Haushaltsausgaben", weil er es doch seltsam fand, daß er seiner Putzfrau mehr bezahlte, als er selbst verdiente. Er wollte daran zwar noch nichts ändern, wohl aber über diesen Punkt nachdenken. Auch der Posten „Sonstiges" erhielt ein Fragezeichen. Er beschloß, diesen in Zukunft zu unterteilen, weil sich zu viele verschiedene Dinge dahinter verbargen. Vielleicht konnte er auch bei diesem Posten noch etwas zugunsten der Anzahlung auf ein Haus einsparen.

Weitere Fragen

Weitere Beispiele können Ihnen als Hilfe beim Formulieren Ihrer eigenen Fragen dienen:

- Wie würde diese Kategorie aussehen, wenn ich nicht mehr zu arbeiten bräuchte?
- Wie würde dieser Posten aussehen, wenn ich mich so umweltfreundlich wie möglich verhielte?
- Wie würde sich ein Umzug auf diesen Posten auswirken?

Stellen Sie sich regelmäßig Fragen, die auf Ihre eigene Situation zugeschnitten sind. Dafür gibt es keine Patentrezepte.

Die Antworten verdienen Beachtung

Wenn Sie die Fragen beantwortet haben, sollten Sie sich, wie am Ende von Kapitel 3, eingehend damit beschäftigen. Besprechen Sie die Ergebnisse eventuell mit Ihrem Partner oder Ihrer Familie. Werden Verhaltensmuster deutlich? Gibt es etwas in Ihrem Leben, das Sie ändern möchten? Sind einfache Einsparungen möglich?

Stufe 4 nimmt einen wichtigen Platz im Stufenplan ein. Wenn Sie regelmäßig die Fragen beantworten, werden Ihre eigenen Träume und Vorstellungen deutlicher, und Sie werden mehr Gefühl für das rechte Maß entwickeln. Oftmals reicht es aus, eine einzige Frage zu stellen. Hanneke und ich sehen uns die Zahlen jeden Monat an und versehen die Posten mit Plus- und Minuszeichen sowie mit Nullen. Mit einem Pluszeichen versehen wir eine bevorstehende Ausgabe, wie z.B. die neue Dachdeckung, die vor einiger Zeit erforderlich war. Ein Minuszeichen bedeutet für uns, daß wir probieren wollen, bestimmte Ausgaben zu verringern. Wir überlegen, wie wir dies realisieren können, und erwarten mit Spannung einen Monat später das Resultat.

Auf der Suche nach dem Genug

Wenn Sie erst einmal an diesem Punkt angekommen sind und Ihre Monatsübersichten einige Male studiert und besprochen haben, werden Sie feststellen, daß es eine Herausforderung ist, den Punkt zu erreichen, an dem Sie „Genug!" sagen. Den bisherigen Ausführungen konnten Sie entnehmen, daß dafür bestimmte Voraussetzungen erfüllt sein müssen.

Zunächst müssen Sie ein deutliches, objektives Bild von Ihrem Ausgabenverhalten haben; dafür ist die Monatsübersicht da. Außerdem brauchen Sie ein Gefühl für das rechte Maß. Je deutlicher Sie Ihre Träume, Werte und Ziele definieren, desto einfacher wird das. Sogar wenn Sie jahrelang durch Werbung und die herrschende Konsummentalität beeinflußt wurden, ist es innerhalb nicht allzu langer Zeit möglich, dieses Gefühl zu entwickeln.

Natürlich streben wir alle nach Befriedigung unserer Grundbedürfnisse und darüber hinaus nach etwas Komfort oder sogar Luxus. Aber schnell schießt man über das Ziel hinaus, und bevor Sie sich dessen bewußt sind, häufen Sie allerlei Zeug und

Ballast an. Dann müssen Sie wieder nach dem „Genug"-Zustand suchen, ob es nun um die Ernährung, das Ausgehen, Versicherungen oder ein Hobby geht. Das Anstreben dieses Zustands verleiht Ihnen ein Gefühl des Eigenwerts, das sich positiv auf alle möglichen Dinge auswirkt: Ihren Laune, Ihre Ausstrahlung und Ihren Geldbeutel. Sie erzielen eine Instant-Befriedigung.

Bei dieser Suche sind Sie nicht allein. Hunderttausende in den reichen Ländern sind auf der Suche nach dem „Genug". Zwar herrscht noch immer die Kultur des „Immer mehr", aber die Gegenbewegung gewinnt an Kraft. Zu ihr zu gehören gibt Ihnen nicht nur mehr finanziellen Spielraum, sondern auch Energie für die Dinge, die wichtiger sind als ... (nach Belieben auszufüllen).

Wenn Sie stets mehr haben wollen, passiert etwas Seltsames: Das Erstrebte entfernt sich immer mehr, die Erfüllung Ihrer Wünsche scheint unmöglich. Sie müssen sich mehr und mehr anstrengen, um Ihre eigenen Erwartungen zu erfüllen, immer mehr verdienen, um Ausgaben zu bestreiten, und sobald Sie ein Ziel erreicht haben, werden Sie das nächste anstreben. „Immer mehr" bringt immer mehr Streß und kostet mehr und mehr Zeit. Sie werden mit hängender Zunge hinter dem Köder herhecheln, den Sie sich selbst vorhalten.

Wenn Sie nach dem „Genug" -Punkt suchen, passiert etwas anderes, Sie kommen zur Ruhe, um sich neu orientieren zu können. Vielleicht haben Sie den Punkt sogar schon überschritten, dann können Sie sich in aller Ruhe mäßigen. Haben Sie ihn noch vor sich, dann können Sie ihn mit Zeit und Weile zu erreichen versuchen, er liegt vielleicht näher, als Sie denken. Aber vertraute Gewohnheiten sind zäh, Sie müssen aufpassen, daß Sie nicht wieder der Versuchung erliegen, am Wettrennen teilzunehmen.

Interview

Unser drittes Interview führen wir mit einer alleinerziehenden Mutter von fünf Kindern, die sich entschloß, nicht länger Sozialhilfe zu beziehen. Sie hat aus eigener Kraft etwas erreicht, was Bewunderung verdient.

Tun Sie, was Ihnen Spaß macht

Eine gute Woche, nachdem ich ihren Brief erhielt, besuche ich sie. Einen Brief von acht Seiten, mit deutlicher Emotion geschrieben, bekommt man nicht alle Tage. Eine alleinerziehende Mutter mit fünf Kindern, die es wagt, auf Sozialhilfe zu verzichten, sich als Musiklehrerin selbständig zu machen, und schreibt, daß sie absolut glücklich ist; so eine ungewöhnliche Geschichte interessiert mich, weil sie mit unseren Vorstellungen von Sozialhilfeempfängern nicht übereinstimmt. Darunter stelle ich mir eine Frau vor, die nicht genug Geld hat, mit ihrem Schicksal hadert und keine Aussicht auf Verbesserung sieht.
Sie kommt selbst zu Wort:

„*Es klingt unvorstellbar, aber in den drei Jahren, in denen ich Sozialhilfe bezog, habe ich ordentlich gespart, einfach, indem ich sparsam lebte. Meine Kinder und ich machen alle Geschenke selbst: Wir stricken, malen, sticken, zimmern und basteln. Wir pflücken Kräuter für Tee und trocknen sie, wir sind Vegetarier, tragen Second-hand-Kleidung, bestellen einen Gemüsegarten und ... jetzt kommt's (ich traue mich kaum, es zuzugeben): Ich wasche die gesamte Wäsche der Familie von Hand. Wenn ich meine Hände in die Lauge tauchen kann, bin ich absolut glücklich! Angefangen hat es mit der Wette, ob man heutzutage noch ohne Elektrizität leben könnte. Natürlich, sagten wir tapfer. Wetten? Na klar. Schon der nächste Tag brachte Überraschungen: Die Klingel funktionierte nicht, die Kinder konnten keine Musik hören, und ich stand ratlos vor der Waschmaschine. Aber ich wollte nicht klein beigeben, ich machte einen Kessel voll Lauge und begann zu waschen. Als die Wäsche auf der Leine hing, setzte ich mich zufrieden auf die Gartenbank. Als mein Jüngster aus der Schule kam, sagte er erstaunt (ohne zu wissen, daß ich alles von Hand gewaschen hatte): ‚Die Wäsche sieht heute so schön aus.' Ich war perplex.*

Vor einigen Wochen kam mein ältester Sohn (zwölf Jahre alt) nach Hause mit einem Flecken auf dem Pullover. Er ging in die Küche und wusch den Flecken selbst aus. Offensichtlich ist ihm klar, daß ein einziger Fleck noch kein Grund ist, einen Pullover in den Wäschekorb zu schmeißen. Seit ich von Hand wasche, wechseln die Kinder übrigens ihre Kleidung seltener.

Wir haben den Sommer über, drei Monate lang ohne Elektrizität gelebt und viel Spaß gehabt, wenn wir abends mit einer Kerze das Tele-

fon suchen mußten, wenn es klingelte, oder mit einer Kerze zur Toilette gingen. Im Herbst haben wir den Strom wieder angestellt, aber wir gehen nun sehr viel bewußter damit um. Und die Wäsche erledige ich noch immer von Hand, nur wenn z.B. ein Kind krank ist und ich das Bett öfter frisch überziehen muß, mache ich eine Ausnahme, und dann bin ich auch froh, daß ich eine Waschmaschine habe. Es ist einfach nicht zu erklären, was für ein ‚sauberes‘ Gefühl ich bekomme, wenn ich schmutzige Jeans mit Seife und Bürste schrubbe.

So ähnlich fühle ich mich, wenn ich Salat aus dem Gemüsegarten hole. Die Gemeinde hat uns ein Stück Grund neben unserem Haus gratis überlassen. Und es ist ein so erfreulicher Anblick, wenn das selbst angebaute Gemüse auf dem Küchentisch liegt. Man schneidet es viel sorgfältiger. Sehen Sie nur, wie schön dieser Rotkohl ist. Alles schmeckt viel besser, man genießt mehr, aber das muß man selbst erlebt haben.

Wir haben kein Auto, keinen Fernseher, keine Mikrowelle, keine Kühltruhe und nicht einmal einen Kühlschrank. So sparen wir viel Geld. Ein voller Kühlschrank ist schnell leer, weil es so einfach ist, eben etwas zu nehmen. Wenn wir nach dem Essen noch etwas naschen möchten, holt eines der Kinder noch ein paar Becher Joghurt im Supermarkt, und wenn wir fertig sind, leckt der Hund die Becher aus.

Im Winter heizen wir unseren Ofen, auf dem man auch kochen kann, mit Kohle und Abfallholz. Meist steht ein Topf Kräutertee darauf, von dem jeder sich nimmt. Kohlen bekomme ich manchmal umsonst von Leuten, die noch welche im Keller liegen haben, die sie nicht mehr brauchen. Wir brauchen so wenig Strom und Gas, daß der Mann, der letztes Jahr den Zählerstand kontrollierte, fragte, ob wir das ganze Jahr über in diesem Haus gelebt hätten. Toll!

Nach einem Jahr Sozialhilfe war ich erstaunt, daß ich soviel Geld übrig hatte. Seit meiner Scheidung lebe ich auch unbeschwert sparsam und beziehe die Kinder in alle Entscheidungen ein. Weil ich z.B. keine Lust mehr hatte, sie laufend daran zu erinnern, wie teuer Telefongespräche sind, haben wir einen Zähler angeschafft. Jetzt bezahlen die Kinder ihre Einheiten von ihrem eigenen Taschengeld bzw. dem Geld, das sie verdienen. So ein Zähler kostet zwar auch Geld, aber er amortisiert sich.

Sparsames Leben ist auch Teil der Erziehung. So beklagten meine Kinder sich früher immer darüber, daß das Obst schon wieder alle war, egal, wieviel Äpfel, Birnen, Apfelsinen, Mandarinen und Bananen ich auch anschleppte. Ich wollte nicht noch mehr Geld dafür ausgeben und hatte eine Idee. Jetzt mache ich, wenn ich vom Markt nach Hause komme, für mich selbst und für jedes Kind einen Obstkorb für die ganze Woche, über den jedes frei verfügen kann. In unserer Familie kennen wir auch den Ausdruck ‚Lebensmittelpaket‘. Eine Idee der Kinder, vor allem für Geburtstage. Wir verschenken ein Paket mit Schokolade, die günstig war, Reiswaffeln und sogar Dosen Mais oder Gläser Apfelmus.

Es macht Spaß, wenn man so einen Korb ganz für sich alleine bekommt und damit tun kann, was man will. Diese Pakete sind sehr beliebt und brauchen nicht teuer zu sein.

Eine meiner größten Entdeckungen war die, daß Zeit und Geld dehnbar sind. Denn eine Mutter von fünf Kindern, die arbeitet, Musik studiert, einen Kurs absolviert, die Wäsche von Hand wäscht, selbst Gemüse züchtet und Brot bäckt, ist doch undenkbar. Jeder fragt mich, wo ich die Zeit hernehme. Ganz einfach: Ich genieße alles, was ich tue.

Es ist ganz einfach. Zunächst einmal tue ich selten etwas, was mir keinen Spaß macht, deshalb brauche ich mich auch nicht immer wieder von neuem von unangenehmen Dingen zu erholen. Wenn Sie Dinge tun, die Sie gerne tun, bekommen Sie Energie, anstatt sie zu verlieren. Ich mache es mir auch einfach: Im Garten lasse ich die Überreste von Pflanzen einfach stehen, z.B. wenn ich Broccoli geerntet habe. Wenn jemand eine Bemerkung darüber macht, sage ich, daß es dabei um die Oberflächen-Kompostierungsmethode geht, darauf weiß niemand eine Antwort. Ein weiteres Beispiel: Wenn ich mich wohl fühle, habe ich morgens, während die Kinder noch ihre Schultaschen packen, schon die Wäsche gewaschen und bin nicht einmal müde. Wenn ich einen schlechten Tag habe oder über etwas grübele, merke ich, daß ich am Frühstückstisch hängenbleibe und vom Nichtstun müde werde.

Ich bin fest davon überzeugt, daß, wenn man sich Sorgen macht und fürchtet, daß das Geld nicht reicht, es tatsächlich nicht reichen wird. Denken Sie einfach: Ich lebe in einer Welt des Überflusses, und alles, was ich nötig habe, bekomme ich auch. Manchmal natürlich auch einen Schlag ins Kontor.

Dafür habe ich ein Beispiel, das unglaublich klingt, für das ich aber vier Zeugen habe: Zwei meiner Töchter waren dabei, ihr Zelt aufzuschlagen, um zu sehen, ob es noch komplett war. Es ist ein altes, schweres Zelt. Währenddessen stand ich in der offenen Tür und sagte: ‚Ihr müßtet eigentlich so ein Leichtgewicht-Kuppelzelt haben.‘ Eine Minute später kommt ein Auto vorgefahren, ein Mann dreht die Scheibe nach unten und sagte: ‚Ich sammle Sachen für den Krammarkt und habe ein Zweipersonen-Kuppelzelt, das ich Ihnen für 10 DM überlassen kann.‘ Er konnte sich sicher nicht erklären, warum wir ihn alle mit offenem Mund anstarrten. Seitdem passiert mir so etwas öfter, es geht meist um kleine Dinge, um reine Zufälle, aber ich bin jedes Mal wieder erstaunt, wenn es passiert.

Natürlich muß man auch aufpassen, daß man nicht zu habsüchtig wird. Wer viel bekommt, sollte auch viel verschenken, die Dinge müssen in Umlauf bleiben. Sparsam sein gleicht einer Gratwanderung, sobald man einen Fuß ins Land der Habsucht setzt, verschwindet jeder Genuß. Ich vergleiche das immer mit Fahrradfahren auf der falschen Straßenseite. Das geht nicht lange gut, man stößt überall an. Die Lösung ist einfach: das Fahrrad umdrehen.

Als ich mich entschloß, auf die Sozialhilfe zu verzichten, war man beim Sozialamt sehr erstaunt und fand, daß ich verantwortungslos handelte. Man dachte, daß ich es doch nicht schaffen würde. Doch ich habe mich durchgesetzt, und jetzt gehört alles, was ich verdiene, wirklich mir und wird nicht mehr auf die Sozialhilfe angerechnet. Mit den Alimenten von meinem früheren Mann und dem Kindergeld komme ich über die Runden. Es bleibt sogar Geld übrig, obwohl mein Einkommen sogar unter dem Sozialhilfeniveau liegt. Natürlich verdiene ich während der Ferien nichts und auch nicht, wenn ich krank bin. Eine Rentenversicherung habe ich auch nicht, dafür muß ich selbst sparen. Ich verfüge über Kräfte, von denen ich nicht wußte, daß ich sie habe, denn selbständig zu sein ist herrlich; ich kann das Gefühl gar nicht beschreiben. Es geht darum, zu tun, was man wirklich will, dann hat man immer genug – und die Mitmenschen auch.

PS: Auch wenn ich eine Million hätte, würde ich nicht anders leben wollen. Ich schüttle ein Restchen Buttermilch in einem leeren Marmeladeglas und nenne es Milkshake."

5.
Fortschritte sichtbar machen

Stufe 5: Verarbeiten Sie die Ergebnisse der bisherigen Schritte zur Veranschaulichung in einer Graphik

So erhalten Sie ein Bild Ihres Verhältnisses zu Geld (und Lebensenergie) und Ihrer Fortschritte auf dem Weg zu finanzieller Unabhängigkeit.

Machen Sie Ihre eigene Graphik

Schritt 5 ist einfach. Sie erstellen mit den Daten aus Ihrer Monatsübersicht eine Graphik Ihrer Einkünfte und Ausgaben. Sie haben nichts weiter nötig als Papier, ein Lineal, Bleistifte und einen Radiergummi. Falls Sie über einen Computer verfügen, erstellen Sie damit Ihre Graphik. Die horizontale Linie gibt die Monate an. Falls Sie je fünf Millimeter für einen Monat rechnen, können Sie auf einem A4-Blatt Millimeterpapier die Graphik für viereinhalb Jahre erstellen. Dadurch können Sie die Entwicklung über einen längeren Zeitraum verfolgen und Ihren Weg zur finanziellen Unabhängigkeit dokumentieren. Die vertikale Linie steht für Ihr Einkommen. Lassen Sie – abhängig von der Höhe Ihrer monatlichen Einkünfte – ein ausreichendes Stück blanko, auch wenn Sie momentan keine Steigerung erwarten. Beträgt Ihr Einkommen zur Zeit z.B. 3000 DM netto pro Monat, dann können Sie die Linie bis auf 4500 DM durchziehen, oder auch weiter, man weiß ja schließlich nie … Gemäß dem Beispiel auf Seite 95 unterteilen Sie die vertikale Linie jetzt von null bis zum erwünschten Maximum. Zum Ende des Monats entnehmen Sie der Monatsübersicht die Gesamtsummen der Einkünfte und Ausgaben, die die beiden Ausgangspunkte der Graphik bilden. Nach Ablauf des ersten Monats sehen Sie nicht mehr als zwei Punkte, aber ab dem nächsten Monat bilden sich zwei Linien. Verwenden Sie dafür unterschiedliche Farben; z.B. grün für Ihr Einkommen und rot für die Ausgaben. Die Monatsübersicht und die Gesamtsummen pro Kategorie sind nicht mehr als eine Momentaufnahme, der Graphik jedoch können Sie die Entwicklung über einen längeren Zeitraum entnehmen.

Übertragen Sie deshalb die Gesamtsummen jeden Monat konsequent in die Graphik.

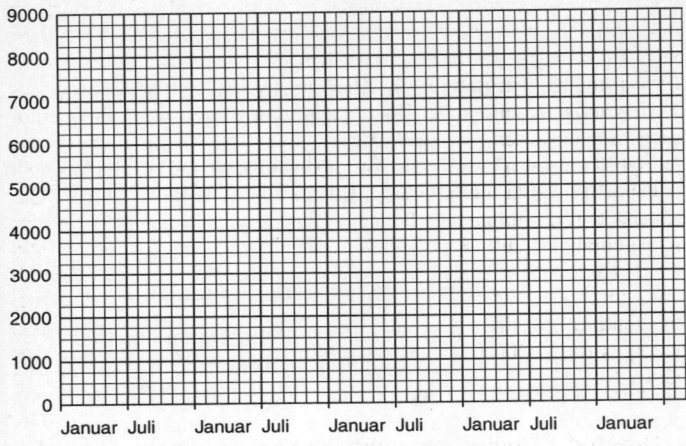

Beispiel Millimeterpapier mit Einteilung

Machen Sie sich auf einen Schock gefaßt

Wenn Sie die ersten Monatsübersichten und die Graphik erstellen, werden Sie vielleicht einen Schock erleben. Nicht wenige Menschen stellen fest, daß sie mehr ausgeben, als sie verdienen. Die erste Reaktion darauf ist oft übertriebene Sparsamkeit. Aber damit geht es wie mit den meisten Diäten: Man hält es nicht lange durch, und dann steigen die Ausgaben wieder auf das frühere Niveau oder sogar noch darüber hinaus. Das ist natürlich nicht der Sinn der Sache. Viel sinnvoller ist es, weiterhin konsequent die Monatsübersichten zu erstellen, die Summen und ihren Niederschlag in Lebensenergie gut zu analysieren und die Fragen in der untersten Reihe zu beantworten. Jeder kann für einen kurzen Zeitraum wenig oder auch sehr wenig ausgeben, aber es geht darum, Gefühl für das rechte Maß zu entwickeln. Das braucht seine Zeit, aber der Effekt ist dann dauerhaft.

Maria führt seit Anfang 1994 Buch über ihre Einkünfte und Ausgaben. Ihr Mann hat eine gutbezahle Arbeitsstelle; sein Gehalt beträgt rund 5000 DM brutto. Die beiden haben keine Kinder (siehe Graphik auf Seite 97).

Maria erzählt: „Der erste Monat war am schlimmsten, denn ich sah, daß wir mehr ausgaben, als wir verdienten. Wir fingen ausgerechnet im Januar an, das ist natürlich ein teurer Monat. Aber ich erschrak doch. In den darauffolgenden drei Monaten bemühte vor allem ich mich zu beweisen, daß wir auch mit weniger auskommen konnten, und es blieb bei etwa 3000 DM pro Monat. Dann kam die Urlaubszeit, und da wollten wir uns nicht einschränken. Aber im September strengten wir uns wieder an, aber mit mehr Überlegung. Ich suchte nach Einschränkungsmöglichkeiten, die wenig Überwindung kosten. Und auch heute gelingt es mir noch täglich, die Ausgaben einzuschränken. Bei uns geht es dabei vor allem um Kleidung, Einkäufe, im Restaurant essen, Geschenke und alle möglichen Dinge für das Haus, die ich jetzt höchstens noch gebraucht kaufe. Ein Vergleich der ersten Monate des Jahres 1995 mit denen von 1994 ergab, daß wir unsere Ausgaben jetzt strukturell verringert haben. Im Januar 1995 gaben wir 2000 DM weniger aus als im Januar des Vorjahres, in den ersten fünf Monaten des Jahres 1995 waren es rund 4000 DM weniger als im Vergleichszeitraum des Vorjahres."

Durch das Stellen der richtigen Fragen können Sie viel Geld sparen

Fast jeder, der die Fragen zur Monatsübersicht regelmäßig beantwortet, stellt fest, daß die Ausgaben automatisch sinken. Sobald man sich des „automatischen" Kaufverhaltens bewußt wird, kann man es unterbinden oder jedenfalls einschränken.

Als Marina in unseren Kurs kam, war sie sich darüber im klaren, daß sie viel Geld für Stoffe u.ä. ausgab; Textilarbeiten sind nun einmal ihr Hobby. Aber als sie sah, wie hoch die Summe war, erschrak sie. Als sie das nächste Mal im Stoffgeschäft ein paar Coupons ausgesucht hatte, dachte sie an die Mengen Stoff, die zu Hause herumlagen, genug, um ein Leben lang kreativ zu sein. Sie kaufte nichts und verließ das Geschäft mit einem zufriedenen Gefühl.

Solche Erfahrungen sind kein Einzelfall. Obwohl Hanneke und ich schon einige Erfahrungen mit Einsparungen gemacht hatten, bevor wir mit dem Stufenplan begannen, erlebten auch wir regelmäßig Überraschungen. Wie niedrig die Einsparungen auch sind, Sie werden Ihrer Graphik entnehmen, daß dadurch die Gesamtausgaben langsam, aber sicher zurückgehen. Auch Kleinigkeiten zählen schließlich.

Im Februar 1994 unterzog Hanneke sich einer Netzhautoperation, nach der Komplikationen entstanden. Sie lag fast einen Monat lang im Kran-

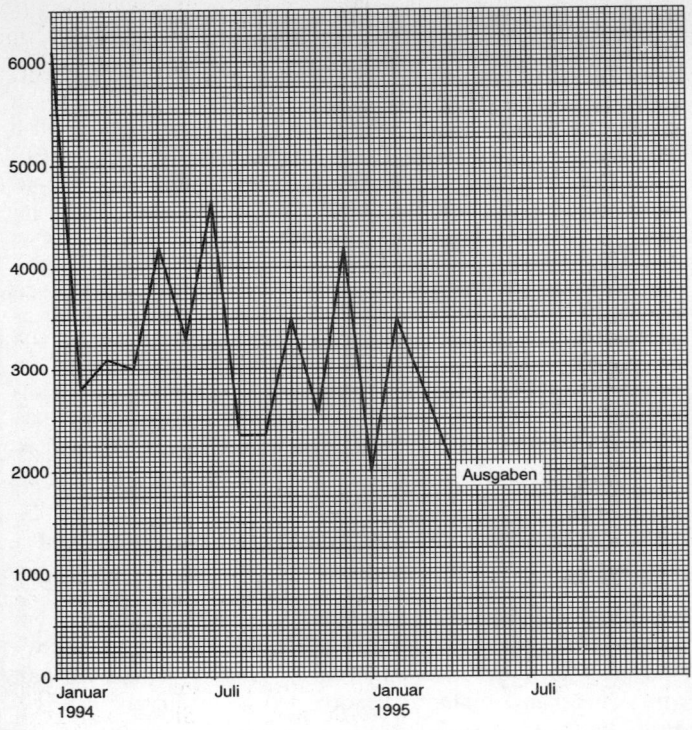

Marias Graphik ab Januar 1994

kenhaus, so daß ich nur für mich selbst einkaufte. Im Januar hatten wir
damit begonnen, ein Haushaltsbuch zu führen, und hatten festgestellt,
daß wir 315,85 Gulden für Nahrungsmittel (inkl. Waschpulver u.ä., jedoch ohne alkoholische Getränke, die wir in einer eigenen Rubrik notieren) brauchten. Das sind also fünf Gulden pro Person pro Tag. Aber
während Hanneke im Krankenhaus lag, machte ich mir das Essen wieder leicht: Ich kaufte Fertigprodukte, Snacks und Take-away-Gerichte.
Normalerweise wäre mir das kaum aufgefallen, aber jetzt entnahm ich
der Monatsübersicht für Februar, daß ich alleine 541,90 Gulden ausgegeben hatte, das sind 19,35 Gulden pro Tag – mehr als das Dreifache
dessen, was wir im Januar ausgegeben hatten. Ich stellte mir vor, was
ich in den vergangenen Jahren durch dieses „gedankenlose" Essen ausgegeben haben mußte, und ging an manch einer Bäckerei und Snack-
bar vorüber. So sparte ich enorme Summen.

98

Wenn Sie wissen, was Sie wirklich wollen, kann sich das in Geld niederschlagen. Im vorigen Kapital haben Sie durch die Geschichte von Wilhelm erfahren, was passieren kann, wenn Sie die Frage „Entspricht dies dem, was ich wirklich will?" beantworten. Im nächsten Interview hören Sie, wozu Sie in der Lage sind, wenn Sie genau wissen, was Sie wollen. Corinne ist eine alleinstehende Mutter eines fünfzehnjährigen Sohnes und bezieht Sozialhilfe.

„Vor drei Jahren entschloß ich mich, eine Ausbildung als Gitarrelehrerin zu machen, weil ich unbedingt mein Geld selbst verdienen wollte. Aber ich wollte eine anerkannte Ausbildung absolvieren, um eine Stelle bei einer Musikschule zu finden. Beim Sozialamt war man von meinem Plan nicht begeistert. Man fand, daß ich mit dieser Ausbildung kaum Aussicht haben würde, eine Stelle zu finden. Aber ich habe mich durchgesetzt, weil ich die Ausbildung auf keinen Fall „heimlich" machen wollte. Das Sozialamt entließ mich aus der Bewerbungspflicht, aber bezahlte die Kosten für die Ausbildung nicht. Die drei Jahre haben mich mehr als 6000 DM gekostet, die ich alleine aufgebracht habe. Soviel Energie und Einfallsreichtum entwickelt man, wenn man etwas wirklich will. Ich habe meine Ausbildung noch nicht abgeschlossen, aber ich habe bereits einige Schüler und auch eine Teilzeitstelle. Ich hoffe, daß ich nicht mehr lange Sozialhilfeempfängerin bin."

Wie sieht es mit schwierigen Monaten aus?

Wenn Sie Ihre Monatsübersichten vergleichen, werden Sie schnell feststellen, daß es außergewöhnliche Monate gibt. Vielleicht ist eine größere Reparatur fällig oder einige Versicherungsprämien. Nehmen Sie die jeweiligen Ausgaben in die Übersicht des Monats auf, in dem sie anfallen, und betrachten Sie die Höhen und Tiefen als die Landschaft Ihres Ausgabenverhaltens. So können Sie sich auf größere oder unverhoffte Ausgaben besser vorbereiten.

Sie können regelmäßige Zahlungen, die einen längeren Zeitraum betreffen, natürlich auch über das ganze Jahr aufteilen. Wenn Sie wissen, daß Sie im Januar 1800 DM an Versicherungsprämien zu zahlen haben, können Sie z.B. im Jahr davor jeden Monat 150 DM auf ein Festgeldkonto einzahlen und diese 150 DM jeden Monat unter „sonstige Versicherungen" verbuchen. Auf diese Art und Weise bekommen Sie noch Zinsen. Auch für Steuernachzahlungen und Unterhaltsarbeiten an Ihrem Haus können Sie vorausparen, indem Sie dafür ein Sparkonto eröffnen. Wählen Sie die Methode, die Ihnen am besten liegt.

Beschäftigen Sie sich regelmäßig mit Ihrer Graphik

Schauen Sie sich die Graphik in regelmäßigen Abständen an.
Zum Monatsende ist es spannend festzustellen, wie der Monat
verlaufen ist. Aber belassen Sie es nicht dabei. Sie brauchen die
Graphik nicht unbedingt in der Toilette aufzuhängen, aber vielleicht an der Kleiderschranktür oder über dem Schreibtisch, so
daß Sie sie regelmäßig vor Augen haben.

Mit der Zeit werden Sie vielleicht echt stolz auf das, was Sie
erreicht haben. Übrigens hängen manche Leute ihre Graphik bewußt so auf, daß andere sie sehen können. Was halten Sie davon?

Schritte auf dem Weg zur finanziellen Unabhängigkeit

Nach einigen Monaten werden das Sammeln von Kassenzetteln,
das Führen des Haushaltsbuches und das Erstellen der Graphik
Routine, und vielleicht stellen Sie sogar fest, daß Sie trotz an-
fänglicher Abneigung gar nicht mehr anders können. Sie werden
ein Gefühl der Selbständigkeit und Unabhängigkeit entwickeln
und die Sicherheit, daß Sie Kontrolle über Ihre Ausgaben haben.
Für viele ist das Erstellen der Monatsübersicht und der Graphik
ein regelrechter Höhepunkt, so daß sie ungeduldig das Monatsende erwarten, um festzustellen, wie sie abgeschnitten haben.
Beantworten Sie regelmäßig die Fragen, um sich mit den Dingen zu beschäftigen, die Sie wirklich wichtig finden. Das
schenkt Ihnen nicht nur Befriedigung; ein angenehmer Neben-
effekt ist, daß Sie weniger Geld ausgeben.

Daß man so allmählich finanzielle Unabhängigkeit erreicht,
erscheint anfänglich kaum glaubhaft. Strenggenommen sind Sie

nämlich erst dann unabhängig, wenn Sie von Ihren Kapitalerträgen leben können. Betrachten Sie daher finanzielle Unabhängigkeit als einen Prozeß, in dem Sie verschiedene Stadien durchlaufen. Ein Schritt in die richtige Richtung schenkt Ihnen bereits ein Gefühl der Befriedigung, denn Sie sind auf jeden Fall ein Stückchen unabhängiger geworden, als Sie waren.

Falls Sie Schulden haben, geht es zunächst darum, sich von dieser Last zu befreien. Es ist schockierend, wenn man hört, wie viele Menschen hohe Schulden haben. Unzählige Familien können ihre finanziellen Verpflichtungen längst nicht mehr erfüllen und stehen bei mehreren Gläubigern in der Kreide. Kein Wunder bei der aufdringlichen Reklame für Kredite, die man allenthalben sieht. Beinahe alles kann man auf Raten kaufen. Sie können sogar ein Auto kaufen und erst ein Jahr später mit der Abzahlung beginnen. Und auch Kreditkarten stehen jedermann zur Verfügung. Und wer macht davon nicht Gebrauch?

Die Gesellschaften weisen in ihren bunten Prospekten auch nur verdeckt darauf hin, daß die Bezeichnung *Kredit*karte bedeutet, daß man für Käufe, für die nicht genügend Geld auf dem Bankkonto ist, hohe Zinsen zahlen muß. Sie versuchen, uns davon zu überzeugen, daß es eine Katastrophe ist, wenn man etwas nicht kaufen kann, was man haben möchte, weil einem das Geld dafür fehlt.

Schulden zurückzahlen: Aufgrund der fast unbegrenzten Kreditmöglichkeiten zahlen die Verbraucher stets mehr Zinsen und andere Kosten. Sogar 15 % Zinsen sind nicht ungebräuchlich. Falls in Ihrer Bilanz Schulden enthalten sind, besteht der erste Schritt zur finanziellen Unabhängigkeit darin, diese zurückzuzahlen, dann erst werden Sie frei und zufrieden leben können. Stellen Sie fest, wie angenehm es ist, sagen zu können: „Ich bin niemandem etwas schuldig."

Die Graphik auf Seite 101 ist ein Beispiel für eine solche Entwicklung. Schon nach einigen Monaten geben Sie weniger aus, als Sie verdienen, der Spielraum, der entsteht, ist das, was Sie sparen. Damit können Sie Schulden zurückzahlen. Das kann zwar länger dauern, aber auf jeden Fall nehmen Ihre Schulden ab, und Ihre Zufriedenheit wächst.

Lisa hatte zwei Studien abgeschlossen und dafür Schulden gemacht. Jahrelang fand sie keine Stelle. Ihre Schulden waren so hoch, daß sie nicht mehr daran glaubte, sie überhaupt jemals zurückzahlen zu kön-

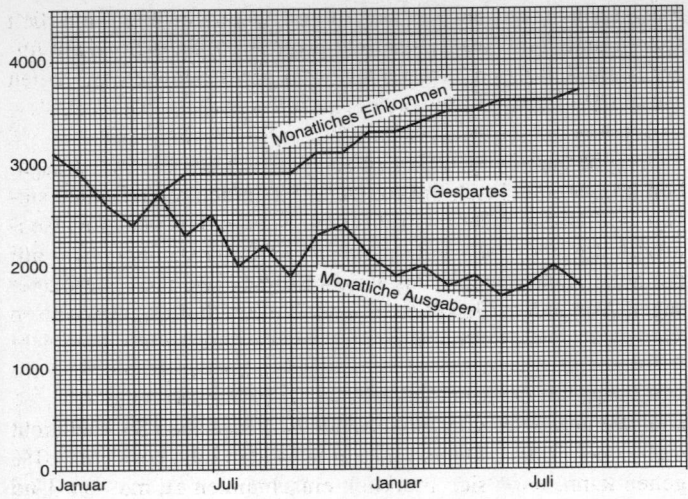

4000

3000

Monatliches Einkommen

Gespartes

2000

Monatliche Ausgaben

1000

0

Januar   Juli   Januar   Juli

Graphik: Ausgaben, Einkünfte und Ersparnisse

nen. Auch nachdem sie eine nicht schlecht bezahlte Arbeitsstelle hatte, gab sie jeden Monat ihr ganzes Geld (oder sogar mehr) aus. Schließlich hatte sie so viel Schulden, daß es keinen Sinn hatte, sparsam zu leben. Nachdem sie unseren Kurs besucht hatte, beschloß sie, sich ein realistisches Ziel zu setzen: 5000 Gulden sparen. Zunächst mußte sie den Überziehungskredit auf ihrem Girokonto zurückzahlen. Und früher, als sie selbst erwartet hatte, konnte sie uns mitteilen, daß sie die 5000 Gulden gespart hatte. Sie konnte es selbst kaum glauben.

Geld auf der Bank: Der nächste Schritt ist noch befriedigender: Geld auf der Bank haben. Das ist etwas anderes als die Pseudofreiheit, die ein Überziehungskredit Ihnen verschafft. Gleichgültig, ob Sie 50 oder 1000 DM pro Monat sparen. Sparen ist in den letzten Jahren zwar aus der Mode geraten, aber es macht noch immer Spaß. In vielen Haushalten können die Kosten ohne viel Mühe um 20 % gesenkt werden. Wenn Sie erst einmal Geschmack daran gefunden haben, ist vielleicht noch mehr erreichbar. Natürlich sparen Sie auf einem Festgeldkonto mit höherem Zinssatz. Die Zinsen summieren sich schnell.

Wenn Sie erst einmal über Ersparnisse verfügen, kommt eine Phase finanzieller Unabhängigkeit, in der Sie mehr Entschei-

102

dungsfreiheit bekommen, vor allem, wenn Sie kontinuierlich sparen und vom Zinseszinseffekt profitieren. Falls Sie dann unerwartete Ausgaben haben oder sogar arbeitslos werden, haben Sie ein Polster und brauchen sich kein Geld zu leihen. Außerdem können Sie beginnen, Ihre Träume zu realisieren.

Es gibt viele Möglichkeiten zu sparen. Wenn Sie Ihre Ausgaben immer erst einschränken, wenn Sie in den roten Zahlen stehen, sollten Sie nicht mehr das Geld sparen, das am Monatsende zufällig übrig ist, sondern gleich am Monatsanfang etwas auf die hohe Kante legen. „Pay yourself first", wie die Amerikaner sagen. Von jedem Gehalt (bzw. anderen Einkünften) überweisen Sie sofort einen bestimmten Prozentsatz (am Anfang vielleicht 5 %) auf ein Sparkonto, am besten eines mit verlängerter Kündigungsfrist, von dem Sie nicht so einfach etwas abheben können. Wenn Sie bis zum Monatsende warten, haben Sie vielleicht nichts mehr übrig. Die Erfahrung lehrt, daß man sogar bis 10 % gehen kann, ohne sich merklich einschränken zu müssen. Und es ist doch logisch, daß Sie zuerst sich selbst bezahlen. Schließlich haben Sie ja das Geld verdient.

Das alles mit einer einfachen Graphik?

Ja, vor allem wenn Sie sie monatlich aktualisieren und regelmäßig analysieren, auch wenn Sie einmal keine Lust dazu haben. Warum das Ganze?

- Weil die Graphik Sie immer daran erinnert, daß Sie Ihr Ausgabenverhalten wirklich ergründen wollen und daß Sie etwas ändern wollen.
- Weil Sie ohne größere Rechenübungen jederzeit sofort sehen können, wie es mit Ihren Finanzen steht und wie sie sich entwickeln.
- Weil die Graphik Sie inspiriert. Werden Ihre Ausgaben niedriger, werden Sie versuchen, ob noch mehr möglich ist. Wenn es Ihnen nicht gelingt, die Ausgaben zu senken, werden Sie angespornt, nicht aufzugeben.
- Weil die Graphik Sie ab und zu von einem Kauf abhält. Wenn Ihnen klar wird, wie dieser sich auf die Graphik auswirken würde, überlegen Sie es sich vielleicht noch einmal.
- Weil sie Ausdruck der Tatsache ist, daß Sie sich mit Ihrem eigenen Verhalten beschäftigen. Die Linie, die Ihr Einkommen

darstellt, zeigt, in welcher Weise Sie Ihre Stunden Lebensenergie für Geld getauscht haben, die Linie der Ausgaben,
wie sorgfältig Sie dieses Geld für die Lebensenergie anderer
getauscht haben.
- Weil die Graphik Hilfestellung gibt, vor allem wenn Sie sie
mit anderen besprechen. Beifall bekräftigt unsere Entscheidungen.

6.
Weniger Konsum, wie geht das?

Da Sie jetzt über eine Methode verfügen, mit der Sie sich Ihr Ausgabenverhalten verdeutlichen können, ist zu erwarten, daß Sie bestimmte Ausgaben verringern möchten. Das klingt schwieriger, als es ist, wenn Sie es als eine Art sportliche Herausforderung betrachten.

Seit wir unseren Ruf als Geizhalsehepaar erworben haben und Interviews geben, Vorträge halten und Kurse veranstalten, stellt man uns immer wieder eine Frage: „Was ist denn so schön am sparsamen Leben?" Meist schaut der Fragesteller uns ungläubig oder auch argwöhnisch an, weil er heimlich vermutet, daß wir die Leute zum Narren halten, und uns gerne bei Fehltritten ertappen würde.

Das ist eine durchaus begreifliche Reaktion, denn das Wort „sparsam" ruft negative Assoziationen hervor. Man denkt an Armut, Kleinlichkeit, Nachkriegsjahre und Kohlgeruch. An Wohnen im Hinterhaus, jeden Pfennig zweimal umdrehen, alte Kleidung auftragen und Socken stopfen. Und vor allem verbindet man es mit „Zwang". Wer kein Geld hat, muß notgedrungen sparen, muß sich nach der Decke strecken. Und da sind dann plötzlich zwei Leute, die gut verdienen und aus freien Stücken sparsam leben. Das kann doch nicht mit rechten Dingen zugehen!

Unsere Geschichte ähnelt der von der Glückskurve im ersten Kapitel. Der Luxus und der Überfluß, der sich im Lauf der Jahre in unser Leben geschlichen hatte, machten uns nicht mehr zufrieden.

Wir hatten unmerklich einen Punkt passiert, ab dem Kleidung aus teuren Boutiquen, Essen im Restaurant, Fernreisen usw. selbstverständlich geworden waren. Also haben wir unseren Konsum verringert und zu unserer Überraschung festgestellt, daß wir das angenehm fanden. Wir waren wieder zufriedener, unbekümmerter, kreativer. Wir hatten wieder mehr Kontakt miteinander und lachten häufiger. Wir sind nicht die einzigen, die diese Erfahrung machen. In den letzten vier Jahren erhielten wir Hunderte von Reaktionen von Menschen, die das gleiche empfanden, nachdem sie sich bewußt für einen sparsameren Lebensstil entschieden hatten.

Allgemeine Tips

Das richtige Maß

Zuviel ist ungesund, aber zuwenig natürlich auch. Also versuchen wir, den goldenen Mittelweg zu finden, gerade genug zu haben. Wir wollen mit möglichst wenig Dingen und Geld soviel wie möglich genießen. Das ist die Herausforderung der kreativen Einfachheit. Seit ich meinen tatsächlichen Stundenlohn errechnet habe und weiß, daß ich als Therapeutin nicht 60 Gulden pro Stunde verdiene, sondern weniger als 15, verfüge ich über mehr Motivation, mein Geld zu genießen und sorgfältig damit umzugehen.

Wie oft kommt es nicht vor, daß man für teures Geld etwas kauft, das einem dann nicht gefällt? Kaum einer, dem das noch nie passiert ist. Ein andermal geben Sie wenig Geld aus für etwas, was Ihnen viel Freude bereitet. Essen im Kollegenkreis ist ein einfaches, aber häufig vorkommendes Beispiel. Es gibt dafür zwei Möglichkeiten, beide habe ich selbst erlebt:

Im ersten Fall bestellen Sie, obwohl Sie eigentlich gar nicht soviel Hunger haben, ein Vor- und ein Hauptgericht, weil alle anderen das auch tun. Es schmeckt Ihnen gut, aber schon während des Hauptgerichts merken Sie, daß das alles etwas zuviel wird. Sie bekommen Völlegefühl und nehmen sich vor, morgen Diät zu halten. Da alle anderen noch Eis zum Nachtisch bestellen und Sie nicht zusehen wollen, bestellen Sie – gegen besseres Wissen – auch etwas. Sie studieren die Karte, alles ist gleich umfangreich und teuer. Am liebsten würden Sie ein Kindereis bestellen, aber das trauen Sie sich nicht. Also nehmen Sie den teuersten Becher, den das Haus zu bieten hat, mit Obst, Likör und Schlagsahne. Jetzt fühlen Sie sich wirklich voll, Ihnen wird fast schlecht, und Sie sind unzufrieden. Als die Rechnung kommt, die untereinander geteilt wird, kommt der nächste Schock. Drei Gänge, Kaffee und einige Flaschen Wein, das summiert sich natürlich. Mit so viel hatten Sie nicht gerechnet. Und zuviel getrunken haben Sie auch.

Beim nächsten Essen gehen Sie alle zusammen in ein einfaches Restaurant, das eine Kollegin entdeckt hat. Alle bestellen das Tagesessen. Man sitzt an langen Tischen, das frisch zubereitete Essen kommt schnell, den Wein gibt es auch per Glas, und bezahlbar ist er auch. Danach machen Sie alle einen kurzen Spaziergang und trinken in einem gemütlichen Café noch einen Kaffee. Für ein Drittel des Geldes, das Sie beim ersten Mal ausgaben, kommen Sie zufrieden und nicht aufgebläht zurück. Sie haben gut gegessen und sich mit Ihren Kollegen angenehm unterhalten.

Sparsamkeit mit Stil

In unserem eigenen Leben verlaufen die meisten Erfahrungen inzwischen so wie beim zweiten Abendessen; wir amüsieren uns gut, essen einfacher, tun mehr für unsere Gesundheit, haben mehr Kontakte, erleben mehr Überraschungen.

Der Name „Sparsamkeit mit Stil" kommt von einem Bekannten von uns, der während eines Besuches den ursprünglichen Namen „Sparsamkeit mit Fleiß" nicht richtig verstand. Und eigentlich paßt der Name tatsächlich besser, denn wir leben zwar sparsam, aber mit Stil. Uns geht es nicht mehr um Quantität, sondern um Qualität, wir lassen uns nicht länger von einer Marke weismachen, was gut ist, sondern haben eine eigene Meinung. Orangensaft einer unbekannten Marke schmeckt genauso gut wie ein teures Produkt, für das laufend im Fernsehen Reklame gemacht wird. Die Bedeutung des Wortes „sparsam" hat sich für uns geändert. Ganz von selbst ergeben sich positive Assoziationen wie praktisch, schlau, umweltfreundlich, kreativ, einfach, witzig, bescheiden und zufrieden.

Konsumverringerung: Die niederländische Version dieses Ausdrucks kommt ursprünglich vom Umweltzentrum „Die kleine Erde" in Boxtel. Wir haben ihn dankbar übernommen, weil er deutlich macht, worum es uns geht. Bei uns ging es um Konsumieren, und genau das taten wir: Geld ausgeben, unaufhörlich steigende Bedürfnisse, immer mehr wollen. Weniger konsumieren bedeutet bewußt und kritisch mit Geld und Rohstoffen umgehen, herausfinden, ob es auch anders, d.h. mit weniger geht. Sich für Nachhaltigkeit anstelle von Wegwerf entscheiden und die Begiffe „Wachstum" und „Immer mehr" durch „Genug" ersetzen.

Wenn Sie aufgrund der Ausführungen in den vorigen Kapiteln oder aus anderen Gründen beschlossen haben, weniger zu konsumieren, sollten Sie nicht unterschätzen, wie hartnäckig althergebrachte Gewohnheiten sich halten. Registrieren Sie, wie oft Sie täglich oder wöchentlich einen Kaufimpuls empfinden. Sobald etwas nicht mehr funktioniert, denken Sie wahrscheinlich: „Ich muß eine/n neue/n … kaufen." Sie kommen gar nicht auf die Idee, daß etwas repariert, gefunden, getauscht oder gemietet werden kann. Wir sind so sehr daran gewöhnt, sofort ins nächste Geschäft zu laufen und etwas Neues zu kaufen, daß die „Entwöhnung" Zeit braucht. Und wie schnell denken wir, wenn wir in einem Schaufenster etwas sehen: „Das hätte ich auch gerne."

Andere Haltung: Früher betrachtete ich Waren in einem Schaufenster ganz anders. Ich fragte mich, ob ich es mir leisten könnte, sie zu kaufen. Für mich selbst oder für jemand anderen. Jetzt schaue ich mir all die Geschäfte mit Antiquitäten, Perserteppichen, Kleidung, Hausrat und Büchern so an, als ob ich im Museum bin, in dem ich mich amüsiere, wundere, ärgere oder wo ich genieße. Nach einer Stunde gehe ich wieder nach Hause, ohne daß ich auf die Idee komme, etwas zu kaufen. Meine Haltung ist anders geworden, ich kaufe nur, was ich tatsächlich nötig habe. Das heißt etwas, das ich tatsächlich brauche und das ich nicht auf andere Art und Weise bekommen kann.

Überfluß: Wir leben in einer Welt des Überflusses. Wenn Sie sich dessen bewußt sind, wird Ihnen diese Erkenntnis täglich wieder auf dem Präsentierteller angeboten. Immer wieder erstaunt es mich, was ich alles bekommen kann, ohne es zu kaufen, was ich finde, was man mir anbietet. In meinem Schrebergarten bieten alle Nachbarn mir Pflanzen an, sie sind froh, daß ich noch Platz habe und sie ihre Pflanzen nicht wegzuwerfen brauchen.

Ich achte bewußt auf Anzeigen für Musikvorstellungen oder andere kulturelle Veranstaltungen, die kostenlos angeboten werden, was ich früher nie tat.

Während ich früher zum Kochen immer meist recht teure Kräuter kaufte, ziehe ich jetzt selbst Petersilie, Sellerie, Schnittlauch und Bohnenkraut auf der Fensterbank oder im Schrebergarten. Vor einigen Wochen entdeckte ich in der Nähe unseres Schrebergartens sogar einen öffentlichen Kräutergarten, in dem jeder für den eigenen Bedarf pflücken darf. Dort stehen so viele Sorten, daß ich selbst eigentlich kaum noch Kräuter anzupflanzen brauche. Ab und zu nehme ich auch etwas für eine Freundin oder die Nachbarin mit. Obwohl ich schon über zwanzig Jahre in Den Haag wohne und es diesen Kräutergarten schon seit Jahren gibt, wußte ich früher nichts davon, weil ich mich nicht dafür interessierte, wie ich Geld sparen kann.

Stufe 6: Gehen Sie sorgfältiger mit Ihrer Lebensenergie um, indem Sie Ihren Konsum verringern

Bei dieser Stufe geht es darum, geschickt mit Ihrer Lebensenergie umzugehen, indem Sie bestimmte Ausgaben senken oder überhaupt nicht mehr tätigen.

Informationen dazu gibt es im Überfluß. Spartips und Rezepte für billige Mahlzeiten finden Sie in allen möglichen Zeitungen und Zeitschriften und natürlich in Büchern zum Thema „Sparsames Leben". In diesem Kapitel finden Sie eine Zusammenstellung der wichtigsten Tricks. Wir greifen dabei auf die Erfahrungen zurück, die wir in den rund drei Jahren mit unserer *Geizhalszeitung* gemacht haben, und auf die Bücher *Wie werde ich ein echter Geizhals?* und *Knausern Sie sich reich!* Am Ende dieses Buches finden Sie eine Literaturliste mit relevanten Publikationen. Wir haben diese Tips in regelmäßig vorkommende Kategorien gemäß der Monatsübersicht unterteilt, wie Wohnen, Nahrungsmittel, Fahrtkosten, Kleidung.

Es geht hier nicht darum, daß Sie alles wie einen Roman von Anfang bis Ende lesen. Nehmen Sie sich lieber ab und zu eine Kategorie vor, um herauszufinden, was Ihnen zusagt. Sollte Ihre Monatsübersicht ausweisen, daß Sie relativ viel für eine bestimmte Kategorie ausgeben, sollten Sie sich diese als erstes vornehmen.

T5555555
LÄCHERLICH

Warnung: Es geht hier um persönliche Erfahrungen und Tricks, die Ihnen wahrscheinlich nicht alle zusagen. Was der eine gut findet und begeistert in die Tat umsetzt, erscheint dem anderen lächerlich. Wenn ein bestimmter Tip Ärger in Ihnen aufkommen läßt, hat das vielleicht etwas mit früher zu tun. Vielleicht zwangen Ihre Eltern Sie, etwas ganz Bestimmtes zu tun oder zu lassen, und das erweckt noch immer Widerstand in Ihnen. Aber Sie müssen nichts tun, weil Ihre Eltern oder wir es so wollen. Die Ratschläge dienen lediglich dazu, Ihr Leben einfacher, weniger teuer und angenehmer zu machen. Treffen Sie Ihre eigene Wahl!

Versuchen Sie nicht länger, Eindruck zu schinden

Sobald Ihnen deutlich wird, daß Sie etwas nur tun, um andere zu beeindrucken, sollten Sie sich fragen, ob das wirklich sein muß.

Ingrid bezog seit Jahren Berufsunfähigkeitsrente und war darüber sehr unglücklich. Da sie nicht wollte, daß irgend jemand auf die Idee käme, daß sie nicht viel Geld hatte, machte sie grundsätzlich teure Geschenke. Schließlich hatte sie Schulden und mußte einen Kredit aufnehmen, um sie zurückzuzahlen.

Das Traurige daran ist, daß der Empfänger so ein teures Geschenk oft im Schrank stehen hat, da er es eigentlich nicht braucht. Außerdem entstehen auf diese Art und Weise Verpflichtungen, wer teure Geschenke bekommt, kann – wenn er an der Reihe ist – natürlich nichts Einfaches schenken, und so entsteht ein Kreislauf. Das gilt nicht nur für Geschenke. Kaufen Sie teure Kleidung, weil Sie sie wirklich wollen, oder weil Sie dazugehören wollen? Und wie sieht das mit dem Auto aus, dem Haus, der Ferienreise? Werden Sie sich Ihres Verhaltens bewußt und versuchen Sie, etwas daran zu ändern. Sitzt tief in Ihnen noch etwas von dem kleinen Kind, das seinen Spielkameraden mit der teuren Puppe oder der Spielzeugeisenbahn imponieren wollte? Das ist doch lächerlich, oder? Hören Sie damit auf!

Gehen Sie möglichst selten einkaufen

Jedes Mal, wenn Sie ein Geschäft betreten, besteht die Gefahr, daß Sie mehr kaufen, als Sie brauchen. Ein großer Teil unserer Einkäufe sind Impulskäufe. Man sieht etwas Neues – Erdbeermarmelade mit Joghurt – und fragt sich, wie das wohl schmeckt. Schon liegt ein Glas im Einkaufswagen. Betrachten Sie Einkaufen auch nicht als Zeitvertreib. Machen Sie statt dessen einen Spaziergang im Wald oder am Strand (notfalls mit einer Einkaufstasche, die Sie mit Steinen gefüllt haben), fahren Sie Rad oder besuchen Sie jemanden. Haben Sie so wenig Phantasie, daß Ihnen nichts Besseres einfällt als ein Einkaufsbummel? Erstaunlicherweise ist Einkaufen für viele Leute die liebste Freizeitbeschäftigung, obwohl es das teuerste Hobby ist.

Sollten Sie sich noch in der Entwöhnungsphase befinden, können Sie auch in ein Einkaufszentrum gehen und beschließen, nichts zu kaufen. (Ihren Geldbeutel lassen Sie dann besser zu Hause.) Nehmen Sie Ihren Partner oder einen Freund mit und schließen Sie eine Wette ab, wer von Ihnen den unsinnigsten Artikel findet, den man kaufen kann.

Wir sahen vor kurzem in einem Angelsportgeschäft für rund 1500 Gulden eine Art Spielzeugboot, das ferngesteuert wird. Damit kann man Köder an einem bestimmten Platz im Wasser abladen, so daß die Chance, einen fetten Fisch zu erwischen, größer wird. Wer kommt bloß auf so eine Idee?

Oder schauen Sie sich zur Abwechslung einmal nicht die Geschäfte an, sondern die Menschen, die – mit Einkaufstaschen bewaffnet – wie Lemminge durch die Straßen ziehen, um zu kaufen, zu kaufen und nochmals zu kaufen. Finden Sie, daß sie alle zufrieden aussehen?

Leben Sie nicht über Ihre Verhältnisse: Wie kommt es doch, daß manche Leute nie mit dem Geld auskommen, während andere mit dem gleichen Einkommen noch sparen? Es hängt u.a. zusammen mit Wichtigtuerei, Angeben, den großen Mann spielen. Haben Sie Verpflichtungen, die Sie nicht erfüllen können? Manche Leute heben einfach etwas vom Sparbuch ab, wenn sie eine neue Waschmaschine kaufen müssen, weil die alte nicht mehr zu reparieren ist. Andere müssen sich eine dramatische Geschichte ausdenken, um von Freunden oder der Familie etwas zu leihen.

Wenn Sie über Ihre Verhältnisse leben, geben Sie mehr aus, als Sie verdienen. Eine Zeitlang geht das gut, weil Sie von Ihrer Bank Kredit bekommen können. Dafür müssen Sie natürlich Zinsen zahlen. Je höher der Betrag, desto teurer ist er, und um so schwieriger wird es, eine unverhoffte Ausgabe zu finanzieren oder den Kredit zurückzuzahlen.

Ein leitender Angestellter wurde arbeitslos, weil seine Abteilung geschlossen wurde. Er beklagte sich bitter darüber, daß sein Einkommen von 200000 DM auf 150000 DM pro Jahr sank und er wegen seiner hohen Verpflichtungen und seines großzügigen Lebensstils in Probleme kam. Er hatte nichts gespart, weil er davon ausgegangen war, daß er immer genug verdienen würde. Er war einfach nicht in der Lage, kurzfristig bescheidener zu leben.

Gehen Sie sorgfältig mit dem um, was Sie haben

Dinge, die gepflegt werden, funktionieren länger. Lassen Sie Ihr Fahrrad nicht draußen stehen und lassen Sie es ab und zu warten. Warten Sie auch Ihr Haus regelmäßig, so daß es seinen Wert behält.

Im Lauf der Jahre habe ich ein probates Mittel gegen schlechte Laune entdeckt. Ich putze alle Schuhe, die schmutzig sind, und nehme mir alle Kleider vor, die gebügelt werden müssen oder zu reparieren und zu stopfen sind. Wenn ich nach einigen Stunden einen Berg glänzender Schuhe vor mir sehe und meine Kleidung ausgebessert und gebügelt ist, ist meine Laune wieder gut. So pflege ich meine Kleidung und mich selbst.

Maria beschloß, keine neuen Kleider mehr zu kaufen und statt dessen ihren übervollen Kleiderschrank als neuentdeckte Boutique zu betrachten, in der sie noch auf Jahre hinaus Kleidung finden kann. Statt zu kaufen, ändert sie nun ab und zu etwas. Früher kam sie laufend mit Schnäppchen nach Hause und mußte versuchen, ihren Mann davon zu überzeugen, daß sie viel Geld gespart hatte.

Brauchen Sie alles auf

Wenn jemand drei Kilo Äpfel kauft und davon auch nur einen wegwirft, findet jeder das rausgeschmissenes Geld. Aber wir finden es normal, 20 % Zahnpasta, Waschmittel oder teure Creme wegzuwerfen. Natürlich tun wir das nicht absichtlich, sondern aus Gedankenlosigkeit. Schmeißen Sie die nächste „leere" Zahnpastatube nicht weg, sondern schneiden Sie sie auf. Sie sehen, daß Sie noch für eine Woche Zahnpasta haben. Schneiden Sie die Tube so auf, daß Sie das abgeschnittene Stück jeweils wieder draufsetzen können, so daß der Rest nicht austrocknet. Genauso ist es mit flüssigem Waschmittel und allen Cremes in Tuben. Joghurt in Flaschen können Sie austropfen lassen oder etwas Milch dazuschütten und gut schütteln. Gewöhnen Sie sich auch an, Marmeladegläser (und überhaupt alles in Gläsern) auszukratzen. Geschirrspülmittel und flüssiges Waschpulver werden verdünnt.

Aus zerschlissenen Handtüchern werden Gästehandtücher oder Waschlappen und später Putz- oder Abwaschtücher. Man kann auch etwas lange benutzen, weil man es liebgewonnen hat.

Marianne kam aus der Stadt zurück und erwog, den Satz Edelstahl-kochtöpfe zu kaufen, den sie in einem teuren Haushaltswarengeschäft gesehen hatte. Aber je mehr sie darüber nachdachte, desto mehr wurde ihr deutlich, daß es mit den verschiedenen Töpfen und Pfannen, die sie seit Jahren benutzte, genauso gut ging. Außerdem hatte jedes Töpfchen seine eigene Geschichte. Da war z.B. das kleine Emailletöpfchen, das noch aus der Zeit stammte, als sie in einem möblierten Zimmer wohn-te, die Pfanne, die sie gegen ein T-Shirt von ihrer Schwester getauscht hatte, oder der billige Topf, den sie beim Trödler gekauft hatte. Und natürlich der Dampfkochtopf, den sie zur Hochzeit bekommen hatte.

Do it yourself

Sie glauben gar nicht, was Sie alles können, wenn Sie sich die Zeit dazu nehmen und es Ihnen etwas Spaß macht: Ihr Fahrrad reparieren, den Kindern die Haare schneiden, selbst die Steuer-erklärung machen, tapezieren und streichen oder Gemüse an-bauen.

Abgesehen von den finanziellen Vorteilen ist es angenehm zu wissen, daß man nicht von anderen abhängig ist. Manchmal muß man erst einen Kurs besuchen, um etwas zu lernen. So kann man lernen zu nähen, kleine Reparaturen zu erledigen, Autos zu reparieren und zu kochen. Und manchmal kann man alles Nötige einem Buch entnehmen.

Mir macht es wirklich Spaß, Hemd-kragen und -manschetten zu kehren. Meine Haare lasse ich noch immer vom Friseur schneiden, aber gefärbt werden sie sehr erfolgreich von Rob (er klagt nur immer, daß die Pla-stikhandschuhe, die zu der Packung gehören, zu klein sind). Dafür züchte ich Gemüse, während Rob die Fahrrä-der repariert.

Überlegen Sie einmal, was Sie in Zukunft selbst erledigen können bzw. welche Fertigkeiten Sie sich aneignen möchten.

Zu zweit macht alles mehr Spaß

Ein älterer Belgier, der unseren Kurs „Geld oder Leben" besucht hatte, gab uns zwei Tips, um reich zu werden: „Ein hohes Einkommen … und heiraten." Wir mußten zwar über ihn lachen, aber er hat nicht unrecht.

Zusammen lebt man viel günstiger als alleine. Wohnung, Wohnungseinrichtung, Energie, Nahrungsmittel, fast alles ist günstiger, wenn man zu zweit ist. Trotzdem entscheiden sich immer mehr Menschen dafür, alleine zu leben, wenn auch nicht immer freiwillig. Vielleicht erscheinen eines Tages Geizhalsanzeigen: „Sparsamer Mann, Nichttrinker, Nichtraucher, liebt Brotkrumen, sucht kleine Partnerin, um zusammen fürs Alter zu sparen." Aber das ist Zukunftsmusik.

Man muß nicht unbedingt verheiratet sein oder mit jemandem zusammenleben, um mit anderen Dinge zu unternehmen, die das Leben weniger teuer machen. Es gibt auch Einkaufsgenossenschaften, Mitfahrerzentralen oder Essensgruppen. Studenten kochen abwechselnd füreinander, nicht nur weil es Spaß macht, sondern auch, weil man so Zeit und Geld spart. Die Mahlzeit gilt als gelungen, wenn sie die folgenden Kriterien erfüllt: viel, schmackhaft, gesund und billig.

Tauschhandel kommt wieder in Mode: In den Niederlanden entstehen immer mehr Gruppen, bei denen die Mitglieder Dienste oder Güter anbieten und nachfragen, wobei die „Bezahlung" anhand eines Punktesystems stattfindet. Leute mit viel Zeit und wenig Geld können auf diese Art und Weise doch relativ viel erwerben. A kann gut Fahrräder reparieren, B backt gerne Kuchen, und C liebt Gartenarbeit und ist Computerexperte. Durch dieses System können sie ihre Talente „versilbern". Eine Zentralverwaltung führt Buch darüber, wieviel man verdient hat bzw. inwieweit man in der Kreide steht. Der Vorteil dabei ist, daß kein unmittelbarer Tausch stattfindet (ich tausche meine

Dienstleistung gegen die Deine), sondern eine ganze Gruppe einander Dienstleistungen oder Güter anbietet, so daß die Auswahl enorm groß ist.

Ähnliche Gruppen gibt es auch in Deutschland (Informationen von Paysys-GmbH, Im Uhrig 7, 60433 Frankfurt, Tel. 069/52 36 00).

Luise ist Sozialhilfeempfängerin und suchte seit einiger Zeit gebrauchte Legosteine für ihren Sohn, da sie ihm keine neuen kaufen kann. Sie veröffentlichte eine Anzeige in der Zeitung ihrer Tauschgruppe und bekam innerhalb einer Woche zwei Angebote für gebrauchte Legosteine.

In Deutschland gibt es inzwischen auch Bürgerinitiativen, in denen die Mitglieder füreinander „Pflegedienste" übernehmen. Man bietet eine bestimmte Dienstleistung, z.B. Essenkochen, für Leute an, die das (zeitweise) nicht selbst können, und erhält dafür eine „Gutschrift" auf einem Konto, für die man, wenn man selbst (z.B. bei Krankheit) Hilfe braucht, entsprechende Dienstleistungen in Anspruch nehmen kann.

Führen ist Vorhersehen

Ein Haushalt ist ein Unternehmen. In einem Unternehmen ist es selbstverständlich, daß man zunächst Pläne macht und diese dann zusammen ausführt. Warum sollten Sie nicht auch für Ihr persönliches Leben regelmäßig darüber nachdenken, was Sie demnächst oder längerfristig nötig haben? Das geht zu Hause besser als im Geschäft. Machen Sie einen Einkaufszettel, überlegen Sie genau, welche Kleidungsstücke Sie brauchen oder was Sie fürs Haus nötig haben, dann lassen Sie sich nicht zu Impulskäufen hinreißen. Denken Sie, falls Sie in Versuchung kommen, kurz nach; wenn etwas nicht auf Ihrer Liste steht, haben Sie es offensichtlich nicht nötig.

Wenn Sie eine große Familie bzw. einen großen Freundeskreis haben, müssen Sie pro Jahr bis zu fünfzig Mal ein Geschenk kaufen. Warum legen Sie nicht einen Vorrat an? Dann brauchen Sie nicht jedesmal extra nach etwas zu suchen, und Sie sparen Zeit und Geld. Wenn Sie etwas Hübsches sehen, das nicht allzuviel kostet, kaufen Sie gleich fünf oder zehn Stück.

Mit etwas Planung können Sie für mehrere Tage im voraus kochen, Großpackungen kaufen und günstige Angebote für Toilettenpapier, Nahrungsmittel in Dosen, Zucker, Streichhölzer und Mülleimersäcke nutzen. Solche Dinge verderben schließlich nicht.

Auch was Erholung und Ausflüge betrifft, lohnt es sich, im voraus zu planen.

Margret: „Wir nehmen grundsätzlich Butterbrote und etwas zu trinken mit, wenn wir weggehen, das tu ich auch, wenn ich alleine einen Tag lang in der Stadt unterwegs bin. Es passiert uns jetzt nicht mehr, daß wir einkehren müssen, weil wir Hunger oder Durst haben."

Vermeiden Sie auch, im letzten Moment einen Camping- oder Wanderurlaub zu planen. Wenn Sie ein paar Monate im voraus planen, können Sie Dinge noch günstig kaufen oder leihen.

Werden Sie ein mündiger Konsument

Ein mündiger Konsument will etwas für sein Geld haben und weiß, wo er am günstigsten einkaufen kann. Für die täglichen Einkäufe können Sie eine „Preisliste" anlegen. Schaffen Sie sich ein Heft an, in dem Sie (am besten alphabetisch) notieren, was ein bestimmtes Produkt wo kostet. Eventuell schreiben Sie auch die Marke und das Gewicht dazu. Sie werden schnell feststellen, daß die Preise für ein- und dasselbe Produkt von Geschäft zu Geschäft variieren und daß Hausmarken vorteilhafter sind als Markenartikel und meist genauso gut. So legen Sie Ihr ganz persönliches Einkaufsbuch an, das Sie nach Bedarf ergänzen können.

Renate: „Nach dem Kurs „Geld oder Leben" habe ich sofort angefangen, Produkte und Preise zu vergleichen, und stellte zu meinem Schrecken fest, daß ich jahrelang viel zu teuer eingekauft hatte."

Mündige Konsumenten achten beim Kauf von Möbeln oder Haushaltsgeräten auch auf den Energieverbrauch und die Lebensdauer. Betrachten Sie Ihr Haus als Zweigstelle der Verbraucherberatung und informieren Sie sich gründlich, bevor Sie Ihr gutes Geld ausgeben.

Kaufen Sie gebraucht

Überwinden Sie Ihre Scheu. Warum sollten Sie nicht von dem Wohlstandsüberfluß profitieren, der zu Spottpreisen in Second-hand-Geschäften und auf Krammärkten zu kaufen ist? Denken Sie an Ihre Lebensenergie und daß Sie dadurch nicht mehr so lange für Hausrat, Bücher, Kleidung und andere Dinge zu arbeiten brauchen.

Das Kaufen von gebrauchter Kleidung muß genauso normal werden wie das Kaufen eines Gebrauchtwagens oder eines Hauses, das schon einen Eigentümer vor Ihnen hatte. Das Angebot ist groß, Sie müssen nur die richtigen Adressen herausfinden. Kaufen Sie möglichst bei Geschäften, die die Erträge einem guten Zweck zuführen. Manchmal gibt es auch Krammärkte von Kirchen oder Vereinen, die damit ihre Kasse auffüllen wollen. Natürlich gibt es auch Second-hand-Geschäfte mit exklusiveren Dingen, die teurer sind, aber immer noch billiger als die gleichen Dinge neu. (Ein Tip: Auch Herrenkleidung gibt es second-hand.)

Anna hatte zum ersten Mal in ihrem Leben etwas in einem Geschäft der Heilsarmee gekauft. Eine hübsche Bluse für 3,50 DM. Als sie sie ihrem Sohn zeigte, der sich mit Kleidung auskennt, schätzte der den Preis auf 80 DM.

Das Rote Kreuz oder die Heilsarmee bekommen die Dinge oft von Leuten, die regelmäßig zuviel kaufen und die dann versuchen, ihr schlechtes Gewissen zu besänftigen, indem sie etwas Gutes tun. Davon können Sie profitieren.

Maria, die unseren Kurs besuchte, schreibt uns: „Ich kaufe nun viel gebraucht. Meine letzten Schnäppchen: ein Mädchenfahrrad für 5 DM, ein Jungenfahrrad für 10 DM, zwei Kaffeekannen, eine Zitruspresse, sechs Teller und zwei Gläser für insgesamt 2,50 DM, sechzehn Kleidungsstücke, u.a. eine lederne Hose für mich und eine Jeansjacke für meine Tochter, für insgesamt 7,50 DM und ein Boulespiel für 10 Pf.

Wiederverwendung und Abfallvermeidung

Wenn Sie sparsam mit Rohstoffen umgehen, indem Sie möglichst wenig neu kaufen und Altes soweit möglich erneut verwenden, tun Sie der Umwelt und Ihrem Geldbeutel etwas Gutes. Warum sollten Sie Plastiktaschen für Ihre Einkäufe kaufen, auch wenn diese nicht viel kosten? Gewöhnen Sie sich an, immer eine (faltbare) Einkaufstasche bei sich zu haben, für den Fall, daß Sie etwas kaufen wollen. Plastiktaschen, die Sie umsonst bekommen, sollten Sie nicht wegwerfen, sondern möglichst lange benutzen, z.B. im Mülleimer, so daß Sie dafür keine Tüten mehr zu kaufen brauchen.

Entdecken Sie die unbegrenzten Möglichkeiten für ein „zweites Leben". Ein altes Spülbecken dient als Pflanzschale, der Schlauch von einem alten Autoreifen als Schwimmreifen. Aus Vorhängen werden kleine Tischdecken, mit alten Strumpfhosen siebt man Farbe. Schade, daß immer noch kostbare organische Abfälle weggeworfen werden, während wir andererseits organischen Kompost kaufen. Wenn Sie einen Garten haben, kompostieren Sie selbst, es kostet nicht viel Mühe zu erfahren, wie man das macht.

Sie können unglaublich viele Dinge erneut verwenden. Ansichtskarten und Briefumschläge bekommen ein neues Etikett und werden wieder versandt. Von Glückwunschkarten trennen Sie den unbeschriebenen Teil ab und gratulieren wieder jemandem damit. Alte Pullover werden aufgezogen, für einen Kinderpullover reicht die Wolle allemal noch. Wenn Sie erst einmal auf den Geschmack gekommen sind, werden Sie feststellen, wie kreativ Sie sind und wieviel Spaß Ihnen die Wiederverwendung macht.

Halbierungsprinzip

Mit dieser Methode finden Sie heraus, wie wenig Sie von bestimmten Produkten nötig haben. Verwenden Sie ab sofort nur noch die Hälfte der gewohnten Menge Shampoo für die Haarwäsche; wenn Ihr Haar sauber wird, wiederholen Sie das Ganze noch einmal, so lange, bis Sie mit dem Ergebnis nicht mehr zufrieden sind, dann nehmen Sie wieder ein kleines bißchen mehr. Dieses bahnbrechende Prinzip wenden Sie bei allen Körperpflege- und Kosmetikprodukten an, bei Waschpulver, Geschirrspülmittel, Zahnpasta und allem, was Ihnen einfällt. Müssen Sie wirklich jede Woche das Bett frisch beziehen? Vielleicht ist einmal in vierzehn Tagen auch genug. Müssen Sie unbedingt ein ganzes Stück Kuchen für sich allein haben, oder können Sie es mit Ihrem Partner teilen? Die Möglichkeiten sind unbegrenzt.

Es gibt bereits alles

Bringen Sie die Geduld auf, etwas, das Sie nötig haben, nicht zu kaufen, und erzählen Sie statt dessen jedem, was Sie brauchen. Die Chance, daß jemand genau den Gegenstand im Schrank, auf dem Boden oder im Keller stehen hat und ihn nicht benutzt, ist sehr groß. Die meisten Leute sind froh, wenn sie etwas weitergeben können, anstatt es wegzuwerfen. Und Sie nehmen ihnen etwas ab, was doch nur herumstand. Praktisch alles, was Sie brauchen, hat ein anderer schon gekauft, es wartet irgendwo auf Sie. Sie müssen nur Geduld haben und die richtigen Signale abgeben, dann findet es ganz von selbst zu Ihnen.

Machen Sie zum Spaß einmal eine Liste der Dinge, die Sie nie mehr zu kaufen brauchen, weil Sie sie noch haben, irgendwo finden oder durch etwas anderes ersetzen können. Warum Tempotaschentücher, wo doch Stapel Taschentücher im Schrank liegen? Gummibänder können Sie überall finden, Sie brauchen sich höchstens danach zu bücken. Butterbrottüten, Vorratsgläser, Wäscheklammern, Samen, Pflanzen, Umschläge, Ansichtskarten, Schirme, Blumentöpfe, Papierservietten, Kleiderbügel, Papier, Kräuter (die züchten Sie selbst). Ihre Zuckertüten nehmen Sie aus dem Café mit (Sie haben schließlich dafür bezahlt), Streichhölzer eventuell dito, Sie finden Kugelschreiber, Reißbrettstifte, Stecknadeln (in neuen Oberhemden) und sogar Telefonkarten (in Telefonzellen).

Der fortgeschrittene „Es gibt bereits alles"-Stratege kennt auch raffinierte Ersatztechniken. Bohnenkraut kann man durch Petersilie ersetzen, Babypuder durch Maizena, Wärmflaschen durch Flaschen mit Bügelverschluß. Überlegen Sie auch bei jedem Kochrezept, ob Sie etwas anderes verwenden können, bevor Sie extra eine teure Zutat anschaffen, die Sie ansonsten nie verwenden.

Bei allem kann man handeln

Bezahlen Sie nicht immer den gefragten Preis für ein Kleidungsstück, einen Kühlschrank oder eine Urlaubsreise. Auf dem Markt läßt sich handeln, dort können Sie üben. Wenn Sie acht gebrauchte Bücher haben wollen, von denen jedes 1 DM kostet, bieten Sie 4 DM. Der Verkäufer wird dann um fünf bitten, und beide sind zufrieden. Das ist auch bei größeren Anschaffungen möglich. Lassen Sie durchschimmern, daß Sie den Artikel haben wollen, daß er aber etwas mehr kostet, als Sie ausgeben wollten. Die Chance, daß man Ihnen entgegenkommt, ist keineswegs gering, denn die meisten Händler verkaufen lieber etwas zu einem niedrigeren Preis als gar nicht.

Tips und Tricks zu bestimmten Themen

Diesen allgemeinen Ratschlägen und Strategien folgen jetzt Tips und Tricks zu bestimmten Themen. Natürlich mußten wir eine Auswahl aus vielen Tausenden Tips treffen. Wir haben nur ein Beispiel ausführlich behandelt, das „Waschen und Duschen". Wir berichten über unsere persönlichen Erfahrungen in den letzten vier Jahren; dieses Kapitel ist übrigens noch keineswegs abgeschlossen.

Bericht Waschen und Duschen: Früher, vor unserer Zeit der Konsumverringerung, standen wir täglich mit dem größten Teil der Bevölkerung unter der Dusche (um Mißverständnissen vorzubeugen, jeder für sich alleine). Natürlich war das Bad geheizt, und wir ließen das Wasser erst etwas laufen, so daß es angenehm warm war, wenn wir uns darunterstellten. Auch war es uns egal, wieviel Seife, Shampoo und sonstigen Schaum wir verbrauchten, manchmal soviel, daß es noch für den nächsten gereicht hätte. Irgendwann mußten wir einen neuen Brausekopf mit Schlauch haben, und da man damals über das Wasserwerk einen energiesparenden Brausekopf günstig anschaffen konnte, machten wir von diesem Angebot Gebrauch. So ein Brausekopf spart Wasser (es läuft weniger Wasser hindurch) und Energie (der Boiler ist nicht mehr so schnell leer). Das Duschen war genauso angenehm wie mit unserer herkömmlichen Dusche, und wir waren zufrieden. Wir hatten den ersten Schritt getan.

Während eines Fahrradurlaubs, bei dem wir ab und zu privat und manchmal in einem kleinen Zelt übernachteten, mußten wir das Duschen einschränken. Manchmal stand nur ein Waschbecken zur Verfügung, manchmal gab es eine Dusche, aber kein heißes Wasser mehr. So stellten wir fest, daß es durchaus auch mal ein paar Tage ohne Dusche geht. Außerdem ist eine kalte Dusche – wenn man die Schrecksekunde erst einmal hinter sich hat – ganz herrlich. Zu Hause kämen wir natürlich nicht auf so eine Idee.

Schließlich entdeckten wir, daß man sich auch im Waschbecken waschen kann – sogar die Haare und Füße, wenn man nicht allzu steif ist.

Als wir nach Hause kamen, beschlossen wir, nicht wieder in die alte Gewohnheit – täglich heiß duschen – zurückzufallen. Wir duschten nicht täglich, dafür regelmäßig kalt – aber das war noch im Sommer. Als es kälter wurde, kehrten wir zu unseren verweichlichten Gewohnheiten zurück.

Aber wir fingen wenigstens das erste – kalte – Wasser auf, nachdem ein Leser der Geizhalszeitung uns den Tip gegeben hatte, den Brausekopf in einen Eimer zu hängen, denn mit dem kalten Wasser, das man auffängt, kann man noch so einiges tun. (Vom Blumengießen bis zum Spülen der Toilette.) Rob fand noch etwas anderes heraus: Er duscht im Dunkeln, ihm reicht das Licht aus dem Gang. (Nach eigener Aussage weiß er ohnehin, wo alles ist!) Ich sehe nicht so gut, ich schalte also das Licht ein.

Wenn der Boden der Dusche im Winter lange kalt bleibt, stelle ich während des Duschens die Füße in eine Schüssel, das geht Rob wieder zu weit. Auch das Wasser, das ich dabei auffange, wird wiederverwendet. Außerdem ist so eine Schüssel auch praktisch, wenn ich bei der Gartenarbeit schmutzige Füße bekommen habe, die können dann während des Duschens einweichen.

Auch unmittelbar nacheinander duschen hilft, dann kommt sofort heißes Wasser aus dem Hahn. Zusammen duschen spart nicht nur Geld, es ist auch angenehm, wenn einem der Rücken eingeseift wird.

Wir haben vor kurzem festgestellt, daß wir unseren Nachtstromboiler nach einer Nacht ausschalten können. Am ersten Tag müssen wir noch relativ viel kaltes Wasser zumischen, am zweiten Tag ist die Temperatur gerade richtig, und am dritten ist das Wasser noch lauwarm oder zu kalt, dann waschen wir uns am Waschbecken. Dann wird der Boiler wieder eine Nacht lang eingeschaltet. Dieser Rhythmus ist für uns genau richtig, und auf diese Art und Weise genießen wir eine warme Dusche auch wieder mehr.

So entdecken wir noch immer Neues. Zur Zeit bin ich mein eigenes Versuchskaninchen für meine wissenschaftliche Untersuchung, ob es nicht vorteilhafter ist, zum Duschen kaltes Wasser mit warmem zu mischen, anstatt umgekehrt. (Das geht übrigens nur bei Boilern, nicht bei Durchlauferhitzern.)

Und was bringt das alles? Wir sparen Strom und verbrauchen zusammen jährlich nur 43 m^3 Wasser, während der durchschnittliche Verbrauch doppelt so hoch ist.

Ernährung

Wir müssen alle ein paar Mal täglich essen, und der Posten Nahrungsmittel beläuft sich nicht selten auf einige hundert Mark pro Person pro Monat. Durch bewußtes Einkaufen läßt sich viel einsparen. Führen Sie Preisvergleiche in den Geschäften in Ihrer Umgebung durch und stellen Sie so fest, wo man am günstigsten einkauft. Kaufen Sie in verschiedenen Geschäften, so daß Sie jeweils von den Sonderangeboten profitieren können. Notieren Sie die Preise in Ihrer Preisliste. (Erinnern Sie sich noch an das Kapitel „Werden Sie ein mündiger Konsument"?) Schon für rund eine Mark pro Person läßt sich eine einfache warme Mahlzeit kochen. Zum Beispiel Pfannkuchen; zwei pikante, vielleicht mit Speck oder Käse, die übrigen als Apfelküchlein mit Zucker. Oder eine Suppe mit übriggebliebenen Kartoffeln und Gemüse vom Vortag, Bohnensuppe mit Käsetoast oder Eintopf mit Speck.

Spezialisieren Sie sich auf Resteverwertung: Aus trockenem Brot machen Sie Paniermehl. Trocken Sie es erst gut (in der Sonne auf der Fensterbank) und mahlen Sie es dann. Danach können Sie es in Frikadellen, für Aufläufe und im Spinat verwenden. Es läßt sich auch gut toasten (wünschen Sie sich gegebenenfalls einen Toaster zum Geburtstag) oder zu Pizzas, armen Rittern oder Brotpudding verarbeiten. Fast alle anderen Reste (auch wenn sie noch so klein sind) werden in Suppen, Soßen oder Omelett verarbeitet.

Essen Sie mehr Rohkost: Von roh verarbeitetem Gemüse brauchen Sie viel weniger als von gekochtem. Essen Sie zur Abwechslung einmal Spinat- oder Portulaksalat, geriebene rote Beete, Kohl oder Möhren. Das kostet pro Person um 50 Pfennige.

Kaufen Sie groß ein: Was aufbewahrt werden kann, sollten Sie in größeren Mengen bzw. in Großverpackung kaufen, wenn es gerade günstig angeboten wird. Ein Pfund Kaffee kostet eben weniger als zwei Päckchen mit 250 g, 20 kg Kartoffeln weniger als vier mal 5 kg.

Lassen Sie die Finger von „Convenience-food": Vorbereitete/vorgekochte Lebensmittel sind grundsätzlich mindestens doppelt und oft noch teurer als Dinge, die Sie selbst noch waschen/schälen/kleinschneiden müssen. Andererseits sind Erbsen und manche Bohnensorten in der Dose billiger.

Kaufen Sie auch mal beim „Türken": Bestimmte Lebensmittel, die uns „exotisch" erscheinen, sind in solchen Geschäften spottbillig. Türkisches Brot z.B., Oliven oder Schäfskäse. Oft sind sie auch frischer als in anderen Geschäften.

Kaufen Sie auf dem Markt: Auf dem Markt zählt die Mark doppelt. Allerdings sollten Sie auch hier Preise und Artikel vergleichen und vor allem gegen Ende des Marktes kaufen, wenn die Händler schon beginnen aufzuräumen. Vielleicht trauen Sie sich, etwas aufzuheben, was schon weggeworfen wurde, das kostet dann gar nichts.

Ernähren Sie sich kostenlos: In Bibliotheken finden Sie Bücher darüber, was die Natur alles gratis für uns bereithält. Brennesseln füllen die Suppe oder den Spinat auf, alle möglichen Sorten Beeren und auch Hagebutten können Sie zu Nachtisch oder Marmelade verarbeiten. Sammeln Sie eßbare (!) Pilze und Kastanien, trocknen Sie Huflattichblüten für Tee. Probieren Sie z.B. einmal während Ihres Urlaubs aus, was sich alles essen läßt. Am meisten Spaß macht es, mit Freunden zu sammeln und die Dinge dann zusammen zuzubereiten und aufzuessen.

Nehmen Sie Essen und eine Thermosflasche mit: In einer Plastikschüssel bleibt das von zu Hause mitgenommene Essen besser frisch als in einem Plastikbeutel, den Sie zwischen den Akten aus der Tasche herausfischen müssen. Bei Reisen oder Ausflügen nehmen Sie auch Obst, etwas zum Naschen und eine Thermosflasche Tee oder Kaffee mit.

Essen Sie Kartoffeln mit der Schale: Kartoffeln gut sauberbürsten und dann kochen. Eventuell können Sie die Kartoffeln danach immer noch schälen, aber meist ist das erst zum Ende des Sommers hin nötig. Am besten kaufen Sie biologisch angebaute Kartoffeln, jedenfalls keine Giftbintjes. Bei geriebenen Kartoffeln, die in etwas Öl zu Küchlein gebacken werden, bemerken Sie die Schale gar nicht. So sparen Sie auch viel Zeit.

Kochen Sie energiesparend: Verwenden Sie einen Schnellkochtopf, stapeln Sie Töpfe übereinander, um sie warmzuhalten oder etwas nachzugaren, und arbeiten Sie mit einer Kochkiste. Tun Sie grundsätzlich einen Deckel auf den Topf und nehmen Sie nicht zuviel Wasser, dann schmeckt's auch besser. Messen Sie das Wasser für Kaffee oder Tee genau ab. Weichen Sie Hülsenfrüchte, Reis und Getreide vorher ein, das spart Kochzeit.

Machen Sie Ihre eigenen Snacks: Kaufen Sie keine teuren Kartoffelchips oder Erdnüsse, sondern Erdnüsse in der Schale, machen Sie selbst Popcorn. Auch ein kleiner Toast mit Käse schmeckt zwischendurch.

Fleisch ist kein Stück Lebenskraft: Essen Sie statt Fleisch regelmäßig Eier, überbacken Sie Aufläufe mit Käse, verwenden Sie schmackhafte Kräuter, machen Sie eine Tomaten-/Gemüsesoße oder Tofu, dann vermissen Sie das Fleisch gar nicht. Auch bei einer Fischmahlzeit muß es nicht immer Kabeljau sein, probieren Sie auch preiswertere Fischsorten. Soße läßt sich auch mit Bouillonwürfeln und Zwiebeln auf Geschmack bringen.

Kaufen Sie keine Erfrischungsgetränke: Geben Sie nicht länger teures Geld für Wasser mit Zucker und Kohlensäure aus. Gewöhnen Sie sich an, eine Flasche mit Leitungswasser kalt zu stellen, das Sie eventuell mit Sirup mischen. Kaffee- oder Teereste werden zu Eiskaffee oder -tee.

Getränke

Früher gab es eigentlich nur zu Geburtstagsfeiern oder auf Parties Alkohol. Für die Männer Bier oder einen Schnaps, für die Damen Likör oder Wermut. Mit steigendem Lebensstandard hat sich das geändert, zu allen möglichen und unmöglichen Zeiten wird jetzt Alkohol serviert. Einen Grund gibt es immer, entweder bekommt man Besuch oder man muß sich trösten, weil man alleine ist. Nach einem Arbeitstag muß man sich entspannen, wenn es richtig heiß ist, löscht angeblich nur Bier den Durst, ein Gläschen Schnaps hilft beim Einschlafen. Das lohnt sich auch für die Hersteller von Kopfschmerzmitteln, mit denen man am nächsten Morgen den Kater bekämpft. Halten Sie Maß!

Bernadette schreibt seit einiger Zeit alles auf, was sie täglich trinkt. Sie hatte das Gefühl, daß sie zuviel trank, aber sie wollte es genau wissen. Morgens führt sie Buch über den Konsum des Vortages. Sie beschloß, daß vier alkoholische Getränke pro Tag das Maximum sind. Das tat sie ganz für sich alleine, ohne es jemandem zu erzählen. Inzwischen ist ihr Konsum ganz von selbst auf zwei Drinks pro Tag gesunken (Ausnahmen sind erlaubt).

Bier ist das preiswerteste alkoholische Getränk: Rechnen Sie ruhig nach. Bei Bier bekommen Sie für Ihr gutes Geld den meisten Alkohol. Bei einer preiswerten Marke in der Euroflasche kostet der Liter Alkohol rund 35 DM, bei Schnaps sind es rund 50 DM und bei Sherry 40 DM. Spezialbiere in der Flasche, wie z.B. manche belgischen, sind Spitzenreiter. Der Liter Alkohol kostet dann rund 90 DM. Wenn es Ihnen vor allem um den Alkohol geht, sollten Sie diese also meiden.

Alle ist alle: Kaufen Sie nur fürs Wochenende eine bestimmte Menge alkoholische Getränke und trinken Sie alkoholfreie Getränke bzw. Tee oder Kaffee, wenn der Vorrat aufgebraucht ist.

Kaufen Sie keine Getränke in Dosen: Dosen sind als Verpackung verhältnismäßig teuer, und Aluminiumdosen sind zudem noch umweltschädlich.

Trinken Sie besondere Getränke nur zu besonderen Anlässen: Unter dem Motto „Alle Tage ist kein Sonntag" sollten Sie während der Woche „auf dem Teppich" bleiben und nur am Wochenende oder zu besonderen Anlässen teurere Getränke wählen. Oder machen Sie es wie die Franzosen, die im Sommer den Wein mit Wasser verdünnen.

Als Anton begann, ein Haushaltsbuch zu führen, stellte er fest, daß ein Drittel der Kosten für Nahrungsmittel für alkoholische Getränke draufging. Das fand er zuviel. Er und seine Frau beschlossen deshalb, während der Woche preiswertes Bier und nur am Wochenende etwas Besonderes zu trinken.

Bei Erna gibt es im Sommer preiswerten Weißwein in der Literverpackung aus dem Supermarkt. Sie serviert ihn gut gekühlt in einer dekorativen Karaffe mit ein paar Eiswürfeln.

Ausgehen und Feiern

Kreativität, Fröhlichkeit, Überraschungen und Gemütlichkeit brauchen nicht viel zu kosten. Statt eines Drei-Gänge-Menüs,

für das Sie Stunden in der Küche stehen, organisieren Sie ein Essen, bei dem jeder Gast etwas kocht, oder ein romantisches Picknick. Statt einer teuren Theatervorstellung besuchen Sie ein Straßenfest. Ein Tagesausflug kostet weniger, wenn Sie im Rucksack etwas zu essen und zu trinken mitnehmen.

Ist an der Theke wirklich der schönste Platz? Warum gehen Sie eigentlich so oft aus? Können Sie das gleiche Vergnügen nicht auf andere Art und Weise haben?

Fred: „Wir gehen viel weniger in Gaststätten, seit wir festgestellt haben, daß es eigentlich gar nicht so angenehm ist, in einem verräucherten, lauten Raum zu stehen, in dem man sich praktisch nicht unterhalten kann. Früher, als wir selbst noch rauchten und unsere Trommelfelle noch unempfindlicher waren, fiel uns das nicht auf. Jetzt haben wir immer etwas im Haus, so daß wir nach einem Kinobesuch mit Freunden zu Hause gemütlich etwas trinken können."

Zum Austreten brauchen Sie nirgendwo einzutreten: Im Gasthaus etwas zu trinken, um die Toilette benutzen zu dürfen, ist rausgeschmissenes Geld. In öffentlichen Gebäuden, Rathäusern, Bibliotheken, Kaufhäusern, Hotels oder im Bahnhof ist das meist gratis oder jedenfalls billiger. Oder trauen Sie sich, in ein Café oder ein Gasthaus zu gehen, um ausschließlich die Toilette zu benutzen.

Finden Sie heraus, was es alles gratis gibt: In größeren Städten und auch ab und zu in kleineren Orten kann man mittags gratis Konzerte besuchen, manche Museen kosten zu bestimmten Zeiten keinen Eintritt. Es gibt Straßenfeste, Krammärkte, Jahrmärkte und vieles mehr. Notieren Sie sich diese Veranstaltungen in Ihrem Terminkalender. Es gibt viel mehr davon, als Sie denken.

White Elephant Party: Eine Idee aus Amerika, die jede Party oder Weihnachtsfeier zum Erfolg macht. Jeder bringt von zu Hause etwas mit, das hübsch verpackt ist. Natürlich etwas, was man selbst nicht mehr nötig hat, z.B. Bücher, eine Figur, Spielzeug, die berühmte Blumenvase, das superpraktische Gerät, das Sie auf dem Markt gekauft und nie benutzt haben. Durch Los wird ermittelt, wer als erster ein Geschenk aussuchen darf. Was nicht gefällt, kann umgetauscht werden.

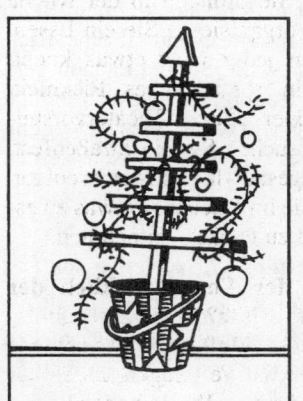

Dezember, der billigste Monat des Jahres? Lassen Sie sich mal was anderes einfallen. Ein Freund von uns kochte ein schmackhaftes Weihnachtsmenü mit drei Gängen für 1,20 DM pro Person. Anfänger-Geizhälse schaffen es vielleicht für 2,50 DM pro Person. Weihnachtskarten werden natürlich nicht verschickt, das ist teure Papiervergeudung. Falls Ihnen das zu drastisch ist, machen Sie selbst Karten oder schneiden von den Karten, die Sie selbst bekommen, die unbeschriebene Hälfte ab. Für Geschenke legen wir einen Höchstbetrag fest, und dann wird gelost, wer was bekommt.

Johanns alternativer Christbaum: ein Besenstil mit Zweigen aus Latten, die nach oben hin kürzer werden. Das Ganze wird weiß gestrichen (grün ginge auch) und steht in einem großen Blumentopf mit Sand. Verziert wird der Baum mit Christbaumkugeln, elektrischen Kerzen und von den Kindern selbst gemachtem Zierrat. Johann braucht nie mehr einen Baum zu kaufen und Nadeln aufzufegen. Außerdem ist der Baum einfach zu demontieren und wegzuräumen. Probieren Sie auch einmal, eine große Zimmerpflanze weihnachtlich zu schmücken.

Finden Sie heraus, wo Sie billig essen können: Sollte es in Ihrer Nähe eine Hotelschule geben, erkundigen Sie sich, ob man dort auch essen kann. Manchmal müssen Sie als Gegenleistung ehrlich sagen, wie es Ihnen geschmeckt hat. Manchmal wird auch in Gemeindezentren von freiwilligen Helfern gekocht, z.B. für Alleinstehende oder Ältere.

Bezahlbares Essen: Haben Sie keine Lust, stundenlang in der Küche zu stehen? Organisieren Sie ein Essen, bei dem jeder Gast für einen Gang verantwortlich ist. Die berühmte Flasche Wein oder der Blumenstrauß entfallen dann. Falls Sie Mut haben, legen Sie nicht fest, wer für welchen Gang sorgen muß, und sehen gelassen einem Abendessen aus lauter Salaten oder Nachspeisen entgegen.

Auch ein „Fortsetzungsdinner" ist eine Idee. Es eignet sich vor allem für Leute, die beieinander in der Nähe wohnen. Beim ersten trinkt man den Aperitif und nimmt eventuell eine Kleinigkeit zu sich, beim nächsten gibt es die Suppe, danach geht man zur nächsten Adresse für den Hauptgang, und schließlich macht man sich auf den Weg zur Nachspeise. Viel Bewegung und ebensoviel Spaß, denn Mühe, Kosten und Abwasch werden ehrlich verteilt.

Zehn Tips zur Senkung des Postens „Auswärts essen"

1. Gehen Sie nur aus, wenn es wirklich etwas zu feiern gibt.
2. Falls das Essen im Restaurant Sie sowieso anödet, suchen Sie nicht nach etwas Neuem, sondern warten Sie einfach eine Weile, bis es wieder Spaß macht.

3. Suchen Sie Restaurants, die an einem bestimmten Tag ein bestimmtes Gericht zu einem Sonderpreis anbieten.
4. Falls Sie wirklich keine Lust haben, selbst zu kochen, kaufen Sie eine gute Flasche Wein und lassen Sie das Essen bringen.
5. Noch besser: Lassen Sie das Essen nicht bringen, sondern holen Sie es selbst ab.
6. Holen Sie eine Pizza für zwei Personen, während Ihr Partner den Salat oder das Gemüse dazu macht.
7. Legen Sie einen Vorrat an „gebrauchsfertigem" Essen an: Dosensuppen, tiefgefrorenes Baguette, Pfannkuchenmischung u.ä.
8. Ist Ihnen das auch noch zuviel? Essen Sie kalt mit verschiedenen Brotsorten, Aufschnitt und Käse, Früchten und Fisch.
9. Tip für Leute, die sogar dafür keine Energie mehr aufbringen: Essen Sie ausnahmsweise Pommes frites oder Currywurst an der Bude, aber essen Sie zu Hause ein Stück Obst.
10. „Lassen Sie das „normale" Abendbrot zum Fest werden: Packen Sie Brot, Brotbelag und Früchte in einen Korb, nehmen Sie Servietten, Teller und Besteck mit, etwas zu trinken und eine Decke und veranstalten Sie ein Picknick. Vergessen Sie nicht, auch eine Kerze mitzunehmen und zur Vorsicht warme Pullover. Wenn das nicht romantisch ist …

Urlaub

Ab und zu hat man Urlaub verdient, man muß praktisch und theoretisch Abstand nehmen von dem, was einen das ganze Jahr über beschäftigt. Aber Urlaub ist nicht nur herrlich, er bringt auch Nachteile mit sich. Man muß eine Reise organisieren, Koffer packen und jemanden finden, der die Katze versorgt. Dann begibt man sich auf die lange Reise, eventuell mit quengelnden Kindern, und nach Ankunft in einem fremden Land stellt man vielleicht fest, daß es furchtbar heiß ist, das Meer vom Balkon aus doch nicht zu sehen ist, und als krönenden Abschluß bekommt man Durchfall. Wenn man sein Geld sauer verdienen muß, wird man dann natürlich unzufrieden.

Manche Menschen haben gegen all diese Unbill ein Mittel gefunden. Sie machen nicht mehr jahraus, jahrein für viel Geld eine Urlaubsreise. Ein kreativer Belgier hat in der Geizhalszeitung über seine Manier des Urlaubmachens berichtet. Er spielt „Frankreich". Zum Frühstück gibt es Milchkaffee und Croissants, mittags Baguette mit französischem Käse, Paté und Wein. Abends diniert er in einem französischen Restaurant. Überall im Haus hängt er Poster aus Frankreich auf, und sogar bei Ausflügen bemüht er sich um französisches Savoir-vivre, so besucht er z.B. einen Jeu-de-Boules-Club.

Eine andere Leserin schrieb uns, daß sie das ganze Jahr über bei Wind und Wetter ihre Briefe an Leute in ihrer Umgebung auf dem Fahrrad selbst austrägt. Sie ist so viel an der frischen Luft, daß sie keinen Urlaub mehr nötig hat. Eine Familie mit drei Kindern hütet jedes Jahr auf einem Bauernhof das Haus und die Tiere.

Wohnungstausch: Finden Sie jemanden, mit dem Sie während der Urlaubszeit die Wohnung tauschen können. Es gibt Organisationen, die gegen Vergütung Kontakte vermitteln.

Suchen Sie nach preiswerten Übernachtungsmöglichkeiten: Über den Touristenverein „Die Naturfreunde", den „Verband Deutscher Gebirgs- und Wandervereine" und die verschiedenen Wald-Vereine kommen Sie an Adressen von Hütten u.ä., beim Jugendherbergswerk sind auch Erwachsene willkommen, und auch „Urlaub auf dem Bauernhof" ist erschwinglich.

Bleiben Sie einfach einmal zu Hause: Falls Ihnen Reisen zu aufreibend ist, Ihnen bei Auto- oder Busreisen schlecht wird oder Sie Heimweh bekommen, können Sie auch einfach zu Hause bleiben. Machen Sie bei schönem Wetter eine Fahrradtour oder einen langen Spaziergang. Gehen Sie zum Essen aus oder veranstalten Sie ein Picknick. Sortieren Sie in aller Ruhe die Fotos vom letzten Urlaub, besuchen Sie eine Ausstellung. Spielen Sie „Tourist" in Ihrer Heimatstadt und besuchen Sie alle historischen Pätze, klettern Sie auf den Kirchturm, an dem Sie täglich vorbeikommen, gehen Sie im Park spazieren.

Hüten Sie ein Haus: Leute, die ein großes, teuer eingerichtetes Haus haben, lassen es während ihrer Abwesenheit nicht gerne unbewacht. Ein verläßlicher Aufpasser wohnt dann kostenlos.

Frau S.H. aus H.: „Ich passe auf dem Land auf die Häuser anderer Leute auf. Am besten fängt man bei Freunden und Bekannten an, so bekommt man langsam einen „festen Kundenkreis". Ich gieße die Pflanzen und versorge – falls vorhanden – Tiere und den Garten. Als Gegenleistung darf ich den gefüllten Kühlschrank leeressen und ab und zu eine Flasche Wein trinken. Unter Umständen kann ich im Gemüsegarten ernten, und oft darf ich das Auto benutzen. So spare ich auch Elektrizität und – falls ich auf ein Haus von Wintersportlern aufpasse – auch Heizkosten. Das ist mein Urlaub."

Suchen Sie nach preiswerten Übernachtungsmöglichkeiten: Zelten Sie beim Bauern oder übernachten Sie in Hütten des Naturschutzvereins, falls Sie nicht unbedingt einen luxuriösen Campingplatz mit Restaurant brauchen. Mit einem Jugendherbergsausweis können auch Erwachsene in Jugendherbergen übernachten, wo es oft auch Doppelzimmer gibt.

Akzeptieren Sie kein fehlerhaftes Material: Wenn die absolut wasserdichte Regenkleidung oder die Zeltleinwand während eines verregneten Urlaubs doch mal Wasser durchlassen, sollten Sie im Geschäft reklamieren.

Inge: „Nach drei Jahren waren unsere Camping-Schlafmatten porös bzw. undicht. Die Garantiezeit war natürlich vorbei, aber ich ging doch in das Geschäft zurück, in dem ich sie gekauft hatte. Man riet mir, die Matten an die Fabrik zu schicken. Zu meiner Überraschung bekam ich ein paar Wochen später kostenlos zwei neue Matten."

Fahrtkosten

Die Kosten für diesen Posten können aufsehenerregend sinken, wenn Sie es schaffen, auf das eigene Auto zu verzichten. Sparsamer Umgang mit Lebensenergie bedeutet, daß Sie ausrechnen, wieviel Stunden Sie arbeiten müssen, um das Auto zu unterhalten. (Der „tatsächliche Stundenlohn" in Kapitel 2) Das kann rund 500 DM pro Monat ausmachen. Wenn Sie nur ab und zu ein Auto brauchen, können Sie genausogut eines mieten. Oder Sie können eine Fahrgemeinschaft bilden. Sogar Radfahrer können die Reisekosten senken, wenn sie den Arbeitgeber um eine Fahrradvergütung bitten, das Fahrrad gut pflegen, es möglichst nicht draußen stehen lassen und es immer gut abschließen.

Falls Sie öffentliche Verkehrsmittel nutzen, sollten Sie sich gut über Zeit- und Netzkarten bzw. andere verbilligte Karten informieren. Kaufen Sie die Karten immer verbilligt im Vorverkauf. Steigen Sie eine Haltestelle früher aus, falls das billiger ist, und gehen Sie ab und zu auch zu Fuß.

Frau R. van der K.: „Ich erkundige mich immer gut, wie weit ich mit einer Karte in der Straßenbahn oder im Bus fahren kann. Wenn eine oder zwei Haltestellen weiter mehr Geld kosten, steige ich früher aus und gehe zu Fuß. Nicht nur meinem Geldbeutel, sondern auch meiner Gesundheit zuliebe."

Autofahren: Falls Sie unbedingt ein Auto haben müssen, können Sie vielleicht eine Wohnung näher bei Ihrer Arbeitsstelle finden oder versuchen, Vereinbarungen mit Kunden schriftlich oder telefonisch anstatt persönlich zu treffen. Kurze Fahrten, d.h. weniger als fünf Kilometer, sollten Sie möglichst vermeiden, denn diese kosten verhältnismäßig viel Benzin. Bei solchen Entfernungen sind Sie mit dem Rad oder zu Fuß oft auch schneller, weil Sie keinen Parkplatz zu suchen brauchen.
Versuchen Sie, möglichst viel mit einer Fahrt zu erledigen.

Inez: „Ich bekomme nur einen Teil der dienstlich erforderlichen Autofahrten von meinem Arbeitgeber ersetzt. Die Fahrt von zu Hause zur Arbeitsstelle muß ich selbst bezahlen, aber Fahrten von zu Hause oder von der Firma zu Kunden bekomme ich ersetzt. Deshalb kombiniere ich soviel wie möglich und verbinde eine Fahrt zu einem Kunden mit dem Besuch bei Bekannten oder dem Einkauf. 1994 habe ich 15000 km zurückgelegt, für ungefähr 5000 km hat mir mein Arbeitgeber 50 Pfennig pro km erstattet. Mit etwas organisatorischem Geschick kann ich praktisch gratis Autofahren."

Leisten Sie sich eine Seniorenkarte: Die Anschaffung lohnt sich schon bei wenigen Reisen.

Welche Nachlässe gibt es im Ausland? Bevor Sie eine Auslandsreise unternehmen, sollten Sie sich beim Touristenbüro des

132

jeweiligen Landes oder bei der Deutschen Bahn erkundigen, welche speziellen Vergünstigungen es dort für Touristen gibt.

Kleidung und Schuhe

Im Schaufenster eines Modehauses sah ich einmal den Slogan: „Jede Woche was Neues". Bedeutet das, daß der Kunde jede Woche neue Kleidung kaufen soll oder daß das Geschäft jede Woche neue Ware bekommt? Auf

jeden Fall sagt es etwas darüber, wie heutzutage Kleidung gekauft, getragen und wieder abgelegt wird. Letzteres kann Geizhälsen zum Vorteil gereichen. Bei den allgemeinen Tips haben wir dieses Thema auch bereits behandelt. Schwieriger ist der Second-hand-Kauf bei Schuhen, das Angebot ist weniger groß, und Schuhe, die nicht passen, können leider nicht geändert werden. Wie wäre es denn, wenn Sie lernten, selbst die Absätze zu erneuern? Auffallende Schuhe aus dem Ausverkauf können Sie in einer anderen Farbe färben. Bewahren Sie unmodisch gewordene Schuhe vorsichtshalber auf. Irgendwann kommt alles wieder in Mode.

Kaufen Sie im eigenen Kleiderschrank ein: Schauen Sie sich Kleidung, die Sie eine Zeitlang nicht getragen haben, einmal gründlich an. Können Sie sie vielleicht ändern, mit etwas Neuem kombinieren, anders färben?

Kaufen Sie im Kleiderschrank von Freunden ein: Schauen Sie sich einmal bei anderen im Kleiderschrank um (die dürfen dann natürlich das gleiche bei Ihnen tun). Garantiert finden Sie etwas, das Sie tauschen oder eine Zeitlang leihen können.

Mieten Sie Kleidung für besondere Anlässe, lesen Sie Anzeigen: Ein Hochzeitskleid, einen Smoking, ein Abendkleid, also Kleidung, die Sie normalerweise nicht allzu häufig brauchen, können Sie mieten. Auch in Anzeigen wird solche Kleidung angeboten.

Legen Sie Strumpfvorräte an: Da garantiert auch bei Ihnen Socken und Strümpfe in einem Bermuda-Dreieck verschwinden, sollten Sie jeweils mehrere gleiche Paare kaufen. Vermeiden Sie Laufmaschen, indem Sie die Strumpfhosen mit Handschuhen anziehen. Eine kurze Laufmasche können Sie mit etwas Nagellack noch stoppen. Unter einer langen Hose sieht man sowieso nur ein kleines Stückchen von Socken und Strümpfen.

Legen Sie von Kinderkleidung einen Vorrat an: Eine Mutter mit mehreren Kindern bewahrt auf dem Dachboden in großen Kartons Kleidung für die nächsten Jahre auf. Natürlich geht sie systematisch vor: Auf den Kartons stehen die Namen der Kinder und das Alter, in dem sie die Kleidung (wahrscheinlich) tragen können. Wenn sie auf einem Flohmarkt etwas Hübsches sieht, wird es auf Vorrat gekauft, so kann sie ihre Kinder günstig kleiden. Und das Kartonsystem erspart übervolle Schränke.

Besuchen Sie einmal eine andere Abteilung: Vielleicht finden Sie als Erwachsener etwas in der Kinderabteilung bzw. als Dame etwas bei den Herren.

Bettina: „Wenn ich etwas, was ich suche, nicht second-hand finde, versuche ich es in der Mädchenabteilung der Kaufhäuser. Ich habe Größe 38, und das entspricht der Kindergröße 176 oder 182. Teenager kaufen lieber in der Damenabteilung, und deshalb bleibt bei den Mädchen oft etwas übrig, das dann heruntergesetzt wird. So kostete mein letzter Wintermantel in Größe 182 nur 30 DM."

Jeannette suchte Stiefel ohne hohe Absätze. Da sie nichts finden konnte, suchte sie bei den Herren, wo sie genau die Stiefel fand, die sie suchte. Sie kosteten etwa die Hälfte dessen, was Damenstiefel kosten.

Lassen Sie Schuhe flicken oder reparieren Sie sie selbst: Ein regelmäßiger Besuch beim Schuster kann die Lebensdauer Ihrer Schuhe ansehnlich verlängern, abgesehen von regelmäßigem Putzen natürlich. Ein Tip aus früheren Zeiten: Reiben Sie auch die Sohlen sparsam mit Schuhcreme oder Fett ein, dann halten sie länger. Für die Geschickten unter uns gibt es Sets zu kaufen, mit denen sie ihre Absätze und sogar die Sohlen selbst erneuern können. Das ist vor allem praktisch, wenn Sie abends oder am Wochenende einen Absatz verlieren.

Gesundheitskosten

Unter diese Kategorie fallen die Kosten für den praktischen Arzt, den Zahnarzt, den Facharzt, den Physiotherapeuten, sofern diese nicht durch Ihre Versicherung abgedeckt sind, sowie die Prämien für die entsprechenden Versicherungen. Außerdem Medikamente, Verbandmittel, Tabletten, Schlafmittel, Vitaminpräparate und Empfängnisverhütungsmittel.

Leben Sie gesund: Vorsorgen ist besser als heilen. Sorgen Sie durch gesunde Ernährung, ausreichend Bewegung, genügend Schlaf und Entspannung für eine gute Kondition. Vermeiden Sie Streß und hören Sie auf Ihren Körper. Wenn Sie spüren, daß eine Erkältung im Anzug ist, gehen Sie am besten mit einem Grog früh ins Bett.

Essen Sie gesund und abwechslungsreich: Wenn Sie das tun, haben Sie weder Vitaminpräparate noch Kalktabletten nötig. In Obst und frischem Gemüse ist Vitamin C enthalten, in Fleisch, ungeschältem Reis und Vollkornbrot Vitamin B und in allen Milchprodukten Calcium. Informationen über gesunde Ernährung erhalten Sie u.a. von der Verbraucherberatung.

Schlucken Sie zur Abwechslung einmal keine Kopfschmerztablette: Kopfschmerzen verschwinden oft durch einen Spaziergang an der frischen Luft oder dadurch, daß man sich in einem dunklen Zimmer hinlegt. Eine Nacken-, Schulter- oder Fußmassage bzw. eine heiße Dusche wirken Wunder.

Vergleichen Sie die Angebote der Krankenversicherungen: Seit einiger Zeit können Sie auch die gesetzliche Krankenversicherung frei wählen. Es lohnt sich, einmal die Preise und Leistungen zu vergleichen. Nutzen Sie den Wettbewerb.

Hören Sie auf zu rauchen: In Deutschland werden pro Jahr rund 36 Milliarden DM für Tabakwaren ausgegeben, (*Quelle: Statistisches Jahrbuch 1996 für die Bundesrepublik Deutschland*). Rechnen Sie einmal aus, wieviel Sie selbst pro Tag, pro Woche, pro Jahr für Zigaretten oder Tabak ausgeben, und multiplizieren Sie den Betrag mit der Anzahl der Jahre, die Ihnen gemäß Statistik noch verbleiben (Tabelle auf Seite 50, Kapitel 2). Ein Kurs, in dem Sie sich das Rauchen abgewöhnen, kostet nur einen Bruchteil davon (Fragen Sie Ihre Krankenkasse). Abgesehen von Ihrem Geldbeutel profitieren auch Ihr Körper und

Ihre Mitmenschen davon. Manche Lebensversicherungen erheben von Nichtrauchern sogar niedrigere Beiträge.

Achten Sie beim Kauf einer Brille auf Sonderangebote: Kaufen Sie nicht bei „Ihrem" Optiker, sondern vergleichen Sie die Angebote verschiedener Geschäfte. Das geht sogar telefonisch.

Wohnen

Fürs Wohnen geht bei den meisten von uns jeden Monat ein ordentlicher Betrag drauf. Nicht umsonst sprechen wir von „Mietkosten". Gehören Sie zu den Leuten, die glauben, daß sich dabei nicht viel sparen läßt? Vielleicht wohnen Sie zu groß, zu teuer oder zu vornehm. Dann gibt es verschiedene Lösungen: Sie können ein Zimmer untervermieten, aber auch umziehen. Bei einem Haus ist Kaufen meist günstiger als Mieten, vor allem auch wegen der steuerlichen Vorteile. Wenn Sie bei den Nahrungsmitteln oder Ihren Reisekosten sparen, können Sie sich schneller ein eigenes Haus leisten. Natürlich können Sie auch alle möglichen Reparaturen im Haus selbst erledigen, anstatt jeweils einen Fachmann einzuschalten.

Vermieten Sie ein Zimmer oder eine Etage: Erkundigen Sie sich vorher nach den steuerlichen Konsequenzen, denn Mieteinkünfte werden besteuert.

Maria: „Schon seit Jahren führte ich ein Haushaltsbuch über all unsere Ausgaben, aber damit konnte ich nicht soviel anfangen. Seit sieben Monaten erstelle ich Graphiken, seitdem sind unsere Ausgaben erheblich gesunken. Das Schöne daran ist, daß mein Mann und ich jetzt keine Angst vor der Zukunft mehr haben, weil wir wissen, wo wir noch sparen können. Wir könnten z.B. unser Dachgeschoß vermieten, denn wir haben ein recht großes Haus. Außerdem haben wir noch ein Ferienhäuschen, in dem wir die Wochenenden verbringen, das könnten wir ebenfalls vermieten."

Räumen Sie regelmäßig auf: Wenn Sie Ihr Haus regelmäßig auf überflüssige Dinge absuchen und diese verkaufen oder verschenken, haben Sie mehr Platz zur Verfügung und haben nicht so schnell das Bedürfnis, ein größeres (und teureres) Haus zu beziehen.

Vermieten Sie während Ihres Urlaubs: In begehrten Orten (am Meer oder in den Bergen) wohnen manche Hausbesitzer während der Sommermonate im Gartenhaus oder im Wohnwagen und vermieten das eigene Haus. Eine gute Einkommensquelle. Es gibt Büros, die die Vermittlung übernehmen, so daß man sich selbst um nichts zu kümmern braucht.

Wohnen Sie günstig als Gegenleistung: W. bewohnt schon seit Jahren Häuser, die zeitweise leerstehen, wie Büro-, Gewerbe- oder Schulgebäude, wo die Gefahr besteht, daß eingebrochen oder sonstiger Schaden angerichtet wird. Mit den Eigentümern schließt er einen befristeten Mietvertrag ab. Für Künstler oder Leute, die keinen Wert aufs Wohnen im bürgerlichen Einfamilienhaus legen, eine attraktive Möglichkeit.

Werden Sie Mitglied einer Wohngruppe: Erinnern Sie sich noch an die WGs der sechziger und siebziger Jahre, in denen es echt alternativ zuging? Inzwischen gibt es Wohngruppen, in denen eher normale Zustände herrschen und zu denen oft auch ältere Menschen gehören. Es geht dabei weniger um Weltverbesserung, sondern einfach darum, daß man mit anderen Menschen zusammen ist und natürlich billiger lebt, weil Dinge wie Wasch- oder Spülmaschine nur einmal angeschafft werden müssen. Es gibt eine Vielzahl verschiedener Modelle für jeden Geschmack und jeden Geldbeutel.

Wasser, Gas und Strom

Meist wird auf der Rechnung der Energiewerke der Betrag für Wasser, Gas und Strom getrennt ausgewiesen. Dann können Sie diese Posten eventuell auch in Ihrer Monatsübersicht getrennt aufführen, um sie besser beurteilen zu können. Kontrollieren Sie die Abrechnungen gut, und zwar mit allen Haushaltsmitgliedern. Obwohl dies nicht der größte Posten ist, fiel uns auf, daß die meisten Tips, die wir für die *Geizhalszeitung* erhielten, dieses Thema behandelten. Offensichtlich haben manche von uns die Ölkrise noch nicht vergessen, oder die Aufklärungsbroschüren der Energiebetriebe zeigen doch Wirkung. Viele Menschen sind sich darüber im klaren, daß unsere Brennstoffvorräte begrenzt sind und daß man durch sparsamen Umgang mit Wasser und Strom Geld „verdienen" kann.

Die Toilette nach einem „kleinen Geschäft" mit einem Liter Wasser aus dem Eimer zu spülen, geht vielen zu weit. Sie schaffen lieber einen Spülkasten mit Unterbrecher an – jeder nach seinem Geschmack. Aber was für den einen absolut neu ist, ist für andere ein alter Hut. Wir hörten von einer Bekannten, daß sie die Dusche wieder zudreht, sobald sie einmal naß ist. Dann seift sie sich in Ruhe ein und dreht dann den Wasserhahn wieder auf, um sich abzuspülen. Sich bei strömender Dusche einzuseifen, findet sie Geldverschwendung.

Eltern kommen auf alle möglichen Ideen, um ihre Kinder aus der Dusche zu bekommen. Eine Mutter erzählte uns, daß sie einen Kochwecker angeschafft hat. Vor dem Duschen wird eine angemessene Zeit vereinbart, und wenn der Wecker klingelt, gibt es eine erste Warnung. Wird diese nicht befolgt, dreht sie irgendwo anders im Haus den Heißwasserhahn auf, so daß der Warmwasserverschwender einen Strahl kaltes Wasser abbekommt.

Eine andere Mutter schickt ihren halbwüchsigen Sohn grundsätzlich einige Minuten vor Beginn seines Lieblingsfernsehprogramms zum Duschen, so daß der Sohn sich ganz von selbst kurz faßt.

Markieren Sie den Heißwasserhahn: Um sich zu vergegenwärtigen, wie oft Sie den Heißwasserhahn aufdrehen, ohne daß es eigentlich sein müßte, sollten Sie ihn mit einem auffallenden Sticker markieren.

Gehen Sie sparsam mit Wasser um: Messen Sie jeweils genausoviel Wasser ab, wie Sie brauchen, um Kaffee oder Tee zu kochen, dann erwärmen Sie nicht nicht immer wieder Wasser umsonst.

Babies und Kleinkinder baden: Sehr kleine Kinder sollten Sie nicht in der Badewanne, sondern in einer Kinderbadewanne baden, dann gibt's auch keine Überschwemmung. Ganz kleine Babies können Sie auch in einem normalen Eimer baden, ohne eine Babywanne anzuschaffen. Darin sitzen sie aufrecht, müssen aber natürlich festgehalten werden. Nach dem Bad weichen Sie die Windeln im noch warmen Wasser ein. Ebensowenig wie Erwachsene müssen Babies jeden Tag baden. Sie können genausogut mit lauwarmem Wasser, Waschlappen und Seife gewaschen werden.

Recyceln Sie Wasser: Es gibt ungezählte Möglichkeiten, einmal gebrauchtes Wasser wieder zu benutzen. Mit Spülwasser können Sie die Toilette spülen, mit Lauge von der Handwäsche können Sie den Kellerflur schrubben, Gemüsewaschwasser kommt den Zimmerpflanzen zugute, im Badewasser weichen Sie die Wäsche ein.

Kochen Sie mit Kochkiste, Teewärmer und im Bett: Reis oder Hülsenfrüchte brauchen Sie nur fünf bzw. fünfzehn Minuten zu kochen. Dann wickeln Sie den Topf in ein Geschirrtuch oder alte Zeitungen und tun ihn in die Kochkiste oder ins Bett unter die Bettdecke. Auch eine Kühlbox straft ihren Namen Lügen; sie hält nicht nur Kaltes kalt, sondern auch Warmes warm. Eine Kochkiste machen Sie selbst aus einem Karton mit ein paar Kissen oder Lappen bzw. einem Stapel alter Zeitungen. Probieren Sie es aus.

Ellen: „Ich leide am Chronischen Müdigkeitssyndrom und habe seit einigen Monaten einen Rückfall, so daß ich täglich nur sieben Mal fünf Minuten aufstehen kann. Vor einigen Jahren mußte ich in einer ähnlichen Situation das ‚Essen auf Rädern' in Anspruch nehmen. In der Geizhalszeitung las ich den Tip mit der Kochkiste und kam dadurch auf die Idee, mein Essen unter dem Teewärmer gar werden zu lassen. Ich brauche also kein Geld mehr für ‚Essen auf Rädern' auszugeben und fühle mich ein Stück selbständiger. Wenn ich morgens meinen Tee mache, koche ich Risotto oder Makkaroni mit Kräutern eben auf und lasse es unter der Teemütze garen. Mittags koche ich dann Tiefkühlgemüse dazu, und meine Mahlzeit ist fertig. Meine Mutter sorgt dafür, daß ich immer gebratenes Fleisch im Kühlschrank habe. So bleibe ich dank der Geizhalszeitung (und mit Hilfe meiner Eltern) selbständig."

Sparen Sie Heizkosten: Heizen Sie nur Zimmer, in denen Sie sich auch aufhalten. Das Schlafzimmer können Sie eventuell ein paar Minuten vor dem Schlafengehen mit einem Radiator erwärmen oder einfach eine Wärmflasche ins Bett legen. Schlafen in einem nicht geheizten Schlafzimmer ist sowieso gesünder. Stellen Sie die Heizung zur Abwechslung ein paar Grad niedriger ein, Sie werden sich schnell daran gewöhnen. Stellen Sie sie abends ganz ab und ziehen Sie die Gardinen zu bzw. schließen Sie die Rolläden.

Eine Heizdecke spart Heizkosten. André: „Im Winter gehe ich abends früh ins Bett. Die Heizung stelle ich schon eine Stunde früher ab und schalte meine Heizdecke an. Dann liege ich mit Büchern, Zeitschriften und etwas zu trinken gemütlich den ganzen Abend im Bett. Nach einiger Zeit kann auch die Heizdecke ausgeschaltet werden. Zu zweit wird's noch gemütlicher."

Setzen Sie Ihre Heizung schlau ein: Eine Stunde vor dem Zubettgehen kann die Heizung abgeschaltet werden, und wenn Sie sich morgens in einem Zimmer nur eine Viertelstunde aufhalten, sollten Sie lieber einen Heizstrahler benutzen. Sie können natürlich auch schnell Ihr Frühstück in der Küche zubereiten und es dann im noch warmen Bett verzehren. Schaffen Sie eventuell einen Thermostat an. Wenn die Temperatur beim Nachhausekommen 17 Grad beträgt, empfinden Sie das schon als angenehm, erst später muß der Thermostat höher gestellt werden. Nachts sind 12 Grad genug, auch wenn manche Heizungshersteller eine höhere Temperatur empfehlen, denn vielfach wird noch davon ausgegangen, daß die Temperatur tagsüber 22 Grad betragen sollte. Dann kostet es natürlich viel Energie, um von der Nacht- auf die Tagestemperatur aufzuheizen. Wenn Sie es abends bei 17 oder 18 Grad aushalten, sind 12 Grad nachts ausreichend.

Benutzen Sie statt der Heizdecke die Wärmflasche: Legen Sie die Wärmflasche erst in die Bettmitte und nach dem Zubettgehen an die Füße. Der Effekt ist der gleiche wie bei der Heizdecke. Achten Sie beim Füllen einer Gummiwärmflasche darauf, daß Sie alle Luft herausdrücken.

Tragen Sie einen Wohnmantel oder nehmen Sie beim Fernsehen eine Decke: Beim Lesen, Arbeiten am Computer usw. brauchen Sie die Heizung dann nicht höher als 16 oder 17 Grad zu stellen. Ein Wohnmantel ist eine Art Schlafsack, bei dem die Füße noch herausschauen, so daß Sie ungefährdet laufen können. Sie können ihn zwar manchmal fix und fertig kaufen, aber eine alte Decke mit großen Sicherheitsnadeln tut's auch. Wenn Sie zusammen unter einer Decke fernsehen, sparen Sie nicht nur Energie ...

Niedrigere Temperaturen sind Gewohnheitssache: Tragen Sie angemessene Kleidung, Pullover, Socken und Pantoffel. Bei wirklich kalten Füßen ist ein warmes Fußbad ein probateres Mittel, als mehr zu heizen, davon bekommen Sie höchstens einen heißen Kopf ...

Lassen Sie die Sonne ins Haus: Tagsüber lassen Sie die Sonne das Haus erwärmen, lassen Sie nicht beim ersten Sonnenstrahl die Jalousie herunter.

Gebrauchen Sie Sparlampen: Ersetzen Sie normale Glühbirnen nach und nach durch energiesparende Glühbirnen, vor allem bei Lampen, die stundenlang brennen. Die höheren Anschaffungskosten für diese Glühbirnen amortisieren sich dann schnell. Bei Lichtquellen, die jeweils nur kurz brennen (Toilette, Gang, Dachboden) sind solche Sparlampen sinnlos.

Telefon

Wo wären wir ohne das Telefon? Abgesehen von allen anderen Vorteilen spart es auch Zeit. Bei einer großen Anschaffung z.B. sollten Sie verschiedene Lieferanten anrufen und um (Preis-)Informationen bitten, bevor Sie mit dem Auto bzw. dem Fahrrad herumfahren. Vor allem, wenn Sie Ihre Wahl bereits getroffen haben und genau wissen, welchen Artikel Sie wollen, lohnt sich diese Mühe. Die Telefonkosten sind meist niedriger als das, was Sie so sparen können.

Trotzdem ist die Höhe der Telefonrechnung für viele ein Ärgernis, nicht nur für die Eltern von Teenagern. Schauen Sie sich Ihre Rechnungen genau an und überlegen Sie, wie Sie sparen können.

Telefonieren Sie möglichst zum Billigtarif: Zwischen 18 Uhr und 8 Uhr morgens kostet Telefonieren weniger. Am Wochenende gilt dies sogar für 24 Stunden. Schreiben Sie sich die Zeiten auf, zu denen der Billigtarif gilt, und legen Sie den Zettel neben das Telefon.

Lassen Sie gebührenpflichtige Auskunftsnummern blockieren: Sollte während Ihrer Abwesenheit eingebrochen werden (was wir nicht hoffen wollen), könnte ein Einbrecher, der sich darüber ärgert, daß er nicht genug Wertsachen findet, auf die Idee kommen, eine solche Auskunftsnummer anzuwählen. Dafür entstehen Ihnen u.U. wochenlang Kosten. Sie können auch wählen, welche Auskunftsdienste (z.B. Zeitansage und Wetterbericht) noch erreichbar sein sollen. Auch Eltern mit halbwüchsigen Kindern ist das zu empfehlen.

Setzen Sie Ihren Anrufbeantworter kreativ ein: Versprechen Sie auf Ihrem Anrufbeantworter nicht, daß Sie zurückrufen. Melden Sie, wann Sie erreichbar sind, und bitten Sie um Anruf während dieser Zeit.

Wer schreibt, bleibt: Fern- und Auslandsgespräche sind teuer. Nutzen Sie grundsätzlich den ermäßigten Tarif, oder schreiben Sie einmal wieder einen Brief. Das kostet in Europa nur 1,00 DM.

Rufen Sie möglichst keine Ansagedienste an: Wollen Sie wissen, wie spät es ist, oder wie das Wetter morgen wird? Brauchen Sie die Telefonnummer von Tante Anna? Den Wetterbericht hören Sie im Radio, und Telefonbücher können Sie auf dem Postamt einsehen. Zu umständlich? Schauen Sie auf Ihrer Telefonrechnung nach, was Ihre Bequemlichkeit Sie kostet.

Führen Sie R-Gespräche: Über das „Fräulein vom Amt" können Sie R-Gespräche führen, vorausgesetzt, der Angerufene ist damit einverstanden.

Verabreden Sie Telefonsignale: Verabreden Sie mit Eltern, Kindern, Bekannten ein bestimmtes Signal, z.B. für „Bin gut

142

angekommen" oder „Hol mich bitte ab". Lassen Sie das Telefon dementsprechend zwei- oder dreimal klingeln und legen Sie dann auf.

Telefonkarten werden vergessen: Vergessen Sie Ihre Telefonkarte nicht, wenn das Gespräch beendet ist. Allerdings: Wer Karten liegenläßt, kann sie auch finden. Schauen Sie regelmäßig in Zellen nach, ob noch eine Karte im Schlitz steckt. Wenn Sie eine Phantasienummer anwählen, sehen Sie auf dem Schirm, ob die Karte noch gültig ist.

Wohnungseinrichtung

Sie selbst verbringen die meiste Zeit in Ihrer Wohnung. Richten Sie sich also nach Ihrem eigenen Geschmack und nicht nach der Mode. Die Kombination von Alt und Neu verleiht Ihrer Wohnung die persönliche Atmosphäre. Haben Sie Geduld, dann bekommen Sie Dinge umsonst. Irgend jemand aus Ihrer Familie oder Ihrem Bekanntenkreis hat garantiert noch einen Schrank, einen Stuhl, einen Tisch übrig. Kollegen, die ins Ausland versetzt werden, sind froh, wenn sie etwas loswerden können, und auf Flohmärkten oder in Second-hand-Geschäften finden Sie für wenig Geld Dinge, die hübscher sind als neue.

Werten Sie den Sperrmüll aus: Es wird viel weggeworfen, machen Sie am Abend vor der Sperrmüllabfuhr einen Erkundungsspaziergang.

Im Lauf der Jahre fanden wir ein antikes Schaukelpferd, Eßzimmerstühle, Gardinen, die wir sofort aufhängen konnten, Kartons mit Umschlägen, Pflanzen, ein Puppenhaus usw.

Zimmern Sie Ihre Möbel selbst: Wenn Sie geschickt sind, können Sie aus allem möglichen Möbel tischlern: aus weggeworfenen Holzresten, Paletten, Backsteinen, Türen, Fässern usw.

Gerd hat die Betten für die Kinder und das Sofa fürs Wohnzimmer selbst gemacht. Die Sitzfläche des Sofas besteht aus einer guten Matratze, die nicht mehr gebraucht wurde, die Rück- und Armlehnen bestehen aus einer alten dreiteiligen Matratze. Überzogen ist das Sofa mit Stoff vom Flohmarkt.

Anzeigen sind Goldgruben: In Kleinanzeigen werden Haushaltsgeräte, Möbel usw. angeboten bzw. gesucht. Manche dieser Anzeigenblätter veröffentlichen die Anzeigen gratis. Außerdem gibt es Geschäfte, die gebrauchte Kühlschränke, Tiefkühltruhen, Waschmaschinen, Fernseher u.ä. verkaufen und auch Garantie auf ihre Waren geben.

Alten Teppichboden können Sie wiederverwenden: Schaffen

Sie sich eine Eisen- oder Aluminiumplatte von 50 x 50 cm an. Legen Sie Ihren alten Teppichboden mit der Vorderseite nach oben auf ein Stück Sperrholz und die Platte auf die Unterseite des Teppichbodens. Dann schneiden Sie mit einem scharfen Messer aus den Teilen, die unter Schränken, Sofas, Tischen und entlang den Stoßleisten gelegen haben und noch gut aussehen, Teppichfliesen von 50 x 50 cm. Sie können damit ein kleineres Zimmer, den Gang oder den Dachboden auslegen. Bei einem Umzug können Sie so viel Geld sparen.

Besuchen Sie Flohmärkte in einer schicken Gegend: Achten Sie auf Ankündigungen von Flohmärkten in Villagegenden.

Reparieren Sie selbst: Betrachten Sie es als Herausforderung, defekte Dinge selbst zu reparieren. Das kostet u.U. weniger Zeit, als etwas zur Reparatur zu bringen und wieder abzuholen (oder neu zu kaufen).

Maria reparierte ihre Terrassenstühle, an denen alle Gurte zerschlissen waren, mit wasserfestem Material aus dem Gartenzentrum. Resultat: Alle Terrassenstühle können wieder benutzt werden und sehen auch wieder hübsch aus.

Versicherungen

Beschäftigen Sie sich einmal kritisch mit all Ihren Versicherungen. Sind wirklich noch alle nötig? Vielleicht sind manche aufgrund veränderter Umstände inzwischen überflüssig geworden. Haben Sie manches vielleicht aus Versehen mehrfach versichert? Oder versichern Sie noch Wertgegenstände (Schmuck, Münzsammlungen), die Sie gar nicht mehr haben?

Johann verdiente innerhalb von fünf Minuten 800 DM. Er las in Zeitungen Annoncen, in denen Krankenversicherungen angeboten wurden, die günstiger waren als seine eigene Police. Er rief seinen Versicherungsmakler an und fragte, wie ein solch großer Unterschied möglich sei. Seine Versicherung zeigte sich bereit, Johann ebenfalls einen niedrigeren Tarif zu berechnen, weil der eigene Tarif überholt war und eigentlich bereits geändert hätte werden müssen.

Spargeld macht Versicherungen überflüssig: Wenn Sie genug Erspartes haben, werden Sie Ihre eigene Versicherungsgesellschaft. Überlegen Sie genau, welche Risiken Sie eingehen können, z.B. bei Dingen, die maximal weniger kosten als die Summe Ihrer Ersparnisse. Vielleicht können Sie die Sterbeversicherung oder eine Versicherung zur Deckung zusätzlicher Zahnarztkosten kündigen.

Frau B. kündigte ihre Glasversicherung. Sie hatte 20 Jahre Prämie gezahlt und die Versicherung nie in Anspruch genommen. Sie beschloß also, einen bestimmten Betrag selbst zu sparen für den Fall, daß einmal eine Scheibe kaputtgeht.

Annemarie hatte nach ihrer Scheidung eine Haftpflichtversicherung für sich und ihre Kinder abgeschlossen und hörte später von ihrem Ex-Mann, daß auch er noch eine Versicherung für sie und die Kinder laufen hatte.

Geschenke

Bei diesem Posten läßt sich immer sparen. Zu jedem Essen, jedem Geburtstag, jeder Hochzeit und für jedes neugeborene Baby bringen wir etwas mit, auch wenn es nur eine sogenannte „Kleinigkeit" ist. Insgesamt geben wir dafür ein Vermögen aus, obwohl es auch Alternativen gibt, man muß nur etwas nachdenken.

Schaffen Sie eine Geschenkkiste an: Legen Sie einen Geschenkevorrat an von Dingen, die Sie günstig kaufen, z.B. antiquarische Bücher, oder auch Geschenke, die Sie selbst bekommen haben und die Ihnen nicht zusagen. Das spart Geld und Zeit, denn Sie brauchen nicht jedesmal wieder auf die Suche zu gehen.

Machen Sie selbst Geschenke: Machen Sie selbst Kräuteressig, Marmelade mit einem „künstlerischen" Etikett, backen Sie Torten oder Kekse, züchten Sie selbst Pflanzen.

Machen Sie selbst Wein aus Hagebutten, die Sie beim Spazierengehen sammeln.

Verschenken Sie Nüsse von Ihrem eigenen Nußbaum in einem hübschen Körbchen.

Machen Sie im Sommer, wenn das Obst billig ist, Marmelade, die Sie in Gläsern mit Schraubverschluß verschenken. Schenken Sie „Frühstück im Bett", d.h. ein hübsch verziertes Paket mit einem Gläschen Marmelade, Zwieback oder Knäckebrot, einer Hotelpackung Butter und ein paar Beuteln Tee. Erfolg garantiert.

Schenken Sie Zeit: Machen Sie eine hübsche „Mehrfahrtenkarte" mit Streifen für 3 x Eintopf, 5 x Babysitten, 3 x Massage oder 2 x Bügeln.

Werfen Sie Geschenkpapier und -band nicht weg: Bei einem Geschenk geht es oft mehr um die Geste als um den Inhalt. Deshalb ist die Verpackung so wichtig. Bügeln Sie gebrauchtes Papier und bewahren Sie auch die Schleifen auf. Auch eine Blume aus dem eigenen Garten sieht dekorativ aus.

Schenken Sie ein Buch mit Photos, Gedichten und selbst geschriebenen Erzählungen: Jeder trägt eine A4-Seite dazu bei. Besonders geeignet für Leute, die alles schon haben, bzw. für Ältere. So entsteht ein persönliches, unverwechselbares Geschenk zur Goldenen Hochzeit, zum 80. Geburtstag oder für den Kollegen, der in Pension geht.

Garten, Blumen und Pflanzen

Es gibt verschiedene Methoden, einen Garten anzulegen und zu unterhalten. Sie können alles neu kaufen und alles, was nicht mehr taufrisch aussieht, sofort durch etwas anderes ersetzen. Wie wäre es zur Abwechslung mit der „natürlichen Methode"? Ableger, Samen und Pflanzen bekommen Sie von anderen Gartenbesitzern, weil Pflanzen nun einmal wachsen und größer werden. Wenn Sie also etwas Geduld haben, wächst Ihr Garten von selbst voll. Außerdem bekommt so jedes Pflänzlein seine eigene Geschichte. Der hübsche Farn ist von Helmut, der Löwenzahn von Tante Anna und die Lupinen von Ina, alle Kräuter kommen von der Freundin, die auch so gerne kocht. Und es macht natürlich auch Spaß, später selbst Ableger und Pflanzen zu verschenken. Das gleiche gilt für Zimmerpflanzen. Aus manchem kleinen Zweig, den Sie ins Wasser legen, wird eine Pflanze, die Sie verschenken können. Geranien und Fuchsien z.B. sind ganz leicht aus Ablegern zu ziehen, Begonien aus Blättern. Gartenbesitzervereine veranstalten sogar „Ablegertauschtage".

Inez: „Unser Umzug vor einem halben Jahr hat eine Menge Geld gekostet. Der Garten bei unserem neuen Haus war total leer. Trotzdem beschloß ich, nicht einfach in eine Gärtnerei zu gehen, sondern den Garten mit ,Second-hand-Pflanzen' einzurichten. Wir sahen, wie jemand eine große Konifere umsägte, und das brachte uns auf die Idee, eine Anzeige aufzugeben. Wir bekamen viele Angebote, ein Mann fuhr sogar mit einem Anhänger vor, der mit Pflanzen vollgeladen war. So haben wir auch unseren Grill bekommen, die Steine und den Sand – alles umsonst. Falls Sie in Ihrem Bekanntenkreis und Ihrer Familie wissen lassen, daß Sie Gartenpflanzen gebrauchen können, haben Sie keine Sorgen mehr."

Sammeln Sie Samen: Sammeln Sie beizeiten Samen und denken Sie daran, auf die Tütchen zu schreiben, um welchen Samen es geht. Manche Pflanzen säen sich auch selbst aus, wie z.B. Petersilie oder Sellerie, wenn Sie sie schießen lassen.

Werfen Sie die Asche aus dem Kamin nicht weg: Holzasche wird auch das Gold des Gärtners genannt, weil sie voll wertvoller Mineralstoffe ist. Schädlinge können Sie gratis bekämpfen, z.B. mit einem Sud aus Brennesseln. Die Brennesseln grob hacken und etwa zehn Tage in einem Eimer Wasser stehenlassen. Sobald das Ganze gärt, den Sud verdünnen und die Pflanzen damit übergießen. In Büchern (aus der Bibliothek) stehen mehr solcher Rezepte.

Schaffen Sie sich einen Schrebergarten an: Glauben Sie den Leuten nicht, die sagen, daß ein Schrebergarten kaum finanzielle Vorteile mit sich bringt. Sprüche wie: „Wenn der Salat im Garten reif ist, kostet er im Geschäft auch so gut wie nichts" oder „Für das bißchen strengst du dich an?" sind Unsinn. Wenn Sie umweltverträglich, d.h. ohne Schädlingsbekämpfungsmittel und Kunstdünger, arbeiten, müssen Sie den Preis Ihres Kopfes Salat mit dem seines unbehandelten Bruders im Bioladen vergleichen. Außerdem sollten Sie natürlich vor allem relativ teure Gemüse wie Erbsen, Broccoli, Trauben und Beeren züchten. Sie können auch Sachen anpflanzen, die es kaum noch zu kaufen gibt, z.B. bestimmte Bohnenrassen, Mangold oder grünen Chicorée. Sie essen also abwechslungsreicher. Auch Blumen für die eigene Wohnung und zum Verschenken züchten Sie selbst. Und manche Dinge lassen sich eben nicht in Geld ausdrücken: Sie haben Abwechslung, Beschäftigung, ein befriedigendes Hobby und verfügen über einen „Sommersitz".

Einmachen ohne Wecken: Der Schrebergarten beschert Ihnen regelmäßig Gemüse und Obst im Überfluß. Auch ohne Tiefkühltruhe oder Weckgerät können Sie einmachen. Sammeln Sie Gläser mit Schraubverschluß, die Sie in möglichst heißem Sodawasser reinigen und dann heiß ausspülen. Arbeiten Sie möglichst sauber, fassen Sie die Gläser nicht mit schmutzigen Händen oder schmutzigem Besteck an. Bereiten Sie Marmelade, Kompott, Weckobst wie üblich und füllen Sie es möglichst heiß in die Gläser. Die Gläser bis zum Rand füllen, den Deckel verschließen und die Gläser umdrehen. So halten die Konserven sich bis zu einigen Monaten. Kontrollieren Sie jedoch regelmäßig.

Kinder

Sind Kinder wirklich so ein teurer Spaß? Oder ist das unsere eigene Schuld? Ich hörte einmal eine Mutter voller Stolz erzählen, daß ihre vier Kinder täglich von Kopf bis Fuß frische Kleidung anbekommen. Das kostete zwar viel Zeit, aber das fand sie in Ordnung. Andere Eltern sparen sich selbst alles vom Mund ab, damit die Kinder von allem das Beste bekommen. Sowohl beim Verwahrlosen als auch beim Verwöhnen ist das Gefühl für das richtige Maß abhanden gekommen. Im ersten Fall geht es um zu wenig Liebe, Essen oder Dinge, im anderen um zu viel, die Folgen sind in beiden Fällen ernst. Wirkliche Liebe hat wenig mit Geld zu tun.

Aus einem Brief: „Seit mein Mann arbeitslos geworden ist, leben wir sparsamer. Dadurch hat sich einiges geändert. Ich schneide den Kindern selbst die Haare, im Sommer gibt es selbstgemachte Limonade aus Sirup. Kinderbücher kaufen wir, wenn die Bibliothek einmal jährlich Bücher aussortiert, Kleidung und Spielzeug auf dem Flohmarkt. Dabei geht es darum, entweder sehr früh zu gehen (dann ist die Auswahl noch groß) oder recht spät, dann wird alles billiger."

Ausflüge müssen nicht teuer sein: Die Fahrtkosten, Eintrittsgelder, Essen und Getränke machen einen Tagesausflug oft recht teuer. Es geht auch anders.

Hans besucht mit seinen Kindern ab und zu einen Reitstall. Die Kinder finden die Pferde herrlich, sie können beim Reiten zusehen und dürfen manchmal auch beim Versorgen der Pferde helfen.

Fahren Sie zur Abwechslung einmal mit einer Fähre oder fahren Sie mit dem Bus oder der Straßenbahn eine Strecke, die Sie sonst nie fahren. Für Kinder, die das Auto oder das Fahrrad gewöhnt sind, ist eine Fahrt mit dem Bus oder der Straßenbahn schon eine willkommene Abwechslung, vor allem wenn sie selbst die Fahrkarte kaufen dürfen. Denken Sie an die Kindertarife der öffentlichen Verkehrsmittel und der Deutschen Bahn.

Gebrauchen Sie kleine Gläser: Für Limonade oder Saft reicht für Kinder ein kleines Glas (macht auch weniger Arbeit, wenn es einmal umfällt). Bei großen Gläsern lassen sie oft etwas übrig, oder sie müssen das Glas gezwungenermaßen austrinken.

Werden Sie Mitglied der Bibliothek: Kinder und Jugendliche brauchen oft keinen Beitrag zu zahlen. Abgesehen von den pädagogischen Effekten genießen Kinder das Stöbern in der Bibliothek, vor allem wenn sie groß genug sind, um alleine hinzugehen.

Schenken Sie so eine Jahreskarte auch einmal einem Kind, für das es nicht selbstverständlich ist, eine Bibliothek zu besuchen.

Kinder mit Nebenbeschäftigung: Kinder, die gegen Entlohnung kleine Dienste verrichten und später vielleicht eine Nebenbeschäftigung ausüben, werden schneller selbständig und lernen, mit Geld umzugehen.

Hanneke bekam ihrer Meinung nach von ihren Eltern nicht genug Kleidergeld. Also lernte sie selbst nähen und verdiente das Geld für Stoff mit Babysitten. Nachdem sie einmal erfolgreich bei einer Familie gearbeitet hatte, wurde sie weiterempfohlen. Sie paßte nicht nur abends

auf, sondern auch am Wochenende, und wenn irgendwo eine Party gefeiert wurde, übernachtete sie bei den Leuten.

Wilmas Kinder machen bei Strassenfesten und anderen Ereignissen zusammen Musik. Das tun sie anscheinend recht gut, denn sie bekommen ordentlich Geld dafür.

Markenkleidung: Es schadet Kindern nicht, wenn Sie ab und zu nein sagen. Dadurch lernen sie, mit Enttäuschung umzugehen und sich selbst etwas auszudenken. Wenn Ihre Kinder doch weiterhin um Markenkleidung oder ein Mountainbike betteln, weil „alle anderen" es auch haben, können Sie einen Teil bezahlen, während die Kinder den Rest sparen oder verdienen.

Amy Dacyzyn von The Tightwad Gazette entwarf selbst ein auffallendes Logo und ließ in einer Stickerei ein paar Dutzend davon anfertigen. Diese Logos nähte sie auf die Second-hand-Kleider ihrer Kinder. Wenn andere Kinder sich nach der Marke erkundigten, antworteten Amys Kinder, daß diese Kleidung sehr exklusiv sei und daß sie nicht preisgeben wollten, wo sie zu kaufen sei.

Organisieren Sie Geburtstagsparties selbst: Kennen Sie das auch: Eltern, die versuchen, sich gegenseitig mit den Geburtstagsfesten ihrer Kinder zu übertrumpfen? Bleiben Sie auf dem Teppich und zu Hause. Backen Sie Pfannkuchen oder machen Sie Popcorn oder etwas anderes, das sich die Kinder wünschen. Backen Sie Kuchen und lassen Sie sie von den Kindern verzieren. Organisieren Sie Verkleidungsspiele, basteln Sie oder studieren Sie ein Theaterstück ein. Oder lassen Sie die Kinder die bekanntesten TV-Reklamefilme nachspielen. Machen Sie bei schönem Wetter ein Picknick oder eine Schnitzeljagd. Sorgen Sie vor allem für Hilfe, so daß Sie nicht alles alleine zu machen brauchen.

Urlaub: Machen Sie einmal Urlaub auf dem Bauernhof oder im Zelt. Für Kinder ist ein Bauernhof, auf dem sie beim Melken oder Füttern der Tiere mithelfen dürfen, ein größeres Erlebnis als die Toskana.

Unterricht: Müssen Ihre Kinder unbedingt Musik-, Sport- und Ballettunterricht haben? Wollten Sie schon immer Privatchauffeur Ihrer Kinder sein? Halten Sie Maß, ein Kind darf sich ab und zu auch mal langweilen. Dann lernt es, sich selbst zu beschäftigen. Eine Mutter schrieb uns, daß sie wieder angefangen hat, Klavier zu spielen, um ihren Kindern selbst Unterricht geben zu können.

Zahlen Sie einen Teil des Taschengeldes in Gutscheinen aus:

Eine Mutter, die von Sozialhilfe leben muß, kam auf diese Idee, als ihre Kinder um „Gehaltserhöhung" baten. Sie hätte ihnen gerne mehr gegeben, wenn sie es gekonnt hätte. Also bekommen sie jetzt das gleiche Taschengeld wie vorher und dazu Gutscheine, die bei der Mutter eingelöst werden können, z.B. für einmal Pommes frites oder Pfannkuchen backen oder das Lieblingsgericht des Kindes.

Abonnements und Mitgliedschaften

Überprüfen Sie alle Zeitungs- und Zeitschriftenabonnements, auch die für Fachzeitschriften oder Fernsehprogrammhefte. Lesen Sie sie tatsächlich alle, oder landen sie nach einigen Wochen ungelesen beim Altpapier? Wenn Sie seufzend denken „Das muß ich auch noch lesen", sollten Sie die betreffende Publikation abbestellen. Sind Sie Mitglied einer Organisation, und erhalten Sie die Mitgliederzeitschrift, die Sie nie lesen? Bitten Sie dann darum, aus der Versandliste der Zeitschrift gestrichen zu werden, obwohl Sie weiterhin Beitrag bezahlen.

Überlegen Sie auch einmal kritisch, in welchen Vereinen Sie Mitglied sind und ob das wirklich erforderlich ist.

Vera war Mitglied eines Fitneß-Clubs, den sie einmal wöchentlich abends eine Stunde besuchte. Seit kurzem macht sie jeden Morgen Gymnastik nach den Anweisungen in einem Radioprogramm, was ihr besser gefällt, da sie dann den ganzen Tag aktiv ist, während ihr die Übungen abends manchmal schwerfielen.

Sparen Sie bei Zeitungen und Zeitschriften: Benutzen Sie den Lesesaal der Bücherei, der auch für Nichtmitglieder zugänglich ist. Dort finden Sie eine große Auswahl an Büchern und Zeitschriften. Oder teilen Sie ein Abonnement mit Nachbarn, Freunden oder Kollegen. Die *Geizhalszeitung* z.B. wurde regelmäßig von mehreren Menschen zusammen abonniert, um Kosten zu sparen. Oder erbitten Sie ausgelesene Zeitschriften von anderen.

Irma liebt es, beim Friseur die Zeitschriften durchzublättern, bis sie an der Reihe ist. Diese Frauenzeitschriften würde sie nämlich selbst nie kaufen. Außerdem bittet sie ihre Schwester und Freundinnen um alte Hefte. Wenn sie zu müde ist, ein Buch zu lesen, nimmt sie sich einen Stapel dieser Zeitschriften vor.

Abonnieren Sie kostenlos: Die meisten Zeitungen und Zeitschriften bieten potentiellen Abonnenten, die erst einmal testen wollen, eine Reihe von Wochen ein kostenloses Abonnement bzw. ein kostenloses Probeexemplar an. Erkundigen Sie sich nach Publikationen, die gar nichts kosten (z.B. Publikationen weltanschaulicher Art).

Kündigen Sie Abonnements rechtzeitig: Notieren Sie, wann Sie eine Zeitschrift oder Zeitung kündigen müssen, sonst müssen Sie sie ein Quartal oder sogar ein ganzes Jahr länger abonnieren. Oder abonnieren Sie eine Publikation von Anfang an nur für ein Jahr.

Hobbies

Die letzte, aber keineswegs unwichtigste Kategorie. Manche Leute leben für ihr Hobby und verbringen all ihre Freizeit damit. Hobbies können viel Geld kosten, sie können praktisch nichts kosten, und man kann sogar noch Geld damit verdienen. Manche Menschen antworten auf die Frage nach ihrem Hobby mit einer ganzen Liste: Wandern, Lesen, klassische Musik, Segelfliegen, Reisen, gut Essen. Die ersten kosten wenig: Ein paar gute Schuhe, eine Mitgliedskarte der Bücherei und ein Radio hat fast jeder. Die folgenden Hobbies sind mit etwas Einfallsreichtum auch noch erschwinglich. Sollte Ihr Hobby zufällig praktisch unbezahlbar sein, sollten Sie versuchen, es zu Ihrem Lebensunterhalt zu machen oder vielleicht freiwillige Dienste zu verrichten. Bei einem Segelflugclub können Sie vielleicht freiwillig mithelfen und auf diese Art und Weise den Unterricht verdienen. Falls Sie viel von Kunst und Kultur wissen, können

Sie vielleicht Reiseleiter oder -begleiter für solche Reisen werden. Falls Sie gerne gut essen: Nehmen Sie Kochunterricht oder gründen Sie mit Gleichgesinnten einen Kochclub.

Für Sammlungen gilt das gleiche. Sie können viel Geld für antike Eierbecher, silberne Fingerhüte und anderes ausgeben oder gemächlicher vorgehen, sich ab und zu etwas zum Geburtstag wünschen und mit anderen tauschen. Jeder von uns hat irgendwann einmal Briefmarken, Zigarrenbauchbinden oder Zuckerstückchen gesammelt. Irgendwann schläft das langsam ein. Aber Sie erinnern sich vielleicht noch daran, daß die meisten Menschen bereit waren, Ihnen zu helfen, sobald sie von Ihrem Hobby wußten, und daß Ihre Sammlung dadurch langsam, aber sicher wuchs. Sammlungen, die man für praktisch wertlos hielt, können plötzlich großen Wert bekommen. So sind alte Dinky Toys, alte Barbypuppen und auch die ersten Telefonkarten plötzlich viel Geld wert. Sogar Kakaodosen und altes Werkzeug können viel Geld bringen. Wenn Sie nicht mehr voll bzw. überhaupt nicht mehr arbeiten, können Sie Ihrem Hobby mehr Zeit widmen oder zum ersten Mal überhaupt eines haben. Dann sollten Sie den finanziellen Aspekt von vornherein beachten. Ein Hobby, das viele Reisen oder eine teure Ausrüstung erfordert, eignet sich weniger.

Dimitri sammelt Briefmarken und schreibt gerne. Er korrespondiert viel mit Philatelisten im Ausland, mit denen er per Brief Briefmarken tauscht.

Auch Jenni sammelt Briefmarken. Die Firma ihres Mannes bekommt viel Post aus dem Ausland. Die Umschläge bringt ihr Mann mit nach Hause. Jenni sieht alle sorgfältig nach und findet oft sogar noch ungestempelte Briefmarken aus dem Inland, die sie wieder benutzen kann (genauso wie die Umschläge übrigens).

Am besten ist ein Hobby, das Geld bringt: Wie z.B. Sticken, Spinnen, Weben, Flechten, Möbelbeziehen, Geschichten schreiben.

Eine alte schwerbehinderte Dame strickt gerne. Da ihre ganze Familie inzwischen Pullover, Socken, Handschuhe und Krawatten hat, strickte sie jetzt gegen Bezahlung für andere.

Eine Bekannte liebt es, auf Flohmärkten herumzuschnüffeln, wo sie oft auch hübsche Kleidung für sich und ihre Familie fand. Inzwischen kauft sie auch für andere Leute und für Second-hand-Geschäfte. Auf diese Art und Weise verdient sie pro Monat einige hundert Mark.

Donna löst gerne Rätsel. Sobald sie von einem Preisausschreiben hört, nimmt sie daran teil und gewinnt ab und zu auch etwas. Vor kurzem z.B. ein Wochenende für zwei Personen in Paris.

Und schließlich

Nach dieser Aufzählung von Tips und Tricks noch das Folgende:

Vergessen Sie nicht, daß Ihr Verhalten Einfluß auf die Umwelt hat. Wenn Sie von Ihren organischen Abfällen selbst Kompost für Ihren Garten machen, brauchen Sie weniger Dünger zu kaufen und haben weniger Abfall. Ein finanzieller Vorteil für Sie selbst und auch vorteilhaft für die Umwelt, weil wertvolle Stoffe dem Boden zurückgegeben werden, anstatt zu verbrennen. Es ist also weniger Energie nötig, um den Abfall zu beseitigen, und es entsteht weniger Luftverschmutzung.

Wenn ich eine Pfandflasche aufhebe und ins Geschäft zurückbringe, bringt das mir ein paar Pfennige ein. Meine Umgebung wird sauberer, und die Flasche kann wieder benutzt werden. Außerdem ist die Gefahr beseitigt, daß die Flasche auf der Straße kaputtgeht und ich selbst oder ein anderer Radfahrer einen Plattfuß bekommt.

So ist es auch mit anderen Tips. Alles, was wir kaufen, hat einen Kaufpreis, aber dahinter verbirgt sich auch noch ein idealler Preis, den wir nicht unmittelbar kennen. Tomaten aus Italien, Wein aus Spanien und Kiwifrüchte aus Neuseeland werden mit Flugzeug, Lkw oder Schiff transportiert. Das bedeutet Luftverunreinigung, Staus, Energieverschwendung und Lärm. Wenn wir Produkte wegwerfen, die eigentlich noch benutzt werden könnten, bedeutet das, daß mehr Abfall entsteht und die Produzenten mehr neue Dinge herstellen müssen.

Aber die Umweltverschmutzung ist nicht das einzige Problem, es gibt auch noch ethische Aspekte. Wer Fleisch kauft, ist mitverantwortlich für das Leid der Tiere, wer Teppiche aus Indien kauft, profitiert von Kinderarbeit, wer Thunfisch in der Dose kauft, kann davon ausgehen, daß dafür auch ein paar Delphine das Leben lassen mußten.

Für den Verbraucher ist es oft kaum zu erkennen, wo und unter welchen (eventuell ungünstigen) Umständen ein Artikel produziert wurde. Aber eines ist sicher: Überkonsum, d.h. mehr verbrauchen, als nötig ist, ist die Ursache für Überproduktion, und diese hat schädliche Folgen.

Wenn Sie sparsam leben, nicht mehr verbrauchen als nötig, dann haben Sie eine einfache Manier gefunden, um deutlich zu machen, daß Sie nicht länger am Überkonsum teilhaben wollen. Dazu sind keine komplizierten Nachforschungen über das Entstehen eines bestimmten Produkts erforderlich, Sie brauchen sich keiner Protestgruppe anzuschließen und nicht zu demonstrieren. Verbrauchen Sie schlicht und ergreifend weniger. Dann leisten Sie einen kleinen, aber wichtigen Beitrag zur Lösung des Problems Überkonsum und vergrößern Ihren finanziellen Spielraum. Das Wichtigste aber ist, daß Sie wieder zufrieden sein können mit dem, was Sie haben, und Ihr Leben nicht länger von der Jagd nach mehr bestimmt wird.

Interview

Vor einigen Jahren lernten wir ein Ehepaar kennen, das uns schnell deutlich machte, daß wir – was sparsames Leben betraf – noch Anfänger waren. Was wir gerade angefangen hatten, war bei ihnen seit Jahrzehnten selbstverständlich. Sparsamkeit hat in den Niederlanden Tradition. Gé und Henk zeigen uns, wie man davon „profitieren" kann.

Nennt es einfach ökonomisch

An einem etwas kalten Januartag fahre ich wieder von Den Haag nach Ommen (bei Enschede), um das Ehepaar Henk und Gé den Boer zu besuchen. Wir lernten uns 1992 in einem Haus der Naturfreunde kennen, wo sie Herbergseltern waren. Wir verstanden uns sofort gut mit ihnen und hörten viel über ihre sparsame Lebensart. Der Wohnmantel z.B., mit dem wir „berühmt" wurden, ist ihre Idee. Gé machte uns mit einer Tischdecke vor, wie man aus einem rechteckigen Stück Stoff mit Druckknöpfen und einem Reißverschluß ein behagliches Kleidungsstück machen kann. Wenn der eine schon im Bett liegt und der andere noch fernsehen möchte, wird der Ofen ausgeschaltet und der Wohnmantel angezogen. Das bedeutet jeweils eine Ersparnis von einigen Kubikmetern Gas. Damals wurde mir gleich klar, daß wir von diesen Menschen viel lernen konnten und daß ich sie unbedingt noch einmal sprechen wollte.

Henk holt mich mit dem Auto vom Bahnhof ab. Wir machen einen kleinen Umweg zu ihrem früheren Haus und dem Schrebergarten, der lediglich 20 DM Pacht pro Jahr kostet. Sie wohnen in einer Gegend mit viel Grün und viel Wasser und hübschen, teilweise freistehenden Häusern. Ich werde herzlich mit Kaffee und Gebäck empfangen. Die Frau des Hauses fängt sofort an, mir Tips zu geben und Fragen zu stellen. Beide sind nicht mehr ganz jung, er wird 76 und seine Frau Gé 68, aber sie sind beide gesunde, vitale Menschen!

Henk: „In der Geizhalszeitung solltet ihr das Wort sparsam lieber vermeiden, sprecht lieber von ökonomisch, das kommt besser an. Denn was wir tun, ist, einfach so wirtschaftlich wie möglich mit allem umzugehen. Wir sehen es als Sport an, alles mögliche bekommen zu können und doch mit wenig zufrieden zu sein. Wir wissen von jedem Pfennig genau, wofür er ausgegeben wird, alles wird aufgeschrieben. Ich bin der Buchhalter von uns beiden. Ich muß zugeben, daß ich letztes Jahr mehr Geld für Kleidung ausgegeben habe als meine Frau. Die Zahlen lügen nicht."

Hier steht Gérda auf und holt stolz die Wildlederjacke, die sie aus einem Wildledermantel aus dem Second-hand-Geschäft selbst gemacht hat. Sie zieht ihre Jacke an und nimmt stolz meine Komplimente entgegen.

Gérda: „Für die Enkelkinder kaufen wir und auch unsere Tochter viel gebraucht. Manchmal bekommt man für 1 DM sehr hübsche Kleider. Pullover kaufen wir manchmal wegen der Wolle. Wir ziehen sie auf und stricken für die Kinder was anderes daraus."

Sie sind aktiv, basteln, machen Gartenarbeit, gehen spazieren und fahren Rad. Sie freuen sich schon wieder auf das nächste Treffen der Naturfreunde, bei dem sie zusammen mit einem anderen Ehepaar für die ganze Gruppe kochen. Das bedeutet harte Arbeit, aber es bringt auch viel Befriedigung. „Wir geben uns viel Mühe, um alles für möglichst wenig Geld doch perfekt zu machen. Manchmal begreifen die Menschen nicht, wie wir das schaffen, aber darin sind wir eben Experten."

Das Ehepaar tut alles zusammen, die Hausarbeit, das Kochen, die Gartenarbeit. Henk: „Genauso wie Gé Gärtner ist, bin ich Hausfrau. Es macht uns Spaß, alles zusammen zu erledigen. Wir genießen das frische Gemüse aus unserem Garten. Wir machen alles Mögliche ein und haben in der Garage eine große Tiefkühltruhe mit Vorräten."

Gérda: „Bei schönem Wetter fahren wir Rad, und zwar keine kurzen Strecken. Wir machen Ausflüge von siebzig oder achtzig Kilometern und pflücken unterwegs Brombeeren, diesen Sommer z.B. 30 Kilo, oder Holunderbeeren oder Vogelkirschen, aus denen wir Marmelade, Wein oder Saft machen. Das schmeckt gut und ist gesund. Und Gesundheit finden wir sehr wichtig, also sorgen wir für viel Bewegung, gutes und abwechslungsreiches Essen, täglich Rohkost und viel Obst."

Dann zeigen sie mir alle Gläser mit Marmelade, Apfelmus, eingemachten Birnen und Süßsaurem aus Kürbis und andere Delikatessen.

Dann ist es Zeit zum Essen. Henk: „Wir decken den Tisch wie immer, mit Wachstuch und dem normalen Geschirr, so als ob du zur Familie gehörst." Was für liebe Leute. Es gibt Kartoffeln, Chicorée, Lendchen, Rohkostsalat und eingemachte rote Birnen als Nachtisch. Alles schmeckt phantastisch. Gé: „Wenn wir zu zweit sind, wiege ich alles genau ab. An Kartoffeln haben wir beide zusammen ungeschält 300 Gramm nötig. Auf die Art und Weise haben wir nie Reste."

Später zeigen sie mir die Garage, die von April bis Oktober zum Gartenhäuschen umfunktioniert wird, in dem sie sich bei schönem Wetter aufhalten. Der neue Teppichboden kommt gratis aus dem Altersheim, wo Gé bei einem Besuch sah, daß eine ganze Rolle weggeworfen werden sollte. Gé: „Das passiert mir öfter. Dieses Sofa, das runde 70 Jahre alt ist, bekamen wir einst von einem Multimillionär, für den Henk arbeitete. Der alte Bezug war sicher ein Vierteljahrhundert alt. Das Sofa ist noch echte Facharbeit, sowas gibt's heute nicht mehr.

Vor kurzem radelten wir an einem Bauernhof vorbei. Unter den Obstbäumen sahen wir Obst liegen. Wir kamen mit dem Bauern ins Gespräch, der uns erzählte, daß er krank seit. Wir durften das Obst aufsammeln, weil es anders doch verrotten würde. Tagelang waren wir mit

Schälen und Einmachen beschäftigt. Auch die Birnen, die es heute zum Nachtisch gab, stammen von dort. Als Dankeschön haben wir dem Kranken einen Obstkorb geschickt."

Daß diese Lebensweise gesund hält, ist deutlich. Die Freie Universität Amsterdam erforscht den Gesundheitszustand Älterer, und Henk gehörte zufällig zur untersuchten Gruppe: „Die Ärzte sind immer erstaunt, wenn sie mich untersuchen. Sowas erleben sie nicht oft. Wir essen viel Rohkost und Obst, machen selbst Keime und Knoblauchtropfen und trinken Kräutertee."

Sofort nach ihrer Heirat begannen Henk und Gé, sparsam zu leben. Henk erzählt uns, daß er als Bauführer gewohnt war, mit dem Geld anderer Leute umzugehen, und dann wird man ganz von selbst vorsichtig. „Damit kann man dann nicht mehr aufhören, es führt immer weiter. Ich schreibe z.B. jeden Abend, bevor ich zu Bett gehe, den Stand des Gaszählers auf, das Datum und die Anzahl Kubikmeter. Jetzt – mitten im Winter – liegt der Verbrauch zwischen sechs und zehn Kubikmetern täglich."

Wir machen noch einen Spaziergang im Wald, und dann mache ich mich, beladen mit Rezepten, Samen für den Garten, Anweisungen für das Einmachen ohne Weckgerät und einigen Gläsern Eingemachtem, wieder auf den Weg. Gé: „Grüß Rob. Im Sommer müßt ihr mal ein paar Tage zu uns kommen. Wir haben vier Fahrräder. Und ehrlich gesagt, die Geizhalszeitung ist ja ganz gut, aber manchmal steht auch Unsinn drin. Wer duscht denn im Dunkeln und hängt Teebeutel zum Trocknen an die Leine? Wir packen das viel schlauer an!" Sie zeigt mir einen Teebeutel mit Kräutertee und demonstriert mir, wie einfach es ist, davon zwei Beutel zu machen. „Die Hälfte reicht für uns beide zusammen. Diese Methode ist viel besser." Tja, was soll man da noch sagen?

7.
Einkommen: Tausch von Lebensenergie gegen Geld

In den vorigen Kapiteln ging es vor allem ums Kaufen von Gütern und Dienstleistungen. Die Stufen hatten vor allem zum Ziel, Ihnen den Tausch bewußt zu machen, der beim Kaufen, beim Konsumieren, stattfindet. Wenn Sie Kontrolle über Ihren Umgang mit Geld bekommen wollen, ist das der beste Anfang. Da Sie Dutzende, wenn nicht sogar Hunderte Mal pro Monat etwas kaufen (oder nicht kaufen) bzw. etwas tun, was Geld kostet, bieten sich Ihnen ebenso viele Möglichkeiten, das neue Verhalten – Konsumverringerung – zu üben. Hoffentlich haben Sie dabei inzwischen schon Fortschritte gemacht und wissen, was eigentlich passiert, wenn Sie etwas kaufen. Sie tauschen Ihr Geld (also Ihre Lebensenergie) für Produkte und Dienstleistungen ein. Und da Lebensenergie nun einmal ein wertvolles und beschränkt vorhandenes Gut ist, wären Sie schön dumm, wenn Sie nicht sorgfältig tauschen würden.

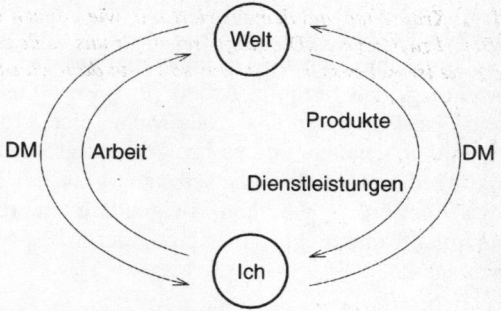

Der Tausch von Geld gegen Lebensenergie

In dieser Abbildung, die Sie auch in Kapitel 2 sahen, steht die rechte Seite für das Konsumieren. In diesem Kapitel behandeln wir die andere Seite: den Tausch, der stattfindet, wenn man mit Arbeit Geld verdient. Wenn Sie Arbeitskraft, Muskeln, Verstand und Erfahrung, mit anderen Worten, Ihre Lebensenergie, gegen

Einkommen tauschen. Im Prinzip passiert an beiden Seiten des Schemas das gleiche. Lebensenergie wird gegen Geld und Geld gegen Lebensenergie getauscht. Links tauschen Sie Ihre Lebensenergie bei Ihrem Arbeitgeber gegen Geld ein, und rechts tauschen Sie dieses Geld wiederum für Produkte und Dienstleistungen ein, die mit der Lebensenergie anderer Menschen (und eventuell Rohstoffen) hergestellt sind.

Wir werden uns in diesem Kapitel mit dem Tausch beschäftigen, der stattfindet, wenn Sie gegen Bezahlung arbeiten. Um diesen Tauschhandel gut beurteilen zu können, sehen wir uns erst einmal an, welchen Stellenwert bezahlte Arbeit im Vergleich mit unbezahlter Arbeit bzw. sonstigen täglich stattfindenden Aktivitäten einnimmt. Wie beim Konsumieren werden wir auch hier feststellen, daß es mehr gibt als Geld verdienen und Geld ausgeben. Eigentlich ist dies nur ein kleiner Teil unseres Lebens.

Arbeiten und Geld verdienen

Die Ansichten darüber sind genauso unterschiedlich wie über das Geld selbst. Sie reichen von „Arbeit ist Ausbeutung, also sollte man so wenig wie möglich Zeit und Energie hineinstecken" bis zu „Arbeit bietet einem die beste Möglichkeit, seine Talente zu entfalten".

Aber so unterschiedlich die Ansichten darüber sind, fast jeder ist der Meinung, daß bezahlte Arbeit für unsere Gesellschaft sehr wichtig ist. Wir geben uns große Mühe, eine Arbeitsstelle zu finden und zu behalten, und verbringen den größten Teil unserer Tage damit, angestellt oder selbständig zu arbeiten. Das sehen wir als normal an, während es eigentlich eine recht neue Erscheinung ist. Denn nicht immer fand man Arbeit so wichtig wie heutzutage.

Arbeit im Paradies: Aufnahmen von Menschenaffen in der freien Natur zeigen uns, daß wir von einer Sorte abstammen, die nicht unbedingt fleißig ist. Unsere „Urahnen" verbrachten täglich höchstens ein paar Stunden damit, Nahrung zu suchen und zu verzehren. Etwas Zeit war für die persönliche Hygiene reserviert, aber das war's dann auch schon. Die übrige Zeit wurde mit Faulenzen, Spielen, Entlausen und natürlich mit Liebe verbracht. Kein Wunder, daß wir vom Paradies sprechen.

Diesem Ideal entspricht unser Leben höchstens noch im Urlaub. Warum haben wir unser Leben so geändert? Für welche wertvollen Errungenschaften haben wir das Leben im Paradies eingetauscht?

Auch zur Zeit der alten Griechen und Germanen bis zum Mittelalter und lange danach arbeitete man durchschnittlich nicht länger als drei bis fünf Stunden pro Tag. Das genügte, um für den täglichen Lebensunterhalt zu sorgen. Länger arbeitete man höchstens, wenn man durch die Gegebenheiten bzw. von anderen Menschen dazu gezwungen wurde. Leider kam das ab und zu vor, aber jedenfalls war niemand der Meinung, daß eine Arbeitswoche rund 40 Stunden zu dauern hatte. Die Arbeit war vollbracht, wenn man genug hatte, und das ging oft recht schnell. Das gleiche sehen wir bei vielen sogenannten primitiven Völkern. Gearbeitet wird so lange, bis genug Essen vorhanden ist oder das Haus, das Boot oder der Lendenschurz fertig sind. Dann ist Zeit für Entspannung, Spiel, Rituale oder gemeinsame Aktivitäten.

Hart zu arbeiten ist gut: Erst vor rund 150 Jahren, während der industriellen Revolution, verfielen wir ins andere Extrem. Es gelang uns immer besser, uns die Natur zu unterwerfen und alle möglichen Dinge immer effizienter zu produzieren. Mit dem Geld, das wir so verdienten, konnten wir uns das Leben einfacher und angenehmer machen. So entstand der Glaube an Veränderung und Fortschritt. Vor jener Zeit veränderte sich das Leben im Laufe eines Menschenlebens nur wenig. Aber im vorigen Jahrhundert veränderte sich praktisch alles, wobei harte Arbeit immer wichtiger wurde. Dadurch konnte man seine eigenen Lebensumstände und die seiner Kinder verbessern, und so entstand die Idee, daß Fortschritt mit viel harter Arbeit zu tun hat. Damals entstanden Arbeitswochen von bis zu 60 Stunden, auch für Kinder.

Wohl hatte man inzwischen begriffen, daß „Fortschritt" auch eine Kehrseite hat. So verbesserten sich zwar die Wohnverhältnisse, die Hygiene und medizinische Versorgung, der Unterricht, der Verkehr usw., aber die Produktionsbedingungen, vor allem, was die Kinderarbeit betraf, wurden immer unmenschlicher. Erst durch den Kampf der Arbeiter selbst haben sich diese Dinge zum Guten gewendet, jedenfalls in den wohlhabenden Ländern. Mitte dieses Jahrhunderts dauerte die durchschnittliche Arbeitswoche 40 bis 45 Stunden, ohne daß sich die Vorstellung geändert hätte, daß langes Arbeiten positiv ist. Inzwischen arbeiten die meisten von uns zwischen 35 und 40 Stunden pro Woche, haben ein freies Wochenende und rund vier Wochen Urlaub. Immer mehr Menschen arbeiten Teilzeit, aber so „fortgeschritten" wie im Mittelalter sind wir noch nicht. Die Auswüchse der Industrialisierung haben wir inzwischen beseitigt, aber „harte Arbeit" ist noch immer eines der wichtigsten Elemente in unserer Kultur. Direktoren, Fachärzte, Leute, die viel Geld verdienen, erzählen voller Stolz, daß sie rund 80 Stunden pro Woche arbeiten. 40 Stunden sind höchstens für einfache Arbeiten ausreichend, wer eine anspruchsvollere Tätigkeit ausübt, „muß" eigentlich auch abends und am Wochenende noch ein paar Stunden dranhängen. Und Teilzeit- ist schlechter angesehen als Vollzeitarbeit. Im Grunde genommen finden wir noch immer, daß man eigentlich nur richtig dazugehört, wenn man viel arbeiten muß.

Nur bezahlte Arbeit zählt: Im Gegensatz zu früher genießt auch hauptsächlich bezahlte Arbeit Ansehen. Alles andere ist zweitrangig. Früher arbeiteten viele Menschen auf dem Feld und bekamen überhaupt kein Geld, sondern wurden mit Getreide, Gemüse und Fleisch entlohnt. Die Arbeit zu Hause war genauso wichtig wie die „draußen". Das hat sich grundlegend geändert. Jeder strebt nach bezahlter Arbeit, denn alles andere, vom Abwaschen bis zur Versorgung eines erkrankten Familienmitglieds, sieht man zwar noch als notwendig an, aber es zählt eigentlich nicht. Es besteht eine enorme Kluft zwischen bezahlter Arbeit und aller anderen Arbeit, die aber schließlich auch getan werden muß. Doch noch immer gibt es viel Arbeit, die nicht bezahlt wird. Nicht nur Haushaltsarbeit, sondern noch viel mehr. Aber wenn man Hausfrauen oder -männer fragt, was sie tun, erhält man oft zur Antwort. „Ich arbeite nicht, ich versorge den Haushalt", als ob das Versorgen eines Haushalts und die Betreuung von Kindern und/oder Haustieren keine Arbeit sei. Auch Arbeitslose nehmen einen niedrigen Platz in der sozialen Rangordnung ein. Bezahlt zu werden, ohne zu arbeiten, gilt fast als Schande. Daß ein Arbeitsloser das Recht auf Arbeitslosenunterstützung durch jahrelange Arbeit und Zahlung von Beiträgen „verdient" hat und viele ohne eigenes Zutun arbeitslos sind, vergißt man gerne. Auch ein Arbeitsloser, der für seine Familie oder in der Nachbarschaft viel nützliche Arbeit verrichtet, wird oft mit Argwohn behandelt.

Arbeit anders bewerten

Während der Industrialisierung entdeckten die Leute, daß man durch harte Arbeit vorwärtskommen kann. Jetzt, 150 Jahre später, sollten wir uns fragen, ob das noch immer zutrifft.

Wieviel bezahlte Arbeit gibt es noch? Statistiken zeigen, daß kaum neue Arbeitsplätze entstehen. Aber die Bevölkerung wächst, und es gibt immer mehr Menschen, die arbeiten möchten, vor allem Frauen. Aber die Anzahl bezahlter Wochenarbeitsstunden ist seit 1960 kontinuierlich gesunken *(Quelle: Statistisches Jahrbuch 1996 für die Bundesrepublik Deutschland)*.

Es sieht so aus, als ob in den westlichen Ländern immer weniger Menschen immer mehr Produkte erzeugen können (denn die Situation ist in all diesen Ländern ähnlich). Ist es also sinnvoll, nur bezahlte Arbeit als vollwertig anzusehen? Setzen wir damit nicht aufs falsche Pferd?

Es gibt genug Arbeit: Allerdings geht es dabei nicht ausschließlich um bezahlte Arbeit. Erstens gibt es Hausarbeit und Kindererziehung. Verständlicherweise wollen Männer und Frauen gleichermaßen außer Hause arbeiten, aber auch eine Gegenbewegung zeichnet sich ab. Paare sehen sich einmal genau an, was eigentlich vom zweiten Gehalt unter dem Strich übrigbleibt, vor allem, wenn Kinder zu betreuen sind.

Vor einiger Zeit trafen wir ein junges Paar. Die Frau erzählte uns: „Wir haben uns bewußt dafür entschieden, nicht alle beide zu arbeiten, um zusammen unsere Kinder betreuen zu können. Und da wir unseren Haushalt gut organisiert haben, ‚verdienen' wir viel mehr, als wenn ich noch eine langweilige Stelle hätte." Er: „Ich verdiene das Geld außer Haus, und meine Frau vermehrt es, indem sie ökonomisch damit umgeht. Wenn wir alle beide arbeiteten, würde weniger übrigbleiben."

Hausarbeit ist nicht die einzige „unbezahlte" Arbeit. Immer mehr Menschen leisten ehrenamtliche Arbeit. Im Jahre 1992 verrichteten die Bundesbürger über 12 Jahre mehr als 6,5 Millionen Stunden ehrenamtliche Tätigkeiten pro Tag *(Quelle: Statistisches Jahrbuch für die Bundesrepublik Deutschland 1996)*. Wenn man die Hausarbeit mitrechnet, ist wahrscheinlich die Hälfte aller Arbeit unbezahlte Arbeit. Diese Feststellung lohnt das Nachdenken. Und wir sollten uns die Frage stellen, warum wir so abwertend über Arbeit denken, die die Hälfte der Zeit ausmacht, die wir zusammen arbeitend verbringen. Es ist Zeit zum Umdenken.

Übrigens wird immer deutlicher, daß viel Arbeit einfach nicht getan wird. Schauen Sie sich einmal in einer durchschnittlichen Stadt um, und Sie werden feststellen, was noch alles zu tun wäre. Ehrenamtliche Tätigkeiten sind enorm wichtig für das Funktionieren der Gesellschaft, obwohl wir aufgrund des großen technischen Fortschritts eine Gesellschaft hervorgebracht haben, die lediglich einen Teil der Arbeit entlohnen kann. Natürlich gibt es noch vieles, das wir nicht wirklich als Arbeit ansehen, das aber getan werden muß. Zum Beispiel Familienleben, Dinge für sich selbst oder mit anderen zusammen tun, ob es nun um Sport oder ein Hobby geht. All diesen Dinge sollten wir einen höheren Stellenwert einräumen.

Mehr Ansehen für unbezahlte Arbeit: Bezahlte Arbeit bedeutet für Menschen viel mehr als „arbeiten für Geld". Unser gesellschaftlicher Status, unsere Freunde und Bekannten, unsere persönliche Entwicklung und unsere Lebensstruktur, das alles hat mit unserer Arbeit zu tun. Was wir früher in der Familie, der Kirche oder in einem Verein „fanden", hängt jetzt von der Arbeitsstelle ab. Möglicherweise ist auch das eine Ursache von Streß, denn wir wollen nicht mehr nur Geld verdienen, sondern uns auch „verwirklichen". Obwohl es doch vor allem um den Erwerb des Lebensunterhalts ging. Es liegt doch eher nahe, die Befriedigung, die wir von unserer Arbeit erwarten, in ehrenamtlichen Tätigkeiten zu suchen. Da wir dafür nicht bezahlt werden, entfallen Spannung und Leistungsdruck und liegt der Nachdruck auf Kontakten, Gemütlichkeit, Aufmerksamkeit und Wertschätzung. Insofern bietet unbezahlte Arbeit möglicherweise mehr „Belohnung" als bezahlte, denn sie bringt uns einen gut funktionierenden Haushalt, wohlerzogene Kinder, eine sichere und angenehme Wohnumgebung, interessantes Vereinsleben und nützliche gesellschaftliche Kontakte. Außerdem muß man nicht viel investieren, um ehrenamtliche Arbeit zu finden, eventuell werden sogar die Kosten noch vergütet. Nur „vollwertige" Bezahlung gibt es nicht.

Johann arbeitet in einem Umweltzentrum in Boxtel. 1993 nahm er unbezahlten Urlaub und machte u.a. eine Reise nach Kenia. Seit 1994 arbeitet er nur noch höchstens 24 Stunden wöchentlich. „Ich fand freie Zeit immer schon sehr wichtig. In den letzten zehn Jahren arbeitete ich nie länger als 32 Stunden. Als unsere Töchter anfingen zu studieren, begann meine Frau wieder zu arbeiten. Sie arbeitet 20 Stunden pro Woche, und so bekam ich die Möglichkeit, nur noch drei statt wöchentlich vier Tage zu arbeiten. Zusammen verdienen wir genug und haben noch viel Zeit für andere Dinge. Ich repariere z.B. die Fahrräder für die ganze Familie, ich züchte Blumen, Kartoffeln und Gemüse auf einem Stückchen Land, das ich billig pachten konnte. Seit kurzem schreibe ich kleine Beiträge für eine Tageszeitung, die mir etwas dafür bezahlt. Ich bin froh, daß ich die Zeit habe, so etwas zu tun. Mein großes Vorbild ist Ingmar Grandstedt, ein Franzose. In einem Artikel in dem Buch ‚Ontmanteling van de groei‘ (mit ‚Demontage des Wachstums‘ zu übersetzen) beschreibt er, wie man von einer Arbeitswoche von 40 Stunden auf 32 und sogar auf 24 zurückgehen kann. Wenn man alles Mögliche selbst erzeugt und repariert, kann man die Ausgaben beschränken. Die Zahl von 24 als ideale Wochenarbeitszeit hört man öfter. Die Frauenabteilung des niederländischen Gewerkschaftsbundes hat die These aufgestellt, daß bei 24stündiger Arbeitswoche genug Arbeit für jeden da ist, der arbeiten möchte.“

Bringt harte Arbeit noch wirklich so viel Fortschritt? Früher bedeutete mehr Arbeit mehr persönlichen Wohlstand und gesellschaftliche Entwicklung. Inzwischen geht diese Rechnung nicht mehr auf. Wir müssen uns fragen, ob immer mehr produzieren tatsächlich noch echten Fortschritt bedeutet. Viele der neuen Produkte, die täglich auf den Markt kommen, verbessern unsere Lebensumstände nicht, sondern bieten nur etwas mehr Luxus. Und wenn es dabei dann wenigstens bliebe. Aber die Umwelt- und sonstigen Belastungen, die immer neue Produkte mit sich mitbringen, rufen bei vielen von uns die Frage hervor, weshalb wir all diese Dinge eigentlich erzeugen und verkaufen. Immer noch mehr, noch besser, noch größer. Wollen wir das wirklich? Viele dieser zusätzlichen Produkte und der steigende Verbrauch bringen aber nur einen marginalen Fortschritt oder machen das Leben sogar komplizierter und unangenehmer. Und diejenigen, die Arbeit haben, müssen immer länger arbeiten.

Es ist an der Zeit, Arbeit und Geldverdienen nüchterner zu betrachten. Es gibt viel Arbeit, vom Bettenmachen bis zum Einkaufen für andere, Straßen müssen saubergehalten werden, Fabriken gebaut und Satelliten ins All geschossen werden. All das muß erledigt werden, mit oder ohne Bezahlung. Wir sollten alles mit Überzeugung tun und einander dafür achten. Wenn Arbeit bezahlt wird, um so besser, wenn nicht, liegt die Entlohnung anscheinend auf einem anderen Gebiet. Dadurch, daß Sie nicht nur bezahlter Arbeit Wertschätzung entgegenbringen, können Sie Ihrem Leben eine andere Richtung geben, die mehr mit Ihren Träumen und Idealen übereinstimmt, vor allem wenn wir eine menschlichere Welt anstreben. Größere Wertschätzung für unbezahlte Arbeit führt auch dazu, daß wir nicht mehr so große Erwartungen an bezahlte Arbeit stellen. Bezahlte Arbeit dient in erster Linie dem Lebensunterhalt und weiter nichts. Wenn Sie nicht Ihre gesamte Befriedigung in bezahlter Arbeit suchen, fühlen und verhalten Sie sich vielleicht entspannter und werden dadurch für Ihren Chef oder in Ihrem eigenen Unternehmen „mehr wert".

Eine andere Bewertung von Arbeit kann sinnvoll sein

Konsumverringerung vergrößert Ihren finanziellen Spielraum. Falls Sie die heilige Kuh Arbeit inzwischen mit anderen Augen betrachten, verschafft Ihnen dieser finanzielle Spielraum Möglichkeiten, mit Arbeit anders umzugehen. Rechnen Sie aus, wieviel „Arbeitsstunden" Ihnen noch verbleiben und was Sie unter Zugrundelegung Ihres tatsächlichen Stundenlohns damit verdienen können. Welche wirklich wichtigen Dinge wollen Sie in Ihrem Leben noch realisieren? Die Beantwortung dieser Fragen ermöglicht es Ihnen, Beschlüsse zu fassen, die anders aussehen, als Sie es bisher für möglich gehalten hätten.

Dabei geht es immer um den Tausch Ihrer Lebensenergie gegen Geld oder andere „Bezahlung". Die Abwägung ist nicht immer einfach, und nicht immer haben Sie überhaupt die Möglichkeit dazu, aber wenn Sie sich von überholten Ideen freimachen, entstehen durchaus neue Möglichkeiten. Sie haben die Wahl, auch wenn es um bezahlte Arbeit geht.

Weniger arbeiten oder eine andere Stelle suchen: Sobald Sie festgestellt haben, daß Sie „nur" ein bestimmtes Minimum zum Lebensunterhalt nötig haben, fällt es Ihnen viel leichter, weniger zu arbeiten oder sich eine andere Stelle zu suchen.

Hanneke und ich haben das beide innerhalb eines Jahres, nachdem wir mit Konsumverringerung begonnen hatten, getan. Schnell war uns klar, daß wir auch mit sehr wenig Geld noch einen ansehnlichen Lebensstandard aufrechterhalten konnten. Wir verdienten etwas mit der Geizhalszeitung und dem ersten Büchlein, das wir geschrieben hatten. Wir hatten beide Teilzeitstellen, die uns aus verschiedenen Gründen nicht mehr zusagten. Ohne groß darüber zu diskutieren, haben wir beide kurz hintereinander gekündigt. Unsere finanzielle Freiheit hatte uns soviel Selbstvertrauen gegeben, daß wir diesen Schritt wagten. Unsere Freunde konnten nicht verstehen, daß zwei Leute um die fünfzig sichere Arbeitsstellen aufgeben. Wir sind froh, daß wir es gewagt haben, denn jetzt haben wir beide Arbeit, die uns viel besser gefällt.

Ganz so radikal wird nicht jeder vorgehen wollen. Vielleicht möchten Sie nur kürzer arbeiten? Trauen Sie sich, Ihren Arbeitgeber darum zu bitten, denn Sie wissen jetzt, daß Sie mit weniger auskommen können.

Sie können selbst die Richtung bestimmen: Wenn Sie besser wissen, was Sie wollen, und keinen strikten Unterschied zwischen bezahlter und unbezahlter Arbeit mehr machen, können Sie mehr auf Basis Ihrer eigenen Werte und Ziele arbeiten. Sie können besser abwägen, was vielleicht bedeutet, daß Sie mehr ehrenamtliche Tätigkeiten übernehmen oder Ihrer Familie bzw. einem Hobby mehr Zeit widmen wollen. Sobald Sie nicht mehr auf bezahlte Arbeit fixiert sind, können Sie Ihr Leben angenehmer gestalten.

Im Radio hörten wir ein Interview mit einem 82jährigen Professor, der noch immer arbeitete. Nicht mehr ganztags, so erzählte er, aber doch noch rund sechs Stunden pro Tag. Die Reporterin fragte ihn, welches sein größter Wunsch für die kommenden Jahre sei. Er antwortete: „Ich würde sehr gerne mehr Zeit für meine Familie haben."

Arbeitslosigkeit anders gesehen: Wenn Sie bezahlte Arbeit anders bewerten, ändert sich auch Ihre Ansicht über Arbeitslosigkeit. Arbeitslosenhilfe kann man als Stimulierungsprämie ansehen, um eine Zeitlang zur Ruhe zu kommen, um herauszufinden, was man wirklich will. Man kann eine Zusatzausbildung machen oder ein Praktikum absolvieren. Wenn Sie keine Arbeit haben, brauchen Sie sich nicht als „Outcast" zu fühlen. Sie gehören zur größten Minderheitengruppe der Bevölkerung! Lassen Sie sich nicht in eine Schublade zwängen, nutzen Sie Ihre Lebensenergie optimal! Dafür stehen Ihnen viele Möglichkeiten zur Verfügung.

Marc war seit Jahren arbeitslos und nahm an einem Kurs des Arbeitsamtes teil, in dem Arbeitslose lernen sollen, wie sie sich erfolgreich bewerben können. Er beschloß, damit aufzuhören. Er war über 50 und wollte nicht mehr länger nach Arbeit suchen, sondern tun, was ihm wirklich gefiel. Schnell fand er Arbeit bei einer Stiftung, die Projekte in der Dritten Welt unterstützt und die seine jahrelange Erfahrung auf dem Computergebiet gut gebrauchen konnte. Inzwischen hat er sich dort so gut eingearbeitet, daß man ihm eine bezahlte Teilzeitstelle angeboten hat.

Irene verlor mit 53 Jahren ihre Stelle bei einer Bank. Sie fühlte sich zur Seite geschoben und machte sich Sorgen um die Zukunft. Aber sie hat keine Lust, zu Hause zu sitzen. Jetzt, zwei Jahre später, ist sie vollauf beschäftigt. Sie assistiert bei der Beschäftigungstherapie in einem Altersheim und beim Invalidenschwimmen. Außerdem kümmert sie sich um eine alte Tante und besucht endlich einmal ihre Familie im ganzen Land.

Ein Sabbatjahr: Für Menschen mit anspruchsvoller Arbeit (und wer gehört nicht dazu?) ist es eine gute Idee, ab und zu länger frei zu haben, um zu Kräften zu kommen. Die niederländische Gewerkschaft der Lehrer verhandelt seit Jahren über eine solche Regelung, die man „Sabbatical" nennt. Große Unternehmen verpflichten ihre Mitarbeiter sogar dazu, nach einer Reihe von Jahren eine längere Periode (bezahlt) freizunehmen und einmal zu tun, was sie selbst wollen. Eine Weltreise, drei Monate im eigenen Garten arbeiten oder sich weiterbilden. Eine solche Sabbatperiode scheint sehr motivierend und damit lohnend für das Unternehmen zu sein. Eine ähnliche Entwicklung sehen wir auf dem Gebiet des Erziehungsurlaubes. Wenn Sie Ihren Konsum verringern, brauchen Sie nicht darauf zu warten, daß andere so etwas für Sie regeln. Sie können mit Ihrer Firma selbst verhandeln und notfalls unbezahlten Urlaub nehmen.

Zu Hause Geld verdienen: Den höchsten „tatsächlichen Stundenlohn" erzielen Sie zu Hause. Wenn Sie mehr freie Zeit haben, werden Sie erstaunt feststellen, was Sie alles kostengünstig selbst erledigen können. Vom Reparieren des tropfenden Wasserhahns bis zum Tapezieren des Wohnzimmers. Rufen Sie nicht für alles den Fachmann zu Hilfe, sondern versuchen Sie es selbst. Abgesehen davon, daß Sie Geld sparen, können Sie dann auch alles genau so machen, wie Sie es wollen. Das gibt zusätzliche Befriedigung.

Vor drei Jahren brach eines der Rädchen an unserem Staubsauger ab. Staubsaugen war sowieso nicht unsere Lieblingsbeschäftigung, und mit einem einbeinigen Staubsauger macht es noch weniger Spaß. Eine Nachfrage beim Händler ergab, daß ein Ersatzteil natürlich nicht mehr lieferbar war, wir hätten also eigentlich einen neuen Staubsauger anschaffen müssen. Übrigens hatte man zufällig gerade ein interessantes Sonderangebot, das neueste Turbomodell für nur 400 DM, ein ganz besonderes Angebot. Einen neuen Staubsauger anschaffen, weil am alten ein Rädchen abgebrochen ist? Ich konstruierte also mit ein paar Bolzen und einem Metallstreifen selbst ein Rad. Und der Staubsauger funktioniert noch immer. Einen solch phantastischen Stundenlohn habe ich mit bezahlter Arbeit noch nie erzielt.

Mehr Zeit für Sie selbst, die Familie, Ihre Umgebung: Neuere Untersuchungen in den Vereinigten Staaten haben ergeben, daß durchschnittliche amerikanische Eltern pro Woche sechs Stunden mit Einkaufen und nur vierzig Minuten beim Spielen mit den Kindern verbringen! *(All-Consuming Passion, Waking up from the American Dream, New Road Map Foundation, Seattle, USA)* Gottlob sind wir noch nicht alle solch extremem Konsumwahnsinn anheimgefallen, aber daß wir uns für unsere alltäglichen Aufgaben genug Zeit nehmen, wage ich zu bezweifeln.

Wenn Sie Ihre Sicht der Dinge verändern, haben Sie die Möglichkeit, Dinge zu tun, für die Ihre hart arbeitenden Freunde und Bekannten keine Zeit mehr haben. Mit den Kindern spielen, Reparaturen im Haus erledigen, im Garten arbeiten, Familie und Freunde besuchen und ihnen helfen, wenn es nötig ist. Einfach beieinander sein. Übrigens, warum schenken Sie sich selbst nicht etwas mehr Zeit, faulenzen ein Stündchen, meditieren, führen ein Tagebuch oder gehen mit einem Freund spazieren? Und wie wäre es mit dem Hobby, für das Sie sich schon so lange mehr Zeit nehmen wollten?

Kurzum, werden Sie sich der Tatsache bewußt, daß bezahlte Arbeit nicht das Wichtigste in Ihrem Leben ist.

Nicht krampfhaft an bezahlter Arbeit festhalten: Klammern Sie sich nicht an Ihrer Arbeit fest! Die große Gruppe der Babyboomer zwischen 45 und 50 stellt fest, daß es immer weniger Arbeitsplätze gibt. Und diese Gruppe ist davon am ehesten betroffen, denn bei einer Reorganisation entledigen die Unternehmen sich zuerst der älteren Arbeitnehmer. Natürlich ist es ein Schock, wenn man nach Jahren „treuer" Arbeit plötzlich nicht mehr gebraucht wird. Aber vielleicht sollte man sich gegen diese Entwicklung, die ohnehin nicht aufzuhalten ist, weniger verbissen wehren. Sich damit abzufinden ist keine Schande. Immer mehr Angestellte warten übrigens nicht ab, bis es soweit ist, sondern ergreifen selbst die Initiative. Mit einer Abfindung bzw. dem Arbeitslosengeld läßt sich oft etwas Neues anfangen, wenn es vielleicht auch nicht die direkte Fortsetzung der „brillanten" Karriere ist. Aber vielleicht ist es, was Sie schon immer gewollt haben und womit Sie noch ein paar Jahre zufrieden sein können. Am Ende des Kapitels finden Sie ein Interview, das dafür als Beispiel dienen kann.

Stufe 7: Legen Sie Wert auf Ihre Lebensenergie und vergrößern Sie Ihr Einkommen

Wenn Sie weniger ausgeben, können Sie sich mehr Freiheit leisten. Diese Freiheit läßt sich konkret beziffern. Beträgt z.B. Ihr „tatsächlicher Stundenlohn" 13 DM und haben Sie inzwischen herausgefunden, daß Sie von 1500 DM pro Monat gut leben können, brauchen Sie „nur" 1500 : 13 = 115 Stunden monatlich zu arbeiten, um Ihren Lebensunterhalt zu verdienen, das bedeutet 26 Stunden pro Woche, während Sie z.Zt. vielleicht noch rund 50 Stunden arbeiten. Jetzt können Sie sich also dafür entscheiden, weniger zu arbeiten und eventuell ehrenamtliche Tätigkeiten zu übernehmen. Natürlich können Sie sich auch bewußt dafür entscheiden, nichts zu ändern, um ein bestimmtes Ziel zu erreichen. Vielleicht wollen Sie innerhalb eines bestimmten Zeitraums absolute finanzielle Unabhängigkeit erreichen und ganz mit bezahlter Arbeit aufhören.

Sobald Sie sich bewußt dafür entschieden haben, eine bestimmte Menge Ihrer Lebensenergie für bezahlte Arbeit aufzuwenden, folgt der nächste Schritt. Analysieren Sie den Tausch, der aufgrund Ihrer Arbeit stattfindet. Sie kennen Ihren tatsächlichen Stundenlohn, Sie wissen, was Ihre Arbeit Sie kostet und was sie Ihnen einbringt. Und Sie wissen, wieviel Lebensenergie Ihnen noch „zusteht". Damit können Sie feststellen, ob Sie genug verdienen. Genauso wie Sie bei einer bestimmten Ausgabenkategorie feststellen können, ob diese Ihnen soviel Lebensenergie eigentlich wert ist, können Sie das mit dem Lohn tun, den Sie empfangen. Rechnen Sie alles durch und fragen Sie sich, ob Ihre Bezahlung angemessen ist. Ist das der Fall, haben Sie diese Stufe hinter sich; stellen Sie allerdings fest, daß Sie eigentlich mehr wert sind, müssen Sie etwas unternehmen.

Wilma gibt Musikunterricht. Als sie sich selbständig machte, hatte sie nach einer Zeitlang das Gefühl, daß sie eigentlich zu wenig pro Stunde verlangte. Aber es fiel ihr nicht leicht, ihr Honorar zu erhöhen. Eine Zeitlang sagte sie sich selbst, daß sie eigentlich gar nicht mehr Geld brauchte. Es blieb ja immer etwas übrig, warum sollte sie ihr Honorar erhöhen? Aber doch wurmte es sie. Sie besprach die Sache mit einer Freundin und faßte Mut, denn sie war überzeugt davon, daß sie einen höheren Stundensatz „wert" war. Als sie dies ihren Schülern mitteilte, blieben Reaktionen zu ihrem Erstaunen praktisch aus, das neue Honorar wurde ohne Murren bezahlt. Offenbar war man der Meinung, daß ihr Unterricht den neuen Stundenlohn wert war, und dies gab ihr ein Gefühl der Befriedigung. Nur einige wenige Schüler blieben weg, und zwar genau die, bei denen sie sich immer schon gefragt hatte, warum sie eigentlich Musikunterricht nahmen. Mit weniger Stunden verdient sie jetzt genauso viel wie vorher und kann wieder motivierte Schüler annehmen.

Mehr verdienen ist eine Frage der Haltung: Es ist nicht einfach, über das Gehalt zu verhandeln. Die Gewerkschaften haben uns diese unangenehme Sache abgenommen. Alle Tätigkeiten sind ordentlich in Lohn- und Gehaltsgruppen eingeteilt, und meist gibt es jedes Jahr eine kleine Gehaltserhöhung. Wenn wir uns um eine Stelle bewerben, warten wir darauf, daß uns mitgeteilt wird, in welche Gehaltsstufe wir eingruppiert werden, und bedanken uns dann höflich. Manch einer denkt noch „Lieber nicht lange darüber reden, ich bin froh, daß ich die Stelle überhaupt bekomme" oder „Vielleicht ist meine Arbeit ja gar nicht mehr wert". Und wer schon länger bei einem Arbeitgeber ist, gibt sich in der Regel mit der alljährlichen Tariferhöhung zufrieden. Nur bei einigen wenigen Unternehmen versucht man tatsächlich festzustellen, was eine bestimmte Arbeit „wert" ist.

Schade. Auch ein Tarifvertrag läßt noch Spielraum für Verhandlungen. Wer den Mut hat, über Gehalt und sonstige Arbeitsbedingungen zu verhandeln, bekommt normalerweise mehr, als ihm oder ihr ursprünglich angeboten wurde. Wichtig ist dabei, genau zu wissen, was man will und was man wert ist, um seine Forderungen gut begründen zu können. Das und Ihr neugewonnener finanzieller Spielraum verleihen Ihnen das Selbstvertrauen, das Sie nötig haben, um wirklich zu verhandeln.

Marianne wollte ihre Ganztagsstelle bei einem Anwalt kündigen und eine Teilzeitstelle bei einer Behörde annehmen. Sie hatte die Stelle praktisch schon, aber die Personalabteilung mußte das Gehalt noch festlegen. Dabei stellte sich heraus, daß sie sich im Vergleich zu ihrer bisherigen Stelle verschlechtern würde. Sie bemühte sich, mindestens das gleiche Gehalt zu bekommen, aber die Verhandlungen führten nicht zum Erfolg. „Ihre" Stelle gehörte nun einmal zu einer bestimmten Tarifgruppe. Daraufhin schlug sie vor, ihr als Ausgleich eine Jahreskarte für die öffentlichen Verkehrsmittel zu geben, aber auch das konnte die Personalabteilung nicht zusagen, da die Vorschriften dies nicht zuließen. Also erbat Marianne Bedenkzeit. Ein paar Tage später rief die Personalabteilung an, man hatte doch eine Möglichkeit gefunden, ihr die rund 5000 Gulden jährlich für eine Jahreskarte der Öffentlichen Verkehrsmittel zu erstatten.

Falls Verhandlungen mit Ihrem heutigen Arbeitgeber bzw. – bei selbständiger Arbeit – mit Ihren Kunden und Auftraggebern nicht zum gewünschten Erfolg führen, können Sie sich auch nach anderer Arbeit umsehen, bei der Sie wohl nach Ihrem Wert bezahlt werden. Kündigen Sie aber nicht impulsiv. Heutzutage ist es eine Kunst, eine Stelle zu suchen und zu finden. Natürlich gibt es professionelle Organisationen, die Ihnen dabei helfen können. Außerdem gibt es Bücher mit Hinweisen für erfolgreiche Bewerbungen.

Genauso wie bei Gehaltsverhandlungen haben Sie die besten Aussichten, wenn Sie deutlich machen können, was Sie zu bieten haben, wo Ihre Fähigkeiten liegen und was Sie am besten tun. Außerdem sollten Sie genau wissen, was für eine Arbeit Sie suchen. So strukturieren Sie Ihre Suche und haben in Verhandlungen über die Stelle und Ihre Bezahlung die besten Aussichten, das zu bekommen, was Sie wert sind.

Interview

Daß eine Kündigung mit all ihren unangenehmen Begleiterscheinungen auch zu einer anderen Sicht auf das Leben führen kann und sogar mehr Perspektiven mit sich bringt, als die frühere Stelle bot, zeigt das Interview mit Robert Wiewel.

Genießen Sie jeden Tag

Kurz nachdem wir die erste Geizhalszeitung herausgegeben haben, nimmt er Kontakt mit uns auf. Die Idee gefällt ihm, und da er für verschiedene regionale Zeitungen schreibt, möchte er einen Bericht darüber bringen. Wir korrespondieren noch einige Male, und während eines Kurses „Geld oder Leben" in Den Haag lernen wir uns 1994 persönlich kennen. Wiewel war bis vor kurzem Beamter im niederländischen Ministerium für Wohnungsbau, Raumordnung und Umweltschutz und ist nun arbeitslos, weil seine Stelle aufgehoben wurde. Seit einem halben Jahr genießt er praktisch und theoretisch sein Übergangsgeld. Normalerweise ist so eine Situation für einen Mann von 48 Jahren, verheiratet und Vater von drei Kindern im Alter von 12, 15 und 17 Jahren, katastrophal.

„Ich bin dankbar für meine Situation. Ich weiß nur allzu gut, wie es ist, angestellt zu sein. Insgesamt war ich das bei verschiedenen Arbeitgebern rund 30 Jahre. Ich war Filialleiter einer Buchhandlung, Verkäufer in einem Kaufhaus, habe in einer Bank gearbeitet und wurde schließlich Beamter. Ich weiß, was es heißt, zu arbeiten, und auch, was es bedeutet, wenn einem seine Arbeit nicht zusagt. Darum fühle ich mich jetzt wie erlöst, weil ich nicht mehr täglich irgendwo hingehen muß, wo es mir nicht gefällt. Anfänglich war ich durchaus zufrieden, aber nach und nach änderte sich die Arbeitskultur. Die Produktivität wurde wichtiger als der Mensch selbst, und das gefiel mir nicht. Jetzt bin ich wieder mehr als nur ein Arbeitnehmer, auch ohne Arbeit bin ich als Mensch wertvoll. Durch das Übergangsgeld ist mein Einkommen natürlich niedriger geworden, aber im Vergleich zu den Menschen mit normalem Arbeitslosengeld geht es mir sehr gut. Diese Erfahrung hat mir die Augen geöffnet, ich bin glücklicher, ruhiger und zufriedener geworden.

Wir kommen auch mit weniger Geld aus, nicht zuletzt, weil meine Frau genau weiß, wo sie am vorteilhaftesten einkaufen kann. Aber das ist noch nicht alles. Früher dachte ich immer ‚Wie soll ich das bloß schaffen?‘ Ich hatte immer Angst, nicht genug zu haben oder weniger als andere, oder fürchtete, daß meine Familie zu kurz käme. Dann begann ich, mich mit der Literatur über dieses Problem zu beschäftigen. Vor allem zwei Schriftsteller sind wichtig für mich gewesen. Der erste ist Joseph Murphy mit den drei Büchern ‚Die Kraft Ihrer Gedanken‘, ‚Die

Kraft Ihres inneren Friedens' und ,Die unendliche Quelle Ihrer Kraft';
dies sind eher religiöse Bücher. Der zweite Schriftsteller ist Wayne Dy-
er mit den Büchern ,Erfolg wird wahr', ,Mut zum Glück' und ,Glück der
positiven Erziehung'. Diese Bücher haben mein Bewußtsein verändert.
Um es einfach auszudrücken: Früher glaubte ich immer, nicht genug zu
haben, und ich handelte dementsprechend. Jetzt weiß ich, daß es mehr
als genug gibt und daß ich selbst über ungekannte Möglichkeiten verfü-
ge, um alle möglichen Situationen zu meistern. Während ich die Bücher
las, hörte ich von der Geizhalszeitung und euren Büchern. Ich erkannte
darin vieles und wollte am Kurs teilnehmen, um euch kennenzulernen.
Besonders gefiel mir die aufrichtige Art und Weise, in der ihr über eure
eigene finanzielle Situation und eure eigenen Erfahrungen sprecht. Das
finde ich sehr mutig. Auch der Kontakt mit Gleichgesinnten hat mir mehr
Sicherheit gegeben, ich weiß jetzt, daß ich nicht der einzige bin, der sich
mit dieser Materie beschäftigt. Die meisten Menschen fühlen sich
äußerst unbehaglich, wenn über Geld gesprochen wird, als ob man sich
dafür schämen müßte. In dieser Hinsicht hatte der Kurs eine befreiende
Wirkung, er hat mein Eigenwertgefühl verbessert. Nach dem Kurs habe
ich in einem Artikel offenherzig über meine eigene Situation, meine
Kündigung und den Bezug von Übergangsgeld geschrieben. Früher hät-
te ich mich das nicht getraut."

Robert hat also keine Arbeit mehr. In seiner freien Zeit betätigt er
sich in der Politik sowie in der Natur- und Umweltbewegung. Außerdem
schreibt er als freier Mitarbeiter Artikel für Zeitungen. „Damit erziele
ich noch längst kein ordentliches Einkommen, es ist mehr ein Zeitver-
treib. Wenn es um mich selbst geht, bin ich manchmal nicht hart ge-
nug." Wir können kaum glauben, daß er das sagt, denn ich habe ihn
ganz anders erlebt, als er im Namen der Stiftung „Bäume überleben"
etwas erreichen wollte. Diese Stiftung ehrt u.a. Menschen, die etwas
Gutes für die Umwelt tun. Er war 1993 eines der Gründungsmitglieder
dieser Stiftung und setzt sich sehr dafür ein. „Es ist unglaublich, wie-
viel man erreichen kann, wenn es um Produkte und Dienstleistungen
für einen guten Zweck geht. Als ich Herausgeber darum bat, Bücher für
neue Spender zur Verfügung zu stellen, bekam ich rund 100 neue
Bücher geschenkt. Die geben wir neuen Mitgliedern als ,Werbege-
schenk'. Außerdem fanden wir einen Notar, der die Gründungsurkunde
kostenlos erstellte. Eine Firma stellte uns für unser Büro einen Com-
puter und einen Laserdrucker zur Verfügung. Natürlich passiert das al-
les nicht von selbst, man darf nicht lockerlassen. Ich habe festgestellt,
daß man vieles gratis bekommen kann." Als er dies erzählt, wird
Robert richtig begeistert. „Von einer Baumschule bekamen wir einen
Baum im Wert von 700 Gulden, eine prächtige holländische Linde. Sie
wurde in unserer Gemeinde zur Erinnung gepflanzt und bekam eine
kupferne Gedenktafel. Der niederländische Automobilclub hat uns eine
Reihe von farbigen Zertifikaten drucken lassen, die wir den Menschen

überreichen, die etwas für die Natur getan haben, und das ist noch lange nicht alles."

Das Gespräch geht zu Ende. Robert ist bei uns zu Besuch, ich weiß also nicht, wie es bei ihm zu Hause aussieht, und bitte ihn deshalb um eine Beschreibung seines Hauses. „Jeder, der zu uns kommt, sieht, daß wir uns bei der Einrichtung unseres Hauses keinerlei Mode- und Kaufzwängen unterworfen haben. Trotzdem ist es bei uns gemütlich. Wir wohnen zu fünft in einer Vierzimmerwohnung. Unsere Tochter hat ein eigenes Zimmer, unsere Söhne ein gemeinsames. Natürlich haben wir auch ein Wohnzimmer, ein Elternschlafzimmer und auch einen Garten. Dazu fällt mir etwas ein. Meine Eltern schenkten uns vor einiger Zeit eine Geldsumme. Wir wollten eine Tiefkühltruhe kaufen, um Gemüse und Sonderangebote aufbewahren zu können. Aber wir wollten natürlich ein langlebiges, umweltfreundliches Gerät anschaffen, das wenig Energie verbraucht und ohne FCKW auskommt. So einen schwierigen Ankauf haben wir noch nie getätigt. Aber wir haben es geschafft. Wir mußten allerdings etwas mehr bezahlen, denn als wir nach langem Suchen ein geeignetes Gerät gefunden hatten, kostete es mehr, als wir bekommen hatten. Aber eine Spülmaschine haben wir nicht, das geht uns zu weit. Eine Tiefkühltruhe dagegen ist ein sinnvoller Kauf, dadurch können wir sparsamer leben." Rob erzählt uns, daß er Listen der Tiefkühlprodukte erstellt, die gekauft werden sollen, und die Preise mit denen vergleicht, die die Produkte normalerweise kosten. *„So kann man feststellen, wieviel man spart, und das macht Spaß. Wir sind sehr zufrieden mit unserer Anschaffung."* Schließlich frage ich ihn, wie man mit drei Kindern, die das Gymnasium besuchen, sparsam leben kann. Jeder weiß doch, wieviel das kostet und welche Ansprüche die Kinder haben. *„Ja, ab und zu wollen sie eine bestimmte Marke bei der Kleidung. Uns selbst bedeutet das nichts, aber wir verbieten es ihnen auch nicht, auch wenn wir es schade ums Geld finden. Ab und zu schließen wir einen Kompromiß, indem wir die Kinder selbst wählen lassen. Wenn sie Schuhe einer teuren Marke haben wollen, bedeutet das Hosen der Marke ‚Terre des Hommes'. So einfach ist das. Und das akzeptieren sie. Außerdem haben sie Nebenverdienste, sie tragen z.B. Zeitungen aus, und dann können sie etwas beisteuern."*

Meine Lebensphilosophie: „Geh deinen eigenen Weg, glaube an dich selbst und vor allem, genieße jeden Tag!"

8.
Finanzielle Unabhängigkeit

Die Stufen 1 bis einschließlich 7 haben Sie geschafft und damit die wichtigsten Schritte auf dem Weg zur finanziellen Unabhängigkeit getan. Sie wissen, wieviel Ihnen gehört, was Sie verdienen und ausgeben und wieviel Lebensenergie Sie aufwenden müssen, um so zu leben, wie Sie möchten. Ihr Kaufverhalten hat sich wahrscheinlich drastisch verändert. Sie kaufen weniger und bewußter und haben schneller Gewissensbisse, wenn Sie einmal einen „Fehltritt" begehen. Ihr Leben ist ein harmonischeres Ganzes geworden; Ihr Kaufverhalten entspricht in stärkerem Maße Ihren persönlichen Wertvorstellungen und der Weise, in der Sie wirklich leben wollen.

Diese Änderungen an sich bedeuten bereits ein Stückchen finanzielle Unabhängigkeit. Sie haben Ihre Schulden zurückbezahlt, Ihre Ausgaben sinken, Sie sparen mehr, eventuell ist Ihr Einkommen höher geworden oder ist dies zu erwarten. Diese Erfahrungen wirken befreiend. Sie haben mehr Selbstvertrauen, und es geht Ihnen finanziell besser. Sie brauchen Ihre Energie nicht mehr mit Grübeleien über Geldangelegenheiten zu vertun, sondern nutzen sie jetzt, um Ihr Geldverhalten zu kontrollieren.

Bei Stufe 8 geht es um finanzielle Unabhängigkeit im eigentlichen Sinne. Aber erst müssen wir diesen Begriff verdeutlichen. Im täglichen Sprachgebrauch bedeutet „finanzielle Unabhängigkeit" oft etwas anderes, nämlich, daß eine Frau ihr eigenes Geld verdient und nicht von ihrem Mann abhängig ist. Auch von Kindern, die noch bei den Eltern wohnen, kann man sagen, daß sie finanziell unabhängig sind, das bedeutet dann, daß sie ihren eigenen Lebensunterhalt verdienen und nicht von den Eltern unterstützt werden.

In diesem Buch bedeutet finanzielle Unabhängigkeit etwas anderes, nämlich, daß man nicht mehr von einem Einkommen abhängig ist, das man mit Arbeit verdient.

Normalerweise tritt diese Situation erst ein, wenn man pensioniert wird, d.h. mit 65 oder ein paar Jahre vorher. Man arbeitet nicht mehr, bezieht aber ein Einkommen. Wenn Sie den Stufenplan verwirklichen, können Sie früher „in den Ruhestand treten", viel früher, als Sie für möglich gehalten hätten. Je schneller Sie diese Methode anwenden, desto größer sind die Erfolgsaussichten. Der Erfolg hängt natürlich ab von der Menge Geldes, die Sie sparen können. Falls Sie ein relativ niedriges Einkommen oder noch immer hohe Ausgaben haben, erringen Sie möglicherweise nie finanzielle Unabhängigkeit. Aber es ist trotzdem befriedigend und befreiend, ein paar Schritte in die richtige Richtung zu machen.

Die Graphiken auf dieser und der nächsten Seite sind beredte Beispiele dafür, was passiert, wenn Sie Ihren Konsum bleibend verringern und den Stufenplan anwenden. Beide haben wir dem Buch *Your Money or Your Life* entnommen, weil wir selbst noch niemanden kennen, der seit so langer Zeit Graphiken erstellt.

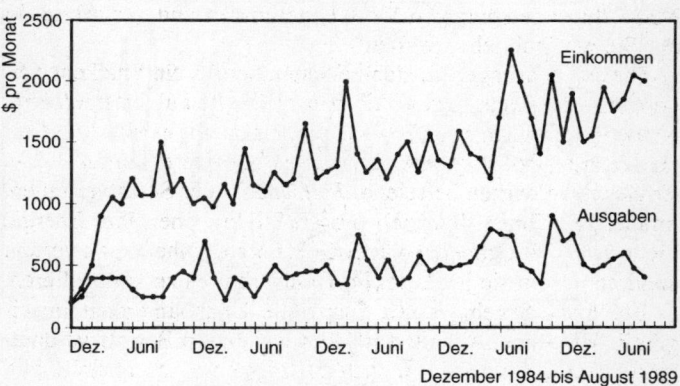

Einkommen und Ausgaben von Marica Meyer

Bevor Marcia mit dem Stufenplan begann, lebte sie jahrelang an der Armutsgrenze. Schon nach kurzer Zeit pendelten sich ihre Ausgaben um die 500 Dollar pro Monat ein. Sie hatte nie außergewöhnliche Ausgaben gehabt und brauchte keine extravaganten Gewohnheiten aufzugeben. Ihre gesamten Ausgaben sanken daher nicht so stark, aber ihr Ausgabenverhalten änderte sich. Während sie vorher relativ viel für Ausgehen ausgegeben hatte, um „der Einsamkeit zu entfliehen", entsprechen ihre Ausgaben jetzt mehr ihren eigentlichen Lebenszielen. Nach eigener Aussage ist sie dadurch viel ausgeglichener geworden.

Für uns ist es beinahe unvorstellbar, daß eine Person von rund 800 DM pro Monat leben kann. Die Erfahrung zeigt jedoch, daß dies in Amerika durchaus möglich ist. Vicky Robin und Joe Dominguez leben bereits seit mehr als 20 Jahren von rund 600 Dollar pro Monat.

Später war Marcia fest angestellt und bezog ein regelmäßiges Einkommen. Zusätzlich arbeitete sie als Teilzeit-Aushilfskraft für verschiedene örtliche Firmen, so daß ihr Einkommen relativ stark stieg. Die Linie paßte sogar nicht mehr in die ursprüngliche Graphik. Marcia ist ein gutes Beispiel für eine durch und durch sparsame Person, deren Fähigkeit, Geld zu verdienen, in einer Weise zugenommen hat, die sie selbst für unmöglich gehalten hätte.

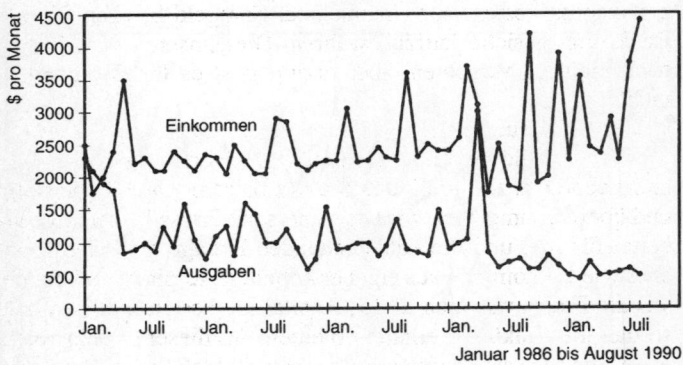

Januar 1986 bis August 1990

Einkommen und Ausgaben von Diana Grosch

Aus der Graphik von Diana Grosch wird deutlich, daß es hier um eine Person mit relativ gleichbleibendem monatlichem Einkommen geht, die verhältnismäßig viel ausgibt. Sie wandte die Prinzipien des Stufenplans an und konnte ihre Ausgaben halbieren. Zunächst machte sie Schluß mit extravaganten Gewohnheiten, die sie nicht mehr befriedigten: enttäuschende Reisen und Ausgaben für Entspannung. Danach kamen die zur Gewohnheit gewordenen Ausgaben an die Reihe, die nicht zu ihrer Lebensqualität beitrugen: unter anderem das tägliche Essen außer Haus und das Kaufen von Kleidung aus purer Langeweile. Sie zog in ein billigeres Appartement, wählte preiswertere Wintersportziele, tauschte ihr sportliches, benzinfressendes Auto gegen eines mit geringerem Verbrauch und lernte, es selbst zu warten und zu reparieren. Sie betont, daß all dies ihre Lebensqualität und ihre Selbstachtung sehr vergrößert hat. Beide Graphiken zeigen eine immer größer werdende Kluft zwischen den Einkommens- und Ausgabenlinien. Das Geld, das dadurch übrigbleibt, kann gespart werden. „Gewöhnliche" Leute, die sich nicht mit dem „finanziellen Unabhängigkeitsvirus" angesteckt haben, würden dieses gesparte Geld wieder für irgend etwas ausgeben: ein neues Haus, eine exotische Urlaubsreise o.ä. Aber in diesem Programm wird etwas anderes angestrebt. Dieser Spielraum bildet die Basis Ihrer finanziellen Unabhängigkeit, das Arbeitskapital, das Ihnen ein Einkommen bescheren wird.

Spargeld oder Arbeitskapital: Zwischen Spargeld und Arbeitskapital besteht ein Unterschied. Spargeld bringen Sie zur Bank, um es sicher aufzubewahren. Die Zinsen sind natürlich auch nicht zu verachten, aber darum geht es Ihnen eigentlich nicht.

Der Spielraum zwischen Einkommen und Ausgaben wird in Stufe 8 zur Bildung eines Arbeitskapitals genutzt, das Sie nicht mehr abheben. Dadurch, daß Sie mit diesem Kapital sorgfältig und überlegt umgehen, wird es seinerseits Ertrag bringen. Es arbeitet für Sie, und die entsprechenden Erträge sind ebenso sicher wie Einkommen aus eigener Arbeit. In Kapitel 9 behandeln wir die Frage, wie man dieses Kapital am besten wachsen läßt, so daß die Einkünfte erhalten bleiben. An diesem Punkt reicht es aus, daß Sie sich darüber im klaren sind, daß Sie mit Ihren Ersparnissen Geld verdienen können.

Das so erzielte Einkommen nennt man Rendite. Eine ganz andere Art Einkommen als Ihr Gehalt bzw. sonstige Einkünfte aus eigener Arbeit. Dieses Einkommen ist Ihnen sicher, egal, ob Sie arbeiten oder nicht. Deshalb erhält es in der Graphik eine eigene Linie. Mit einer Formel errechnen wir die Rendite und machen diese – genau wie Einkommen und Ausgaben – auf der Graphik sichtbar: Sie sehen eine Renditelinie.

Stufe 8: Arbeitskapital und Hurrapunkt

Errechnen Sie mit der nachstehenden Formel jeden Monat Ihre Rendite und übertragen Sie das Ergebnis in die Graphik:

Monatliche Rendite = (Arbeitskapital x Zins) : 12

Ihr Arbeitskapital ist einfach festzustellen. Ihrer Bilanz können Sie entnehmen, wieviel Spargeld Sie hatten, als Sie mit dem Stufenplan anfingen. Addieren Sie jeden Monat dazu, wieviel Sie sparen, also die Differenz zwischen Gesamteinnahmen und -ausgaben.

Der Zinssatz, den Sie in der Formel zugrunde legen müssen, ist etwas komplizierter auszurechnen. Wenn Sie Geld übrig haben, zahlen Sie es auf ein Sparkonto ein, natürlich zum höchstmöglichen Zinssatz. Zumindest am Anfang sollte das Geld jederzeit verfügbar sein. Wählen Sie deshalb eine Sparform, bei der Sie jederzeit (ohne „Strafzahlung") über das Geld verfügen können. Im Januar 1997 betrug der höchstmögliche Zinssatz ca. 3 %. Gehen Sie daher vorläufig von diesem höchstmöglichen Zinssatz für ein normales Sparbuch aus. (*In den Niederlanden liegt der Zinssatz zur Zeit (Januar 1997) bei ca. 4,3 %.*)

Falls Sie bereits Ersparnisse anderweitig angelegt haben, errechnen Sie selbst die entsprechende Rendite für Ihr gesamtes Arbeitskapital. In Kapitel 9 werden wir uns mit diesem Zinssatz und der tatsächlichen Rendite auf Arbeitskapital noch ausführlich beschäftigen. Um das Rechnen zu vereinfachen, gehen wir in diesem Beispiel von einem Zinssatz von 5 % aus.

Die Formel sieht wie folgt aus. Sie haben 100 DM gespart und bekommen dafür 5 % Zinsen. 100 DM x 5 % : 12 = 0,42 DM pro Monat.

Für 100 DM bekommen Sie 42 Pfennige pro Monat, solange das Geld auf dem Sparbuch steht. Falls Sie im ersten Monat 1000 DM gespart haben, sieht die Formel folgendermaßen aus: 1000 DM x 5 % : 12 = 4,17 DM. 1000 DM Spargeld bringen Ihnen monatlich 4,17 DM ein. Die Steuern sind hierbei natürlich noch nicht berücksichtigt, diese kommen im Kapitel 9 zur Sprache. Übertragen Sie das Ergebnis Ihrer Berechnungen jeden Monat in einer auffallenden Farbe in die Graphik. Am Anfang wird diese Linie neben den Höhen und Tiefen der beiden anderen Linien noch recht unbedeutend aussehen. Denken Sie deshalb daran, was Sie für diesen Betrag kaufen könnten, jeden Monat immerhin zwei Brote oder 300 g Aufschnitt!

Falls Sie im ersten Monat 1000 und in zweiten 500 DM gespart haben, beträgt Ihr Arbeitskapital bereits 1500 DM. Die Rendite beträgt dann 6,25 DM (1500 x 5 % : 12 = 6,25 DM). Übertragen Sie auch diese Summe in die Graphik und verbinden Sie beide Punkte. Nach einigen Monaten wird die Linie aus der linken unteren Ecke der Graphik nach oben klettern. Wenn Sie noch Schulden abzuzahlen hatten, als Sie mit dem Stufenplan begannen, können Sie erst nach einiger Zeit eine dritte Linie in der Graphik anlegen. Verfügten Sie bereits über ein Kapital, dann hatten Sie auch schon Zinserträge, beginnen Sie dann mit der Linie ein Stückchen über der untersten Achse der Graphik.

Schauen Sie sich nun die Graphik von Marcia Meyer noch einmal an. Da Marcia mit einer (geringfügigen) Schuld begann, erzielte sie anfänglich keine Rendite. Nach zwei Jahren jedoch, im Januar 1987, beträgt die Rendite bereits 125 Dollar bei einer Ausgabensumme von 490 Dollar. Ein Jahr später beträgt die Rendite 205 Dollar, während die Ausgaben noch stets zwischen 450 und 550 Dollar liegen. Bis Februar 1989 steigt die Rendite auf 315 Dollar an, während die Ausgaben gleichgeblieben sind.

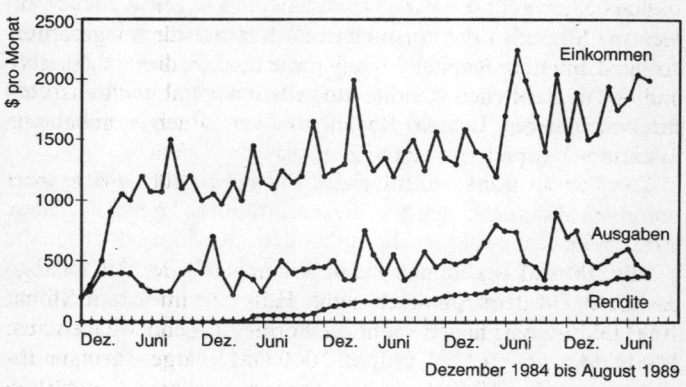

Einkommen, Ausgaben, Rendite von Marcia Meyer

Die Rendite ist nicht nur gestiegen, weil Marcias Einkommen höher war, sondern auch aufgrund des Wunders, das wir Zinseszinseffekt nennen. Ihre Ersparnisse wandern auf ein Sparbuch, für das Sie Zinsen bekommen, diese Zinsen werden ebenfalls dem Arbeitskapital zugeschlagen, und auch dafür bekommen Sie wieder Zinsen usw. usw.

Auch wenn Sie jeden Monat gleich viel sparen (z.B. 500 DM), wird die Renditeline – auch bei gleichbleibendem Zinssatz – einen Extrabogen nach oben machen.

Es würde zu schwierig sein, jeweils die tatsächliche Rendite genau zu ermitteln. Aber die Formel macht auf jeden Fall den Verlauf anschaulich. Erstellen Sie jährlich – oder öfter, falls gewünscht – eine Bilanz, um auszurechnen, wie hoch Ihr Arbeitskapital tatsächlich ist. Alle Zinsen und sonstige Rendite hat Ihre Bank freundlicherweise für Sie ausgerechnet. Dieses Arbeitskapital nehmen Sie dann als Ausgangspunkt und zählen monatlich jeweils die gesparten Summen dazu.

Der Hurrapunkt

Schließlich kommt ein Moment, ab dem Sie Ihre Einkünfte und Ausgaben so übersichtlich strukturiert haben, daß Sie Ihre Renditelinie für die Zukunft fortschreiben können. Sie kennen den Verlauf der Ausgabenlinie, denn sie verläuft immer in etwa gleich oder sogar noch etwas nach unten. Falls Sie auch die Entwicklung Ihrer Einkünfte einigermaßen einschätzen können, errechnen Sie nun die Renditelinie. Schätzen Sie vorsichtig: Ihre Einkünfte nicht zu hoch, die Ausgaben nicht zu niedrig. Auch hierbei bietet ein Computer mit Spreadsheet-Programm Arbeitserleichterung.

Logischerweise kreuzen beide Linien einander zu einem bestimmten Zeitpunkt, den wir den „Hurrapunkt" genannt haben. Ab diesem Zeitpunkt ist die monatliche Rendite höher als die Summe Ihrer Ausgaben, und Sie können mit bezahlter Arbeit aufhören. Der Hurrapunkt ist der Punkt, an dem Sie tatsächliche finanzielle Unabhängigkeit erreichen. Ab diesem Moment haben Sie ein sicheres Einkommen, das zur Deckung Ihrer Ausgaben ausreicht.

Im nächsten Kapitel werden Sie sehen, daß dieser Punkt oft noch schneller zu erreichen ist, als Sie aufgrund dieser Darstellung denken.

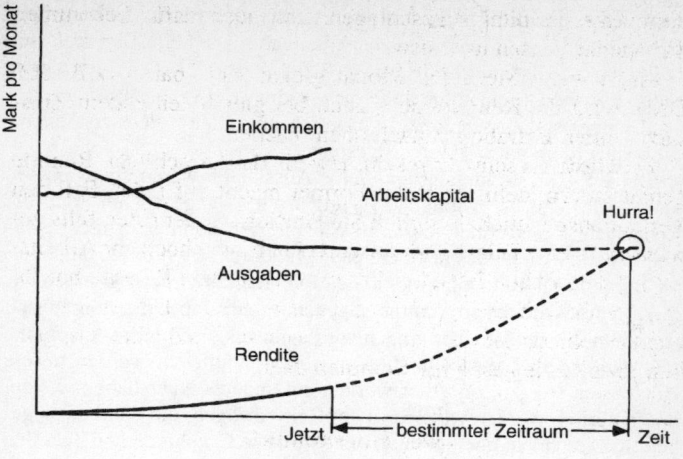

Darstellung Hurrapunkt

Noch eine absehbare Periode für Geld arbeiten: Bei vielen Menschen ruft die Vorstellung, daß sie nur noch eine bestimmte Zeitlang für Geld zu arbeiten brauchen, absolute Ungläubigkeit hervor. Von klein auf haben wir die Vorstellung, daß wir bis zu unserem 65. Lebensjahr arbeiten müssen, sofern wir nicht arbeitslos werden oder erkranken. Das Geld, das man verdient, sei es viel oder wenig, wird ausgegeben, denn dafür leben und arbeiten wir. Gespart wird höchstens für Notfälle oder für das Alter. So sah und sieht die Realität der meisten Menschen aus. Daß man ohne allzu große Anstrengungen, durch bloße Anwendung einer Art Buchführungssystem, Jahre früher aufhören kann zu arbeiten, ist eine totale Überraschung. Wir selbst konnten es jedenfalls kaum glauben. Vor etwa einem Jahr rechnete Rob aus, daß wir bei unserer heutigen Ausgabenstruktur in zwei bis vier Jahren – vor unserem 55. Geburtstag – aufhören können zu arbeiten.

Für uns war das ein regelrechter Schock. Unsere Welt veränderte sich von heute auf morgen. Ich hatte mir ein ziemlich deutliches Bild von meiner Zukunft gemacht. Arbeiten bis zu meinem 65., zwar in Teilzeit, aber doch, genau wie meine Eltern, bis zum Erreichen der Altersgrenze. Meine Mutter war als Lehrerin in ihrem letzten Berufsjahr berufsunfähig geworden, was sie recht unangenehm fand. Mein Vater, der Blumenhändler und Gärtner gewesen ist, erreichte arbeitend die Altersgrenze. Und so würde es bei mir auch sein – dachte ich. Ansonsten hatte ich kaum Illusionen, was mein Rentenalter betraf. Ich hatte fast immer in Teilzeit für verschiedene Arbeitgeber gearbeitet und praktisch bei keinem vollständige Ansprüche für eine betriebliche Altersversorgung erwerben können. Ich hatte nie wirklich viel verdient. Abgesehen von meiner staatlichen Rente würde ich eine kleine Pension bekommen, außerdem hatte ich etwas gespart.

Bei Rob sah es ähnlich aus. Seine Aussichten waren etwas besser, aber auch nicht überwältigend. Würden wir – lange vor unserem 65. Lebensjahr – tatsächlich aufhören können? Wir konnten es nicht glauben und rechneten alles noch ein paar Mal durch. Es stimmte, auch unter Berücksichtigung aller möglichen Eventualitäten. Jetzt konnten wir mit einer bescheidenen Summe angenehm leben, aber das könnte sich ja ändern. Vorsichtshalber gingen wir davon aus, daß unsere Ansprüche mit steigendem Lebensalter höher würden. Vielleicht werden unsere Heizkosten steigen, oder wir werden ein anderes Haus haben wollen, und natürlich werden wir über mehr Zeit verfügen, um Geld auszugeben. Rob rechnete noch einmal, erstellte neue Graphiken und Tabellen und war ab und zu richtig aufgeregt. Auch ein wenig Scham spielte mit: Wir verdienten gut, schafften es, billig zu leben, dadurch blieb viel übrig … und nun würden wir auch noch früher in Rente gehen können. Fast schämten wir uns dafür, daß wir nicht mehr wie früher alles Geld, das wir ja schließlich selbst verdienten, ausgaben, sondern größtenteils sparten.

Wenn Sie feststellen, daß Sie nicht mehr Ihr Leben lang, sondern nur noch einen überschaubaren Zeitraum zu arbeiten brauchen, ändert sich auch Ihre Einstellung zur Arbeit.

Unsere erste Reaktion war: „Natürlich hören wir auf, sobald es geht" und „Dann können wir immer noch alles mögliche tun, aber wir haben dann die Wahl. Geld spielt keine Rolle mehr, und wir können auch Dinge tun, für die wir nicht bezahlt werden, die wir aber angenehm oder wichtig finden." Aber Rob irritierte es, daß er als relativ junger Mann „in den Ruhestand" gehen würde. Als ob er alt und überflüssig geworden sei; Widerstand begann sich zu regen. „Vielleicht kann ich es mir leisten, aufzuhören zu arbeiten, aber wer sagt denn, daß ich das will? Zufällig arbeite ich nämlich gerne, und das laß ich mir nicht einfach abnehmen." Wir waren verwirrt. Früher wußte man, daß man arbeiten mußte, man hatte keine Wahl. Jetzt hatten wir plötzlich die Freiheit zu arbeiten, aufzuhören oder etwas ganz anderes zu tun. Denn die Zeit und Energie, über die wir hoffentlich in einigen Jahren auch noch verfügen, müssen wir natürlich einsetzen.

Wenn Sie sich wirklich mit der Tatsache auseinandersetzen, daß Sie innerhalb absehbarer Zeit nicht mehr für Geld zu arbeiten brauchen, werden Sie wahrscheinlich heftige Gefühlsregungen

erleben. Ihre Phantasie wird angeregt: Alle Möglichkeiten passieren vor Ihrem inneren Auge Revue. Sie denken nach, sprechen mit dem Partner und Freunden darüber. Es ist, als ob eine Quelle angebohrt wurde, aus der alles mögliche nach oben sprudelt. Das Gegenteil ist natürlich auch möglich. Falls Sie immer hart gearbeitet haben, nicht viele Freunde und wenig bzw. keine Hobbies haben, geraten Sie durch die Vorstellung, „arbeitslos" zu sein, vielleicht in Panik. Was sollen Sie mit all der Freizeit anfangen, wie kriegen Sie den Tag oder die Woche, geschweige denn ein ganzes Jahr herum? Sie fürchten, in ein tiefes Loch zu fallen, denn man hört oft Geschichten von Menschen, die mit 65 ganz normal in Rente gehen und die entweder in krampfhafte Aktivitäten verfallen oder zu Hause sitzen und sich selbst (und dem Partner) im Weg stehen.

Falls Arbeit und die Struktur, die sie dem Leben gibt, für Sie wichtig sind, ist ein allmählicher Übergang zu empfehlen. Vielleicht wollen Sie zwar noch arbeiten, aber jeden Tag ein Stündchen früher nach Hause gehen oder halbtags arbeiten. Vielleicht suchen Sie eine Arbeit, die Ihnen mehr Spaß macht, aber nicht so gut bezahlt wird. Sie können sich sogar selbständig machen. Finanzielle Unabhängigkeit öffnet Ihnen Tür und Tor.

Sie können natürlich auch weiter arbeiten wie bisher und mit Ihrem Gehalt etwas Besonderes tun, weil Sie das Geld selbst nicht brauchen und sich auch keinen extravaganten Lebensstil zulegen wollen. Vielleicht halten Sie es für eine gute Idee, das Geld, das Sie übrig haben, oder einen Teil davon zu verschenken. An die Kirche, eine Umwelt- oder Interessengruppe, die so viel Gutes tut, daß Sie einen substantiellen Beitrag leisten möchten. Es gibt genug Möglichkeiten.

Nicht mehr für Geld arbeiten zu müssen bedeutet, daß Sie endlich das tun können, was Sie schon immer tun wollten: ein Buch über altes Werkzeug schreiben, Führungen in Naturschutzgebieten machen, einen Kinderchor gründen, was auch immer. Vielleicht wollen Sie noch studieren, Computerexperte werden oder in die Südsee reisen. Finanzielle Unabhängigkeit und nicht mehr arbeiten müssen brauchen keineswegs Ihr eigentliches Ziel zu sein. Bei den meisten Menschen ist das, jedenfalls zu Anfang, auch nicht der Fall. Man möchte einfach bescheidener leben, weniger Schulden haben oder etwas sparen. Aber nach einiger Zeit, wenn der Hurrapunkt in Sicht kommt, ändern Sie Ihre Ansichten vielleicht. Wer weiß das schon?

Finanzielle Unabhängigkeit und noch etwas mehr

Durch das Erreichen des Hurrapunkts können Sie Ihre Bedürfnisse auf dem Niveau, das sich seit Jahren eingependelt hat, aus Ihren Kapitalerträgen finanzieren. Trotzdem ist es unklug, sofort mit bezahlter Arbeit aufzuhören. Es ist denkbar, daß eine Situation entsteht, in der Sie mehr Geld brauchen, z.B. können Sie krank oder behindert werden. Dann brauchen Sie vielleicht ein Auto, weil Sie nicht mehr mit dem Rad fahren können. Oder Sie müssen eine spezielle Diät einhalten, ganz abgesehen von allen anderen Unkosten, die eventuell nicht erstattet werden. Arbeiten Sie deshalb lieber so lange weiter, bis Sie eine extra Summe für Notfälle gespart haben. Über dieses „Fangnetz" lesen Sie im Kapitel 9 mehr.

Wenn Sie wissen, daß Sie innerhalb eines absehbaren Zeitraums den Hurrapunkt erreichen, brauchen Sie sich über Ihre Zukunft keine Sorgen mehr zu machen. Falls Sie aufgrund einer Reorganisation arbeitslos würden, ist das keine Katastrophe – Sie haben vorgesorgt. Außerdem haben Sie wahrscheinlich ein Recht auf Arbeitslosengeld oder -hilfe, Abfindung oder sonstigen Schadenersatz. Aufgrund Ihrer Kapitalerträge geht es Ihnen dann gut, während Ihre Kollegen vielleicht nach einiger Zeit mit 70 % ihres letzten Nettoverdienstes auskommen müssen, während Konsumverringerung ein Fremdwort für sie ist. Es ist ein großer Unterschied, ob man seinen Konsum gezwungenermaßen verringert oder sich selbst frei dafür entscheidet.

Über Marcia Meyer, deren Graphik wir in diesem Kapitel besprochen haben, lasen wir in der Zeitschrift *Valley News* vom Juli 1995, daß sie nach etwas mehr als fünf Jahren finanziell unabhängig geworden ist. Mit 45 hörte sie auf, für Geld zu arbeiten, und hat seitdem alles mögliche getan. Sie arbeitet ehrenamtlich in der örtlichen Bibliothek, sorgt für Tiere, organisiert alles mögliche und hat die Zeit, Leuten zuzuhören. Durch den Stufenplan hat Marcia wie viele andere Amerikaner, die an dem Kurs teilnahmen, finanzielle Unabhängigkeit erreicht.

So weit sind wir noch nicht. Wir fingen 1994 an und wissen zwei Jahre später, daß wir spätestens 1998 den Hurrapunkt erreichen werden.

Ein Arbeitsplatz für einen anderen Menschen: Falls Sie nach dem Erreichen des Hurrapunkts früher aufhören zu arbeiten, machen Sie einen Arbeitsplatz für jemand anderen frei. Vielleicht für jemanden, der schon eine Zeitlang arbeitslos ist. So findet eine Umverteilung statt, die für Ihren Nachfolger und für die Gesellschaft als Ganzes nur Vorteile hat. Ein anderer bekommt eine Chance und ist nicht mehr vom Arbeitslosengeld abhängig.

In der Juli/August-Nummer der Zeitung *Straatnieuws Utrecht* (einer Obdachlosenzeitung) lasen wir, daß ein Herr van der Biezen mit 52 Jahren aufhört zu arbeiten, nachdem er dreißig Jahre lang in Utrecht ein Nachhilfeinstitut geleitet hat. Er zieht zusammen mit seiner Frau auf die griechische Insel Zakynthos, auf der er schon seit rund zehn Jahren seinen Urlaub verbringt.

Er hat dort ein Haus, das er renovierte, um nach seiner Pensionierung darin leben zu können. Aber er will nicht warten, bis er „klapprig" geworden ist. Er findet, daß mehr Leute früher aufhören sollten zu arbeiten. Damit täten sie nicht nur sich selbst, sondern auch anderen einen Gefallen. Das würde sich gut auf die Arbeitsplatzsituation auswirken. „Sorgen Sie dafür, daß Sie gut ausgebildet sind, und versuchen Sie, in kürzerer Zeit für Ihren Ruhestand vorzusorgen." Van der Biezen hat in seiner Umgebung oft genug gesehen, daß Leute bis zu ihrem 65. Lebensjahr arbeiteten und danach total fertig waren. Sie konnten nur ein paar Jahre lang den Ruhestand genießen. Arbeit ist seiner Meinung nach ein Segen, aber sie macht nicht selig.

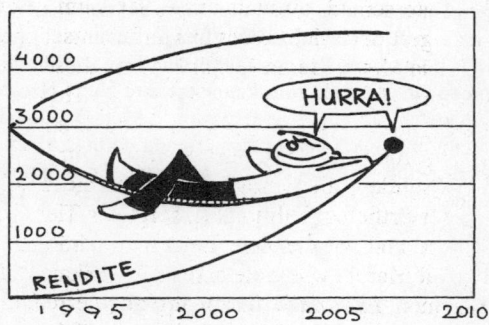

Zeit für sich selbst: Finanzielle Unabhängigkeit kann auch genutzt werden, um zu einem Zeitpunkt, zu dem man noch gesund ist und Energie hat, das zu tun, wofür man vorher keine Zeit hatte. Reisen, Kakteen züchten, alle Fotos ordnen, Brieffreundschaften in fernen Ländern pflegen, jeden Tag zwei Kreuzworträtsel lösen oder für den Marathon trainieren. All das, wofür einem die Arbeit keine Zeit läßt. Manchmal geht es auch um ganz einfache Dinge. Eine Journalistin der niederländischen Frauenzeitschrift *Opzij* interviewte uns über die *Geizhalszeitung*. Sie wurde regelrecht eifersüchtig, als sie hörte, daß wir weniger arbeiteten. „Das würde ich auch gerne tun, aber ich schaffe es nicht. Ich habe so viel Arbeit, daß für Dinge, die Spaß machen, wie z.B. Plätzchenbacken, keine Zeit bleibt." Es klingt absurd: Eine Frau, die es im Leben zu etwas gebracht hat, die eine interessante Arbeit hat, angesehen ist und wahrscheinlich nicht schlecht verdient, hat keine Zeit, um einmal Plätzchen zu backen.

Zeit für andere: Zeitmangel wird oft als Entschuldigung gebraucht, wenn es um die Familie oder den Freundeskreis geht. „Wenn ich mehr Zeit hätte, würde ich euch öfter besuchen." Arbeit dient als allgemein anerkannte Entschuldigung. Arbeit geht eben vor, wir müssen Geld verdienen. Manchmal erzählt jemand eine Geschichte, die deutlich macht, wie wichtig es ist, daß es noch Menschen gibt, die Zeit haben.

Marc ist schon längere Zeit arbeitslos und arbeitet ehrenamtlich für eine nicht kommerzielle Organisation. Seit seiner Scheidung lebt er alleine, erledigt die Einkäufe, wäscht und kocht. Aber er hat noch viel Zeit übrig, und manchmal fällt ihm die Decke auf den Kopf. Da er nicht zu Hause sitzen will, versucht er, sich sinnvoll zu beschäftigen. An seinem Geburtstag kaufte er Kuchen und besuchte einen blinden Freund, den er während einer Fahrradtour kennengelernt hatte. Nach dem Kaffeetrinken machten sie einen Spaziergang: „Mein Freund war überglücklich, denn nur selten nimmt sich jemand dafür die Zeit. Ich hielt seine Hand fest und ließ ihn Bäume anfassen. Er erzählte mir alles mögliche über sein Leben und seine Arbeit als Bauer. Wir hatten einen sehr schönen Nachmittag zusammen."

Ehrenamtliche Arbeit

Finanzielle Unabhängigkeit bedeutet, daß Sie Zeit bekommen, um ehrenamtlich zu arbeiten. Solche Arbeit verpflichtet Sie zu nichts, Sie können jederzeit wieder damit aufhören, obwohl Sie natürlich nicht vom einen auf den anderen Tag wegbleiben sollten. Vielleicht machen Sie erst einmal eine „Probezeit", um mit der Arbeit vertraut zu werden. Leider genießt ehrenamtliche Arbeit in der heutigen Gesellschaft weniger Ansehen als bezahlte Arbeit. Manchmal wird das Argument angeführt, daß ein Freiwilliger eine Arbeitsstelle besetzt, für die eigentlich jemand bezahlt werden würde. Theoretisch ja, aber in der Praxis geht es fast immer um Arbeit, die nur unbezahlt verrichtet werden kann, weil eben kein Geld dafür da ist. Sicher wäre es besser, wenn dafür Geld zur Verfügung stünde, aber diese Feststellung nützt wenig – ebensowenig wie die Feststellung, daß es besser wäre, wenn es weder Krieg noch Hunger gäbe.

Ohne freiwillige Helfer kann manche Arbeit überhaupt nicht getan werden, viele Organisationen müßten ohne ehrenamtliche Helfer ihre Tätigkeit einstellen. Versuchen Sie einmal festzustellen, wieviel Arbeit in Ihrer persönlichen Umgebung von Freiwilligen getan wird. Sie sammeln Geld für karitative Organisationen, organisieren Kleidersammlungen, schreiben für Amnesty International Briefe zugunsten politischer Gefangener, erledigen Einkäufe für Senioren und Kranke, assistieren beim Behindertenschwimmen, kochen in Flüchtlingszentren Kaffee, leisten Dienst bei der Telefonseelsorge und noch vieles andere mehr. Manchmal geht es um einfache Tätigkeiten, die keine besonderen Kenntnisse erfordern, aber das ist keineswegs immer der Fall. Die niederländische Zeitschrift *Kritisch Konsumieren* suchte vor kurzem auf ehrenamtlicher Basis einen Redakteur, einen Ernährungsexperten und einen Mitarbeiter für die Werbung. Anspruchsvolle Tätigkeiten, bei denen Ausbildung und Erfahrung gefragt sind und für die man sich genauso wie für eine bezahlte Arbeitsstelle bewerben muß.

Falls Sie über viel freie Zeit verfügen, brauchen Sie sich auch nicht auf eine ehrenamtliche Tätigkeit zu beschränken.

Adrian bastelt gerne. Er graviert Glas, macht Laubsägearbeiten und bastelt alles mögliche für seine Kinder, Enkelkinder und die übrige Familie. Mit sechzig wurde er pensioniert und hatte noch mehr Zeit für seine Hobbies. Für das Rote Kreuz macht er jetzt Puzzles, Spielzeug, Bilder und Garderobenständer. Man ersetzt ihm die Materialkosten, der Verkaufserlös kommt dem Roten Kreuz zugute. Donnerstagmittags organisiert er mit seiner Frau zusammen einen Spielenachmittag im Altersheim der Heilsarmee, und ab und zu hilft er beim „Essen auf Rädern", wenn der feste Chauffeur (der ebenfalls ehrenamtlich arbeitet) keine Zeit hat oder Urlaub macht.

Mit ehrenamtlicher Tätigkeit verdienen Sie kein Geld, aber Sie bekommen etwas dafür: Kontakt zu anderen oder das befriedigende Gefühl, etwas für Ihre Mitmenschen zu tun, Sie lernen wahrscheinlich dazu, entwickeln Organisationstalent oder können die Gesellschaft (ein klein wenig) verändern.

Marina hat seit Jahren eine bezahlte Stelle in einem Stadtteilzentrum in Den Haag. Ein Großteil der Arbeit wird von ehrenamtlichen Helfern erledigt. Sie helfen den Fachkräften beim Näh-, Koch- und Sprachunterricht, sorgen für Kaffee und Tee und organisieren alle möglichen Aktivitäten. Aufgrund der Sparrunden in den letzten Jahren erhält das Zentrum nur noch eine kleine Subvention und ist auf die Hilfe dieser Freiwilligen angewiesen. Zweimal jährlich organisiert das Zentrum als Dank ein Essen oder etwas ähnliches für die Helfer. Außerdem brauchen sie für Kaffee und Tee nichts zu zahlen und erhalten eine Reisekostenvergütung.

Welche ehrenamtlichen Tätigkeiten Sie wählen, hängt von dem Alter ab, in dem Sie finanzielle Unabhängigkeit erreichen. Mit vierzig haben Sie wahrscheinlich mehr Energie als mit sechzig. Andererseits machen viele Leute sich auch noch in fortgeschrittenem Lebensalter gerne nützlich.

Betti ist 89 und wohnt seit Jahren mit ihrem Mann im Altersheim. Schon immer hat sie gerne gelesen, und das änderte sich auch nicht, nachdem sie als Lehrerin pensioniert worden war. Sie verfaßt Auszüge aus Büchern, die sie besonders interessant findet, und hält damit Vorträge für Mitglieder ihrer Kirchengemeinde. Ab und zu liest sie anderen Bewohnern des Altersheims vor, die nicht mehr selbst lesen können.

Gé arbeitet seit Jahren in der Flüchtlingshilfe. Obwohl er schon fast achtzig Jahre alt ist, tut er noch viel. Er schreibt Briefe, telefoniert, hilft bei der Arbeitssuche und hält Kontakt zu allen möglichen Instanzen. Manchmal, wenn sein Einsatz nicht zum Erfolg führt, sind seine Frau und er auch niedergeschlagen. Um so größer ist die Befriedigung, wenn eine Aufenthaltsgenehmigung erteilt wird, eine Familie ein Haus bekommt oder ein Flüchtling mit seiner Familie zusammengeführt werden konnte. Fast immer entsteht ein besonderes Band mit den Menschen, für die er sich einsetzt.

Nicht nur ältere Menschen können Ihnen als Vorbild dienen, wenn es um ehrenamtliche Arbeit geht:

Edwin ist 26. Er machte einige Reisen mit dem Hospitalschiff Henri Dunant mit, das Urlaubsreisen für kranke und behinderte Menschen durchführt. Fast alle sind hilfsbedürftig und waren schon seit Jahren nicht mehr im Urlaub. Manchmal wird mit den Rollstühlen ein „Spaziergang" an Land gemacht. Eine solche Reise ist für die Teilnehmer ein unvergeßliches Erlebnis. Edwin: „Man muß hart arbeiten, aber der Kontakt zu den Reisenden und den anderen Helfern ist ausgezeichnet. Es ist gut zu wissen, daß man etwas für andere tun kann."

Vorteile ehrenamtlicher Tätigkeit: Freiwillige Arbeit unterscheidet sich von bezahlter Arbeit einerseits dadurch, daß man dafür nicht bezahlt wird, andererseits kann man problemlos wieder damit aufhören. Aber sie hat noch mehr Vorteile: Man kann sich das aussuchen, was einem wirklich zusagt, und einmal etwas ganz anderes tun. Sie können sogar ein Handwerk erlernen und alle möglichen Erfahrungen sammeln. Eine Freundin von uns arbeitete zunächst in einer Teppichweberei und lernte dann, antike Gobelins zu restaurieren. Falls Sie eigentlich Journalist hatten werden wollen, können Sie jetzt vielleicht für eine Stadtteilzeitung arbeiten, für die Umweltbewegung oder sogar selbst eine Zeitschrift gründen. Bei freiwilliger Arbeit gibt es auch keine echten Vorgesetzten und Untergebenen. Man kann Sie nicht zwingen, etwas zu tun, was Ihnen nicht zusagt. Natürlich können Sie auch nicht einfach tun, was Sie wollen. Falls Sie dem Naturschutzverein beim Stutzen von Weiden helfen wollen, müssen Sie die Anleitungen einer Fachkraft befolgen. Als Freiwilliger können Sie selbst Ihre Arbeitszeit wählen und einteilen. Falls Sie z.B. nur im Winter oder nur einen Vormittag oder einen Tag pro Woche Zeit haben, dann suchen Sie sich eine entsprechende Tätigkeit. Auch innerhalb weniger Stunden können Sie zwei Kranke besuchen, Hausfrauen Computerunterricht geben oder Flüchtlingen Deutschunterricht.

Auch gibt es natürlich gewisse materielle Vorteile. Sie brauchen zu Hause nicht zu heizen oder erhalten vielleicht eine Belohnung in Naturalien. Ich arbeitete einmal in einer ehrenamtlichen Gruppe, in der wir großzügig mit Kaffee und Tee versorgt wurden und diejenigen, die ganztags arbeiteten, mittags sogar belegte Brote bekamen. Als unbezahlter Helfer in einem Bioladen dürfen Sie vielleicht Gemüse oder andere Produkte mit nach Hause nehmen, die übriggeblieben sind. Freiwillige Helfer im niederländischen Umweltzentrum De Kleine Aarde, die einige Wochen an einem bestimmten Projekt arbeiteten, bekamen Kost, Logis und Reisekostenerstattung.

Die Glückskurve von neuem betrachtet

Kehren wir zurück zur Glückskurve aus Kapitel 1.

Ab einem bestimmten Punkt können Sie noch immer kaufen und verbrauchen, aber Sie erfahren keine zusätzliche Befriedigung mehr. Mehr Konsum führt dann sogar zur Unzufriedenheit. Besitz wird zum Ballast und kostet mehr, als er bringt. Durch Konsumverringerung verbrauchen Sie weniger Lebensenergie für Ihre Ausgaben, so daß mehr Energie für andere Dinge zur Verfügung steht. Vielleicht setzen Sie diese Energie anfänglich noch vor allem ein, um den Hurrapunkt zu erreichen, aber wenn dieser näher kommt bzw. wenn Sie ihn erreicht haben, steht Ihnen mehr freie Zeit zur Verfügung. Diese freie Zeit gibt Ihnen den Schlüssel, um mehr Befriedigung zu erlangen, als mit Konsumverringerung möglich war. Sie können sich jetzt viel mehr als vorher für Dinge einsetzen, die Ihnen persönlich wichtig sind. Eine besondere Erfahrung, denn es ist keineswegs ausgeschlossen, daß Ihr Glücksgefühl in einem Maße zunimmt, das mit Mehr-Geld-Ausgeben nicht mehr zu erreichen war. Statt nach unten kann Ihre Glückskurve nach oben verlaufen. Es kommt ganz darauf an, wie Sie sich entscheiden.

Falls Sie nach dem Erreichen des Hurrapunkts weiterhin Geld verdienen, könnten Sie dies Menschen oder Institutionen schenken, die Sie unterstützen möchten. Und falls Sie nicht mehr verdienen, als Sie selbst brauchen, können Sie sich mit Dingen Ihrer Wahl beschäftigen.

Etwas zu geben, ob es nun um Geld, Zeit oder Beachtung geht, verleiht Ihnen ein Gefühl des Reichtums. Sie sind „freigestellt", können es sich erlauben, Wünsche und Bitten Ihrer Mitmenschen zu erfüllen. Sie brauchen nicht immer „Ja" zu sagen. Maßstab ist Ihre persönliche Lebensenergie, und die ist nun einmal nicht unendlich. Was immer Sie der Welt geben: Es wird sich auf Ihre Glückskurve auswirken.

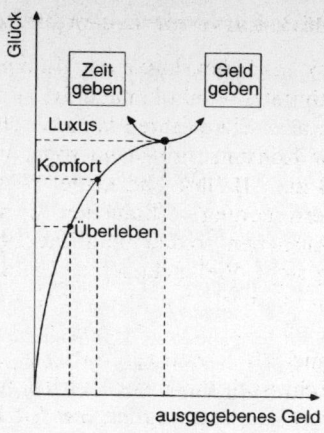

Die Glückskurve: nach dem Konsum

Interview

Wir können (noch) nicht aus eigener Erfahrung erzählen, wie es sich „nach dem Hurrapunkt" lebt. In Amerika ist man schon etwas weiter, weil der Kurs dort schon seit Jahren veranstaltet wird. Vicki Robin, Autorin von Your Money or Your Life, besuchte uns im August 1995.

Sie war auf dem Weg zu einem internationalen Kongreß in Ungarn, organisiert von Dennis Meadows, dem Gründer des „Club of Rome" und seiner Frau. Sie war eingeladen, dort einen Vortrag über die Vorzüge des „einfachen Lebens" zu halten. Vicki ist seit ihrem 25. Lebensjahr finanziell unabhängig. Ich wollte mir die Chance, ihr ein paar Fragen über ihre Erfahrungen zu stellen, nicht entgehen lassen.

Vicki Robin und die New Road Map Foundation

HANNEKE: Was bedeutet finanzielle Unabhängigkeit für dich?

VICKI: Was ich täglich tue, hat absolut nichts mit Geldverdienen zu tun. Ich tue nur Dinge, die ich wichtig finde. Meiner Meinung nach hat ein jeder von uns in diesem Leben eine bestimmte Aufgabe zu erfüllen. Dabei denke ich nicht an große Taten, wie z.B. verhindern, daß eine bestimmte Tierart ausstirbt, oder ein Medikament gegen Krebs entwickeln. Ich habe zum Ziel, Menschen dabei zu helfen, weniger Geld auszugeben. Weil es besser ist für die Umwelt und für unser persönliches Leben. Wenn es jemandem besser geht und er glücklicher wird, hat dies auch günstige Auswirkungen auf seine Umgebung. Zusammen mit anderen arbeite ich für die New Road Map Foundation. Wir wohnen in einem Haus, das wir abbezahlt haben, und widmen dieser Organisation all unsere freie Zeit und Energie. Komisch, ich kann sagen, daß ich immer arbeite, aber genausogut, daß ich immer Urlaub habe. Es besteht kaum ein Unterschied. Ich habe angenehme Arbeit und bin trotzdem so frei, daß es mir wie Urlaub vorkommt.

HANNEKE: Für die New Road Map Foundation zu arbeiten erscheint mir nicht so unbescheiden. Du hilfst Menschen persönlich und willst auch noch die Welt vor dem Untergang bewahren. Hattest du, als du deine finanzielle Unabhängigkeit erreichtest, auch bescheidenere Ziele?

VICKI: Ich brachte mir selbst alles mögliche bei. Auf 2000 Quadratmetern Land baute ich Gemüse an, mit einer Gebrauchsanweisung lernte ich, aus Einzelteilen ein Motorrad zu montieren. Monatelang habe ich mich damit täglich ein paar Stunden beschäftigt. Als sie fertig war, habe ich die Maschine jahrelang gefahren. Die Wartung erledigte ich selbst. Dadurch habe ich gelernt, daß man mit einer ordentlichen Anleitung auf technischem Gebiet viel lernen kann. Dadurch habe ich viel Selbstvertrauen bekommen. Außerdem lernte ich, mir selbst und anderen die Haare zu schneiden. Die Freundin, die das immer tat, zog um, aber vorher brachte sie mir bei, meine Haare zu schneiden. Es macht Spaß, füreinander Dinge zu tun, ohne daß Geld im Spiel ist, einfach weil man befreundet ist. Ich finde es sehr angenehm, etwas für jemanden zu tun, der etwas nötig hat. Oft geht es um Kleinigkeiten, eine kleine Reparatur, etwas aufräumen. Andererseits kann ich andere um Hilfe bitten. Es ist für mich echter Reichtum zu wissen, daß ich Freunde habe, die etwas für mich tun würden, wenn es nötig ist oder einfach Spaß macht. Sie haben mehr Kontakt zu anderen, wenn Sie nicht immer in ein Geschäft laufen, um etwas zu kaufen; versuchen Sie es einfach selbst, oder bitten Sie andere um Hilfe. Es ist ganz einfach.

H.: Was für Arbeit hast du früher getan?

V.: Ich war in der Fernseh- und Filmindustrie tätig. Eines Tages wurde mir klar, daß ich um jeden Preis Karriere machen wollte. Ich wollte unbedingt an die Spitze kommen und schreckte nicht davor zurück, all meine Beziehungen diesem Ziel unterzuordnen. Es war für mich normal, Menschen zu manipulieren und für meine Zwecke zu benutzen. Eine schmerzhafte Entdeckung, über die ich sehr unzufrieden war. Als ich Joe Dominguez und seine aufsehenerregenden Erkenntnisse über finanzielle Unabhängigkeit kennenlernte, wurde mir klar, daß ich diese Arbeit gar nicht nötig hatte. Ich hatte Ersparnisse und machte eine kleine Erbschaft und beschloß mit 25, meine Arbeitsstelle zu kündigen. Mein Arbeitskapital betrug weniger als 100000 Dollar, aber seit dieser Zeit habe ich vom Ertrag leben können und sogar noch gespart.

H.: *Die Spitze hast du inzwischen trotzdem erreicht. Zusammen mit Joe hast du einen Bestseller geschrieben, du wirst laufend um Interviews und Vorträge gebeten und warst in der Oprah-Winfrey-Show zu Gast.*

V.: *Diese Art des Erfolgs gefällt mir viel besser. Das kommt wahrscheinlich dadurch, daß ich nicht so schnell aufgebe, ich bin sehr optimistisch und willensstark. Viele Menschen geben zu schnell auf. Sie sagen z.B., daß es so schwierig ist, günstig zu wohnen oder preiswerten Urlaub zu machen. Wir wohnten eine Zeitlang im Wohnwagen, den wir auf Plätzen abstellten, wo wir nichts zu bezahlen brauchten. In der letzten Zeit konnte ich in zehn verschiedenen Häusern wohnen, die leerstanden, weil die Besitzer in Urlaub waren bzw. weil es Zweithäuser waren, auf die jemand aufpassen mußte, oder weil jemand gestorben war. Einmal konnte ich ein halbes Jahr so wohnen, immer in schönen Häusern in prächtigen Gegenden. Es gibt viel mehr Möglichkeiten, als man denkt. Ich bezahle auch nicht zuviel fürs Telefonieren. Ich stehe früh auf und führe Gespräche mit Leuten auf der anderen Seite von Amerika zwischen sechs und acht Uhr morgens, wenn es weniger kostet.*

H.: *Was macht ihr mit dem Geld, das ihr durch das Buch und andere Aktivitäten einnehmt?*

V.: *Alle Menschen, die bei der New Road Map Foundation arbeiten, sind finanziell unabhängig und brauchen das Geld nicht. Der Ertrag aus den Kursen und anderen Aktivitäten geht an die Stiftung. Damit unterstützen wir u.a. andere Organisationen von Freiwilligen mit kleinen Beträgen von 500 bis zu maximal 2000 Dollar für Verwaltungskosten u.ä. Am liebsten helfen wir Menschen und Organisationen, die wirklich mit Überzeugung arbeiten, bei denen man merkt, daß sie von ihrer Arbeit beseelt sind.*

H.: *Bekommt ihr auch manchmal negative Reaktionen?*

V.: *Ab und zu. Nach der Oprah-Winfrey-Show zum Beispiel. Manche Leute waren böse, denn sie sind so daran gewöhnt, zu klagen und anderen die Schuld für ihre schlechte finanzielle Lage zu geben, daß sie es absolut nicht schätzen, wenn ihnen jemand dies „wegnehmen" will. Sie wollen lieber weiter klagen als etwas an ihrer Situation ändern. Außerdem gibt es eine ganze Generation, die mit der Überzeugung aufgewachsen ist, daß man als Amerikaner ein Recht auf einen bestimmten luxuriösen Lebensstandard hat.*

Wenn sie kein Geld haben, kaufen sie mit Kreditkarten. Sie leben über ihre Verhältnisse – mit dementsprechenden Folgen. In der letzten Zeit allerdings findet unsere Arbeit mehr und mehr soziale Anerkennung. Wir bekommen viel Publicity und positive Berichte in großen Zeitungen. Die Überzeugung, daß es Arbeit für alle gibt, gerät ins Wanken, seit überall Stellen gestrichen werden. Die Zukunft ist nicht mehr sicher, und immer mehr Menschen wollen nicht länger geduldig abwarten, bis sie auf die Straße gesetzt werden.

Die Notwendigkeit, zu sparen und zu „schrumpfen", wird größer. Man merkt, daß die Mentalität sich langsam verändert. Wenn man ein Kompliment bekommt über die hübsche Bluse, die man anhat, darf man jetzt stolz erzählen, daß man sie für einen Dollar second-hand gekauft hat. Das war früher undenkbar.

*Die **New Road Map Foundation** stellt den Überkonsum und seine Gefahren auf jede nur denkbare Art und Weise zur Diskussion. Vor allem, indem sie deutlich macht, daß Konsumbeschränkung die Lebensqualität erhöht. Das geschieht durch Aufklärung, Kurse, Veröffentlichungen, Beeinflussung der öffentlichen Meinung und der Politik. Durch den Erfolg des Buches sind die Mitarbeiter inzwischen gefragte Sprecher bei Seminaren bis hin zu Konferenzen der Vereinten Nationen. Eines ihrer Mottos lautet: „**Consume less for the sake of all life.**" Weitere Informationen: New Road Map Foundation, P.O. Box 15981, Seattle, WA 98115, USA*

9.
Vom eigenen Geld leben

Die letzte Stufe behandelt die umsichtige Verwaltung Ihres Arbeitskapitals, so daß Sie nach dem Erreichen des Hurrapunkts bis ans Ende Ihrer Tage über ein ausreichendes Einkommen verfügen.

Aber das bedeutet doch „Privatisieren"? Schickt sich das? Was werden meine Freunde sagen? Und eigentlich will ich mich nicht laufend mit Sparen und Geldanlagen beschäftigen. Außerdem wird das Finanzamt schon dafür sorgen, daß ich nicht von meinen Kapitalerträgen leben kann. Oder muß ich nach Liechtenstein oder auf die Bahamas umziehen? Das war der Tenor der Reaktionen, als wir erzählten, daß man eventuell „von seinem Geld" leben könnte. Oder auch: „Das ist unmöglich, da kann etwas nicht stimmen." Die Reaktionen entsprechen in etwa denen, die wir zum Inhalt der anderen Kapitel bekamen. Wer Einkommen bezieht, ohne dafür zu arbeiten, ist nicht seriös. Das gilt nicht nur für den Bezug von Sozialhilfe oder Arbeitslosenunterstützung, sondern auch für das Privatisieren. Solche Reaktionen sind fehl am Platze; wenn wir uns von rückständigen Vorstellungen freimachen, werden wir feststellen, daß das „vom – eigenen – Kapital – leben" durchaus nicht ehrenrührig ist. Im Gegenteil, die Vorteile für Sie selbst und für die Gesellschaft sind nicht zu unterschätzen.

Privatisieren?

Werden wir alle, früher oder später. Wie wir auch immer unsere Vorsorge fürs Alter regeln: Auf die eine oder andere Art und Weise bezahlen wir (sofern wir nicht Beamte sind) unser Arbeitsleben lang Beiträge für die Rentenversicherung und sorgen auch auf andere Art und Weise für die alten Tage vor. Die Rentenversicherungsträger legen unsere Prämien an und sorgen so dafür, daß wir eines Tages Rente oder Pension beziehen können. Und so gehen auch Versicherungsgesellschaften u.ä. vor, bei denen man Kapitallebensversicherungen o.ä. abschließt.

Sie tun also nichts anderes, als jetzt einen Teil Ihres Einkommens für später zurückzulegen. Selbstverständlich sorgen Sie

dafür, daß das Geld sicher angelegt ist und eine höchstmögliche Rendite erbringt, innerhalb der von Ihnen selbst bestimmten Grenzen. Auch wenn Sie nur ein paar tausend Mark auf dem Sparbuch haben, solange Sie nichts davon ausgeben, bekommen Sie Zinsen – Sie haben Kapitalerträge. Normalerweise sind wir uns dieser Vorsorge gar nicht bewußt, weil der Staat und die Rentenversorungträger uns die Arbeit mit der Altersvorsorge abgenommen haben, aber irgendwann werden Sie von Ihren Beiträgen profitieren.

Wieso besteht dann Argwohn gegenüber Menschen, die selbst über ihre Zukunft bestimmen und nicht bis zum 65. Lebensjahr auf den wohlverdienten Ruhestand warten wollen?

Verantwortungsbewußt privatisieren: Privatisieren genießt einen schlechten Ruf, weil es in unserer Vorstellung mit steinreichen Kolonialisten oder Kapitalisten verbunden ist, die ihr Vermögen auf Kosten anderer gemacht haben.

Wahrscheinlich gibt es diese Sorte Menschen tatsächlich, aber keineswegs jeder, der privatisiert, ist so. In unserem Buch geht es jedenfalls um eine andere Art des Privatisierens, nämlich darum, daß Sie Ihre Ausgaben bewußt einschränken und einen Teil Ihres Einkommens sparen, so daß Sie sich später an Ihrem ehrlich verdienten Geld und den Zinsen erfreuen können. Sie erzielen Ihren Gewinn nicht auf Kosten anderer. Sie haben sich bewußt und freiwillig dafür entschieden, Ihren Konsum zu verringern, weil Sie entdeckt haben, daß Sie nicht mehr davon abhängig sind. Sie sagen „Genug" und sind damit zufrieden. Wer sich bewußt einschränkt, beweist soziales Verantwortungsgefühl, denn er verschwendet nicht länger Rohstoffe, Energie und natürliche Ressourcen. Warum darf jemand nicht sagen „Ich will nicht bis zu meinem 65. Lebensjahr Geld verdienen, denn mir reicht das, was ich bis z.B. meinem 55. verdiene; damit gehe ich so sorgfältig um, daß ich damit auskomme"? Diese Art des Privatisierens hat mit mangelndem Verantwortungsgefühl nichts zu tun, denn man macht damit sogar noch einen Arbeitsplatz frei.

Aber ist Spekulieren nicht unmoralisch? Es gibt in der Tat Möglichkeiten der Geldanlage, die an Glücksspiele erinnern, bei denen man hofft, auf einen Schlag reich zu werden, und diese grenzen oft ans Betrügerische. Aber die meisten Möglichkeiten der Geldanlage sind durchaus seriös. In diesem Kapitel werden wir Ihnen zeigen, daß es durchaus möglich ist, mit Investitionen in sichere und wohlfundierte Projekte eine angemessene Rendite zu erzielen.

Angst vor der Freiheit: Natürlich können unvorhergesehene Probleme auftreten, falls man ernsthaft danach strebt, eines Tages nicht mehr für Geld zu arbeiten. Wir wissen aus eigener Erfahrung, daß das Angstgefühle auslösen kann. Was fange ich dann mit meiner Zeit an? Wer braucht mich dann noch? Wird mir die Arbeit nicht fehlen? Gibt es einen Weg zurück? Es kommt darauf an, welche Bedeutung Arbeit für Sie hat. Arbeit kann mehr sein als nur „Erwerb des Lebensunterhalts".

Glücklicherweise erreicht man den Hurrapunkt nicht von einem Tag auf den anderen, falls man nicht zufällig ein Vermögen erbt. Und auch das braucht kein Grund zu sein, um sofort aufzuhören zu arbeiten. Sie haben Zeit, sich auf Ihren „Vorruhestand" vorzubereiten. Lassen Sie den Gedanken richtig zu sich durchdringen. Überlegen Sie, was Ihnen am meisten fehlen würde, wenn Sie nicht mehr arbeiten. Gibt es andere Möglichkeiten, die Befriedigung zu erzielen, die Sie in der Arbeit finden? Seien Sie sich darüber im klaren, daß Sie, wenn Sie nicht mehr bezahlt arbeiten, über viel Zeit verfügen und viele neue Aktivitäten entfalten können. Die meisten Menschen, die sich dem Hurrapunkt nähern, haben zu Anfang Probleme mit all den neuen Möglichkeiten, die sich Ihnen bieten – zu viele. Solange man für seinen Lebensunterhalt arbeiten muß, hat man nicht so viel Entscheidungsfreiheit. Dieser Überfluß kann Sie anfänglich regelrecht überfallen.

Lassen Sie sich dadurch nicht davon abhalten, auf Ihre zukünftige Freiheit hinzuarbeiten. Sie werden feststellen, daß anfängliche Angstgefühle einem angenehmen Gefühl der Freiheit Platz machen. Falls Sie sowieso ohne viel Begeisterung gearbeitet haben, wird das Erreichen der finanziellen Unabhängigkeit Sie kaum belasten, und wahrscheinlich kann es Ihnen gar nicht schnell genug gehen. Aber auch dann ist Vorbereitung angebracht. Auch unbefriedigende Arbeit hat einen Sinn in Ihrem Leben, auch wenn Sie sich dessen nicht bewußt sind. Und sei es auch nur die Möglichkeit, ab und zu auf den Chef und die Kollegen zu schimpfen. Lieben Sie Ihre Arbeit so sehr, daß Sie absolut weitermachen wollen? Dann tun Sie das, niemand zwingt Sie zu etwas. Sie befolgen den Stufenplan für sich selbst. Aber nach dem Erreichen des Hurrapunkts kann sich doch einiges ändern. Denn von dem Geld, das Sie dann noch verdienen, brauchen Sie nicht Ihren Lebensunterhalt zu finanzieren, dafür sorgen Ihre Kapitalerträge. Vielleicht wollen Sie auf die Dauer doch eine andere Arbeit oder weniger arbeiten. Jeder soll nach seiner Fasson selig werden. Sie haben die Wahl!

In den Vereinigten Staaten, die uns nun einmal in vielem voraus sind, hat sich herausgestellt, daß es oft andere als finanzielle Gründe gibt, um weiter zu arbeiten. Dort haben sich Gruppen von Leuten gebildet, die zwar aufhören könnten zu arbeiten, sich aber (noch) nicht trauen. In diesen „Selbsthilfegruppen" schließen sich Leute zusammen, die ihren Hurrapunkt bereits hinter sich haben oder bei denen er bevorsteht, und die sich nicht trauen, ihre Stelle zu kündigen, obwohl sie wissen, daß sie es sich leisten könnten. Sie helfen einander herauszufinden, weshalb es so schwierig ist, aufzuhören zu arbeiten. Dazu tauschen sie Erfahrungen mit Leuten aus, die mutig genug waren, diesen „großen Schritt" zu wagen.

Was ist mit der Inflation? Es ist eine allgemein bekannte Tatsache: Geld wird langsam, aber sicher weniger wert. In Deutschland beträgt die Inflationsrate zwar zur Zeit *(Januar 1997)* weniger als 2 %, aber auch das bedeutet, daß die Preise jährlich steigen. Wie wirkt sich das aus, wenn ich von meinen Kapitalerträgen lebe? Das Einkommen steigt dann nicht mehr so wie zu der Zeit, als ich arbeitete und in den Tarifverhandlungen zumeist mindestens Inflationsausgleich vereinbart wurde oder man in eine höhere Gehaltsgruppe aufstieg. Aber spielt die Inflation tatsächlich eine so große Rolle, wie wir glauben?

Die Inflationsrate wird anhand bestimmter Daten berechnet, vor allem aufgrund des Preisindex für die Lebenshaltung der privaten Haushalte des Statistischen Bundesamtes. Dieser Index ist Resultat komplizierter Berechnungen. Anhand des durchschnittlichen Verbrauchs einer Familie wird ein Paket von Gütern und Dienstleistungen zusammengestellt, die jeweils einem Wägungsschema zugeordnet sind. Falls der durchschnittliche Verbraucher z.B. doppelt soviel gemischtes Hackfleisch wie Tartar kauft, erhält gemischtes Hackfleisch den Wägungsfaktor 2 und Tartar den Wägungsfaktor 1; daher zählt Hackfleisch sozusagen doppelt. Die Preise aller Produkte und Dienstleistungen ergeben dann die Indexzahl. In seinem Statistischen Jahrbuch 1996 setzt das Statistische Bundesamt den Index für 1991 auf 100 fest, für 1995 betrug er 112,5, was bedeutet, daß die Preise seit 1991 allgemein um 12,5 % gestiegen sind. (Dabei sind übrigens die Mieten überproportional beteiligt.) Was passiert, wenn ich mit 50 aufhöre zu arbeiten, und die Preise weiter so steigen? Wie lange kann ich dann von meinen Kapitalerträgen leben?

Der Preisindex ist ein makroökonomischer Begriff, der nicht ohne weiteres auf individuelle Fälle anzuwenden ist. Bei Leuten, die bewußt konsumverringern, setzt sich das Paket von Gü-

Preisvergleich 1984–94

Bezeichnung	1984 DM	1994 DM	Unterschied (%)
1 kg Kalbsschnitzel	29,40	34,20	+16
1 kg Tiefkühl-Brathähnchen	5,28	5,01	−5
1 l frische Vollmilch	1,23	1,32	+7
250 g Markenbutter	2,53	2,00	−21
1 kg Tafeläpfel	3,19	3,19	0
1 kg Tomaten	3,80	3,88	+2
1 kg Mischbrot	3,02	3,98	+32
500 g gemahlener Bohnenkaffee	11,34	8,24	−27
0,5 l Flaschenbier	0,92	1,13	+23
1 l Apfelsaft	1,34	1,59	+19
Herrenoberhemd, Baumwolle (gute Qualität)	51,80	66,30	+28
Damen-Pumps, Obermaterial Leder	122,00	147,00	+20
Kleiderschrank, 1 m lang	581,00	802,00	+38
Eßbesteck, Edelstahl, vierteilig	28,80	45,00	+56
Kochtopf mit Deckel, Edelstahl	73,20	102,00	+14
Frisieren (Waschen und Legen) (Damen)	15,80	24,10	+53
Herren-Quartzarmbanduhr, Edelstahl (mit Stahlband)	152,00	134,00	−26

(Quelle: Statistisches Jahrbuch für die Bundesrepublik Deutschland)

tern und Dienstleistungen wahrscheinlich anders zusammen als das durchschnittliche, auf dem der Preisindex beruht. Denn der Preisindex geht nun einmal vom Verhalten des durchschnittlichen Konsumenten aus.

Bei echter Konsumverringerung kann der Unterschied noch größer sein. Ich gebe z.B. überhaupt nichts mehr für Fernseher, Programmzeitschriften oder Fernsehgebühren aus, während ich vor zehn Jahren noch treuer Fernsehzuschauer war. Auch bei Kleidung sind die Unterschiede zwischen früher und heute aufsehenerregend. Früher kostete jedes Hemd, das ich kaufte, zwischen 30 und 50 Gulden. Jetzt kaufe ich Hemden second-hand für 3,50 Gulden, falls ich nicht noch handele. Für Hauseinrichtung geben wir praktisch überhaupt nichts mehr aus, weil man alles umsonst bekommt oder findet. Biologische Lebensmittel kaufte ich vor Jahren im allgemeinen für sehr viel mehr Geld als heutzutage. Sehr viele Produkte, wie z.B. Haushaltsgeräte, Einrichtungsgegenstände, Fahrräder oder elektronische Geräte, sind heute – wegen technischer Verbesserungen – nicht nur in der Anschaffung, sondern auch im Gebrauch preiswerter geworden, vor allem wenn man sich nicht von der Werbung davon verführen läßt, alle paar Jahre das neueste Modell zu kaufen. Ganz zu vernachlässigen ist der Faktor Inflation natürlich nicht. Aber Sie sollten für Ihre spezifische Situation untersuchen, ob die Preise für die Produkte, die Sie kaufen, voraussichtlich tatsächlich steigen oder eher sinken werden. Gibt es vielleicht bestimmte Produkte, die Sie absolut nie mehr anschaffen werden, weil Sie sie bereits haben und sie noch jahrzehntelang funktionieren? Außerdem wissen wir, daß manche Kosten im Lauf der Zeit immer niedriger werden. Eltern erwachsener Kinder können davon ein Lied singen, vor allem wenn sie aus einem großen in ein kleineres Haus umgezogen sind. Vielleicht kommen Sie mit dem Fahrrad aus und können Ihr Auto abschaffen? Daß nach Ihrem Eintritt in den Ruhestand alles teurer wird, ist mehr Mythos als Wirklichkeit. Insgesamt gesehen ist die Wahrscheinlichkeit groß, daß der durchschnittliche kreative Konsumverweigerer aufgrund der stetigen Verringerung seiner Ausgaben der Inflation ein Schnippchen schlagen kann. Und noch eine beruhigende Tatsache: Die Zinsentwicklung entspricht in etwa der Inflation. Und in diesem Kapitel wird noch zur Sprache kommen, daß Anlagen, die Zinsen abwerfen, am ehesten geeignet sind, eine gute und sichere Rendite auf Ihr Arbeitskapital zu erzielen. Wenn die Inflation sich beschleunigt, wird also auch Ihre Rendite steigen.

Was ist mit unerwarteten Ausgaben? Diese Möglichkeit muß man natürlich berücksichtigen. Und alles kann man schließlich nicht versichern. Deshalb ist es nicht anzuraten, sofort zu kündigen, wenn man den Hurrapunkt erreicht hat. Denn, falls Sie Ihr Arbeitskapital in Anspruch nehmen müssen, werden Ihre Einkünfte permanent niedriger, und das ist natürlich nicht der Sinn der Sache. Für solche unerwarteten Ausgaben und zum Ausgleich eventueller Fluktuationen in den Erträgen aus Ihrem Arbeitskapital schaffen Sie sich einen „doppelten Boden". Einen Betrag, der nicht zu Ihrem Arbeitskapital gehört und über den Sie jederzeit verfügen können.

Der Umfang dieser Rücklage für Notfälle ist von Fall zu Fall verschieden. Sie sollten in jedem Fall Ihre Ausgaben für ein halbes Jahr davon bestreiten können, aber mehr ist natürlich auch möglich. Übrigens hat sich herausgestellt, daß das zur Gewohnheit gewordene Sparen nach dem Erreichen der finanziellen Unabhängigkeit beibehalten wird, so daß Sie sogar von den Erträgen aus Ihrem Kapital noch etwas übrigbehalten. Sie sollten sich aber lieber nicht darauf verlassen, daß das der Fall sein wird.

Falls Sie einen Betrag gespart haben, von dem Sie denken, daß er für alle Eventualitäten ausreicht, beginnen Sie mit dem Aufbau Ihres Arbeitskapitals.

Stufe 9: Entwickeln Sie selbständig eine Anlagestrategie für das Arbeitskapital, so daß Sie ein Einkommen erzielen, mit dem Sie für den Rest Ihres Lebens auskommen

Wie bereits gesagt, wird ein Großteil des Geldes, das wir heute in der Form von Rentenversicherungsbeiträgen, Lebensversicherungsprämien usw. für unsere alten Tage zur Seite legen, von anderen verwaltet, ohne daß wir genau wissen, was eigentlich damit passiert. Normalerweise kann man auch davon ausgehen, daß die Rentenversicherungsbeiträge bei diesen Trägern in guten Händen sind. Für das Arbeitskapital, das Sie nun aufbauen, schlagen wir eine andere Strategie vor. Übernehmen Sie selbst die Verantwortung! Sie haben jetzt Ihre Ausgaben und Einkünfte unter Kontrolle, also ist es logisch, daß Sie auch Ihr Kapital selbst verwalten. Sie brauchen natürlich nicht alles alleine zu tun, aber Sie sollten selbst erst einmal alle Möglichkeiten untersuchen. Dann wird Ihnen schnell deutlich, daß es gar nicht so schwierig ist, ein Kapital umsichtig zu verwalten. Natürlich werden Sie irgendwann einmal einen Experten um Rat fragen müssen. Denken Sie dabei daran, daß Anlageberater bei Banken und Versicherungen vor allem ihre eigenen Produkte verkaufen wollen; sie haben eventuell andere Interessen als Sie. Fragen Sie erst um Rat, wenn Sie ganz genau formuliert haben, was Sie wissen wollen, und sicher sein können, daß der potentielle Berater in Ihrem Interesse handeln wird. Zunächst sollten Sie sich selbst sachkundig machen, so daß Sie die Ratschläge, die Sie bekommen, richtig beurteilen können. Seien Sie sich darüber im klaren, daß die meisten Anlageexperten überzeugte Vertreter der „Mehr ist besser"-Mentalität sind und selten Leute beraten, die sich bewußt dafür entschieden haben, möglichst wenig auszugeben. Anlageberater arbeiten vor allem für Leute mit (großem) Vermögen, und ihre Tips sind meist darauf gerichtet, das größte Problem zu lösen, das Leute haben, die viel Geld verdienen: das Steuerzahlen. Der durchschnittliche Konsumverringerer hat dieses Problem nicht oder in viel geringerem Ausmaß. Er verdient oft nicht so viel, behält davon jedoch relativ viel übrig und möchte herausfinden, wie man mit einem nicht allzu umfangreichen Kapital möglichst viel Ertrag erzielen kann. Glücklicherweise findet man inzwischen auch Anlageberater, die auf diese Frage Antwort geben wollen.

Sie brauchen kein Studium der Wirtschaftswissenschaften zu absolvieren, um Experte im Anlegen Ihres eigenen Kapitals zu werden. Wenn Sie dieses Kapitel aufmerksam lesen, bekommen Sie bereits wichtige Informationen, und es gibt genügend Literatur, aus der Sie alles Wichtige über die für Sie relevanten Dinge erfahren können. Für die Fortsetzung dieses Kapitels haben wir dankbar von dem Buch *Anlage Ratgeber Geld. Profiwissen für die starke Rendite. Planvoller Vermögensaufbau. Sichere Anlageformen* von Heinz-Josef Simons Gebrauch gemacht und einige Passagen übernommen.

Vermögensverwaltung bis zum Hurrapunkt

Legen Sie zunächst die Grundsätze für die Verwaltung Ihres Kapitals fest; die Bedingungen, unter denen Sie Ihr Ziel anstreben:

ein sicheres Einkommen erzielen. Formulieren Sie die Bedingungen entsprechend Ihrer eigenen Situation so präzise wie möglich, dann bilden sie die Basis und Richtschnur Ihrer Anlagestrategie. Falls Sie finanziell unabhängig bleiben wollen, muß jede Anlageform in jedem Fall folgende Voraussetzungen erfüllen:

- Das Kapital muß ein Einkommen erbringen,
- das Kapital muß möglichst sicher angelegt sein,
- ein Teil des Kapitals muß im Notfall sofort problemlos flüssig gemacht werden können,
- die Kapitalanlage sollte möglichst wenig Kosten verursachen wie Provision, Kommission, Verwaltungs- und Depotkosten,
- die Anlage sollte möglichst wenig Zeit und Energie erfordern,
- das Einkommen muß langfristig stabil und sicher sein,
- der Ertrag muß (nach dem Erreichen der finanziellen Unabhängigkeit) in regelmäßigen Abständen bar ausgeschüttet werden (keine automatische Wiederanlage),
- das Einkommen sollte möglichst niedrig besteuert werden und nur geringe Kosten verursachen.

Überarbeiten und korrigieren Sie diese Bedingungen gemäß Ihrer eigenen Situation. Wie hoch müssen Ihr Kapital und das Einkommen sein? Wie sicher muß die Anlage sein; können Sie eventuell bestimmte Risiken eingehen? Wie lange wollen Sie ein Einkommen erzielen und welche Schwankungen sind Sie bereit zu akzeptieren?

Dabei müssen Sie Ihre Eigentumsverhältnisse, wie z.B. ein eigenes Haus, Ihre Einkommenssituation vor und nach dem Hurrapunkt, bereits vorhandene Ersparnisse und Renten- bzw. Pensionsansprüche berücksichtigen.

Außerdem können Sie die Bedingungen auch verschärfen. Menschen, die ihre Ausgaben bewußt verringert haben, weil sie z.B. Umweltschutz oder ethische Produktionsbedingungen wichtig finden, werden dann wahrscheinlich auch an die Anlageformen und -projekte bestimmte Anforderungen stellen. In den letzten Jahren sind viele neue Möglichkeiten für „grüne" Geldanlagen bzw. Investitionen in Unternehmen, die sich ethischen Mindestanforderungen unterwerfen, entstanden. Und diese Entwicklung setzt sich fort.

Wenn alle Bedingungen formuliert sind, ist die Skala an Anlagemöglichkeiten normalerweise nicht allzu groß, spekulative

Anlageformen z.B. scheiden von vornherein aus. Wer Geld anlegt, um ein Einkommen zu erzielen, wird sein Geld relativ sicher anlegen, mit anderen Worten, eine relativ niedrige, aber sichere Rendite wählen. Das ist der Unterschied zu den spekulativen Anlageformen, über die man ab und zu in der Zeitung liest. Es geht Ihnen nicht um Millionengewinne mit Put-Optionen, Warentermingeschäften oder Derivaten. Wenn Sie solche Anlagen bevorzugen, sollten Sie lieber gleich ins Spielkasino gehen.

Geldanlage Schritt für Schritt

Das Schöne an dieser Materie ist, daß Sie sich Schritt für Schritt damit vertraut machen können, etwa in dem Maße, in dem Ihre Ersparnisse wachsen, wird Ihr Wissen größer. Wenn Sie wollen, daß die Anlageform alle Ihre obengenannten Bedingungen erfüllt, ist die Auswahl zu Anfang nicht schwierig. Sobald die Beträge größer werden und auch die Steuer eine Rolle zu spielen beginnt, wird die Sache komplizierter. Aber das wird erst in einigen Jahren der Fall sein, so daß Sie sich in Ruhe vorbereiten können.

Das Sparbuch

Die meisten Leute werden erst einige hundert oder tausend Mark im Rahmen einer Spareinlage mit dreimonatiger Kündigungsfrist „anlegen". Der wichtigste Unterschied zwischen einem Sparbuch (wie der Name früher lautete) und einem Girokonto besteht darin, daß man sich ausweisen muß, um ein Sparbuch anzulegen, daß über ein Sparkonto keine Zahlungen empfangen oder getätigt werden können und Abhebungen fristgebunden sind. Die dreimonatige Kündigungsfrist gilt jedoch nicht für die gesamte Sparsumme. Bei den meisten Spareinlagen sind 3000 DM jederzeit verfügbar, während für darüber hinausgehende Beträge ein Abheben vor Ablauf der Kündigungsfrist nur unter Berechnung von „Strafzinsen" möglich ist. Wollen Sie sich die Möglichkeit erhalten, größere Beträge abzuheben, bietet sich das Anlegen mehrerer Sparbücher an, wobei jeweils Beträge bis zu 3000 DM jederzeit verfügbar sind. So können Sie selbst die Höhe der Summe bestimmen, über die Sie frei verfügen möchten. Sparbücher können ab einer Einlagesumme von

1 DM angelegt werden, Einzahlungen sind kostenlos, und im Gegensatz zum Girokonto erhält man Zinsen für das Guthaben. Wer über ein Sparbuch verfügt, sollte dafür sorgen, daß das Guthaben auf dem Girokonto möglichst niedrig und das auf dem Sparbuch möglichst hoch ist. Wenn Sie Klarheit über Ihre Einkünfte und Ausgaben gewonnen haben, ist das nicht schwierig.

Obwohl die Sparzinsen niedrig sind und oft kaum die Inflationsrate überschreiten, ist es unbedingt anzuraten, nach möglichst hoher Verzinsung zu suchen und nicht um jeden Preis der eigenen Bank treu zu bleiben. Glücklicherweise werden Sparer immer kritischer und zwingen dadurch die Banken, mit ihren Angeboten zu konkurrieren. Die Sparzinsen liegen im Moment *(Januar 1997)* bei 2–3 %. Informieren Sie sich gut, denn bei „attraktiveren" Sparformen entfällt die Möglichkeit, bis zu 3000 DM jederzeit abzuheben; bei unvorhergesehener Abhebung werden dann „Strafzinsen" fällig.

Auch für „ethisch" eingestellte Sparer gibt es genügend Anlageformen, vor allem wenn das Guthaben etwas angewachsen ist. Dann bieten auch „grüne" Banken ordentliche Zinssätze. Machen Sie sich die Mühe, alle Möglichkeiten auszuloten.

In den letzten Jahren ist das sogenannte „Bonifizieren" in Mode gekommen. Wenn Sie einen Betrag von etwa 5000–10000 DM gespart haben, können Sie mit Ihrer Bank „handeln". Drohen Sie damit, das Geld bei der gleichen Bank auf einem Festgeldkonto anzulegen oder zu einer anderen Bank zu wechseln, die höhere Zinsen zahlt. Die meisten Geldinstitute werden dann „zähneknirschend" bereit sein, Ihnen einen Bonus zu zahlen, der die Differenz zwischen dem Festgeldangebot der Bank und den Zinsen für Einlagen auf Sparbüchern praktisch überbrückt. So können Sie den Zinssatz um 1–2 % erhöhen. Scheuen Sie sich nicht, das zu tun, denn für die Bank springt trotzdem noch genug heraus. Sie spielt dieses Spiel mit, um erstens ihre Kunden zu behalten und zweitens, weil Geld, das auf dem Sparbuch liegt, für die Bank interessanter ist als Festgeld. Allerdings gilt beim Bonifizieren nicht mehr die Regel, daß 3000 DM jederzeit abgehoben werden können, aber dagegen können Sie sich wappnen, indem Sie mehrere Sparbücher anlegen.

Da es sich anscheinend bei den Sparern herumgesprochen hat, daß mit den „Magerzinsen" für normale Sparbücher kein großer Staat zu machen ist, haben die Banken reagiert und in den letzten Jahren nach und nach Sondersparformen entwickelt.

Allesamt Spareinlagen mit längerer Kündigungsfrist. So gibt es jetzt ab einer Mindesteinlage von 1000 DM Sparbücher mit steigendem Zins. Das nennen die Banken Extrasparen, Dynamiksparen usw. Die Zinsen werden dann höher, je länger das Geld angelegt bleibt. Aber bei all diesen Sparformen und beim Festzinssparen, wobei das Geld für einen Zeitraum von ein bis vier Jahren festgelegt wird, bleibt die Rendite niedrig. Sobald Sie mehr Geld gespart haben, als Sie jederzeit flüssig haben möchten, sollten Sie sich nach einträglicheren Sparformen umsehen, ohne jedoch ein viel größeres Risiko einzugehen. Und diese Sparformen bestehen durchaus.

Festgeld und Sparbriefe

Geringfügig höhere Zinsen erhält man für sogenanntes Festgeld. Dabei besteht meist eine sogenannte Untergrenze, die Einlagesumme muß mindestens 5000–10000 Mark betragen. Das Geld wird für einen bestimmten Zeitraum festgelegt, zwischen einem Monat und einigen Jahren. Vorzeitiges Abheben ist bei Festgeld nicht möglich, genauso wie auch bei Sparbriefen und allen Variationen des Sparbriefs, daher die etwas höheren Zinsen. Inzwischen gibt es auch andere Sparmöglichkeiten, Prämiensparen, Zinssparen und Bonussparen, wobei man sich verpflichtet, über einen längeren Zeitraum monatlich einen festen Betrag einzuzahlen, meist mindestens 50 oder 100 Mark. Die „Treue" wird mit höheren Zinsen belohnt. Aber vor allem in einer Periode, in der – wie zur Zeit – die Marktzinsen niedrig sind und man auch mit Bonifizierung und den übrigen hier behandelten Sparformen nicht viel mehr als 3–4 % Zinsen erzielen kann, sollten Sie nach rentableren Anlagemöglichkeiten Ausschau halten. Es geht schließlich darum, das Arbeitskapital aufzubauen, aus dem später Einkommen erzielt werden soll, eine gewisse Rendite ist daher erforderlich.

Festzinsangebote des Staates

Auch wenn man erst eine kleine Summe gespart hat, kann man höhere Zinsen erzielen, als Banken bieten. Es gibt nämlich „Instrumente", mit denen der Staat ganz gezielt Kleinanleger anspricht. Für Sparer, die an risikolosen Papieren interessiert sind – und darum geht es ja, wenn Sie für ein sicheres Einkommen sparen –, gibt es die kurzfristigen Finanzierungsschätze und die mittelfristig laufenden, aber nach einem Jahr jederzeit veräußerbaren Bundesschatzbriefe. Beide Wertpapiere haben sich einen großen Publikumskreis erschlossen. Ein Grund dafür liegt darin, daß ihre Konditionen meistens so attraktiv sind, daß sie die Zinsangebote der Banken klar übertreffen.

Finanzierungsschätze gibt es in Stückelungen ab 1000 DM. Diese Stücke werden jederzeit mit einer Laufzeit von ein bis zwei Jahren angeboten, wobei die Zinsen mit den Marktzinsen schwanken. Einmal gekauft, liegen die Zinsen für den gesamten Zeitraum fest. Finanzierungsschätze sind so beliebt, weil bereits niedrige Beträge vergleichsweise hohe Zinsen abwerfen, während die Banken für solche Beträge weniger bieten. Die Zinsen entsprechen in etwa denen, die die Banken erst für 10000–100000 Mark Festgeld zahlen. Hinzu kommt noch, daß Finanzierungsschätze ganz gebührenfrei sind. Banken und Sparkassen dürfen weder bei der Emission noch bei der Rückgabe Spesen verlangen. Auch Depotgebühren lassen sich vermeiden, wenn man die Finanzierungsschätze zwar über die Bank oder Sparkasse kauft, sie aber nicht dort, sondern bei der Bundesschuldenverwaltung (Bahnhofstraße 16–18, 61352 Bad Homburg) deponieren läßt. Diese Institution stellt Anlegern keinerlei Gebühren für Bundeswertpapiere in Rechnung.

Eine andere attraktive Anlageform für Neulinge im Sparland sind Bundesschatzbriefe (Typ A oder B), von vielen Bundesbürgern liebevoll „Bundesschätzchen" genannt, die man schon ab einer Summe von 50 bis 100 DM anschaffen kann. Die Laufzeit beträgt sechs oder sieben Jahre, und die Zinsen steigen jährlich, während die Stücke nach einem Jahr schon wieder verkauft werden können, ohne daß Zinsverluste entstehen. Bei Bundesschatzbriefen beträgt der Zinssatz im ersten Jahr bereits 3 %. Nach drei Jahren sind die Zinsen auf fast 4,5 und nach sechs Jahren auf rund 7 % gestiegen *(Januar 1997)*. Bei Typ A erfolgt die Zinszahlung jährlich, während bei Typ B die Zinsen jeweils zur ursprünglichen Anlagesumme addiert werden, so daß man vom Zinseszinseffekt profitieren kann. Ein riesiger Vorteil von Bundesschatzbriefen im Vergleich zur Mehrzahl der Sparbriefe liegt darin, daß sie ab einem Jahr nach der Emission börsentäglich zurückgegeben werden können.

Gewiefte Anleger betrachten diese Festzinsangebote des Staates als Ersatz für das Sparkonto oder sogar für Sparbriefe oder das Festgeldkonto. Denn nach diesem einen Jahr können sie nicht nur mit einem wesentlich höheren Grad an Liquidität aufwarten, sondern auch mit der ständig steigenden Verzinsung. Und daß sich diese Anlageform lohnt, sehen wir an zwei Beispielen:

Ehepaar 1 kann eine Gesamtsparsumme von 40000 DM für einen Zeitraum von drei Jahren anlegen. Das Ehepaar legt den Betrag in fünf Sparbüchern bei seiner Hausbank an, wobei der Zinssatz durchschnittlich 2,25 % beträgt. Auf jedem Sparbuch stehen 3000 DM, so daß jederzeit 15000 DM „bußefrei" abgehoben werden können. Die restlichen 25000 DM sind auf einem sechsten Sparbuch angelegt, das aufgrund von „Bonifizierung" höhere Zinsen bringt, nämlich 3,5 %. Allerdings darf die Einlegesumme nicht abgehoben werden. Die Gesamtzinsen in drei Jahren betragen 3638 DM (ohne Zinseszins) – ein durchschnittlicher Zinssatz von 3,03 %.

Ehepaar 2 verfügt ebenfalls über 40000 DM. Im ersten Jahr legt es – wie Ehepaar 1 – auf fünf Sparbüchern jeweils 3000 DM an, um jederzeit 15000 DM abheben zu können. Nach einigen Nachforschungen findet es eine Direktbank, die 2,6 % Zinsen zahlt. Für die restlichen 25000 DM werden sofort Bundesschätzchen gekauft, die nach drei Jahren eine durchschnittliche Rendite von 4,83 % erzielen. Nach dem ersten Jahr werden auch für die Summe auf den fünf Sparbüchern Bundesschätzchen gekauft, weil die 25000 DM inzwischen jederzeit flüssig gemacht werden können. Die 15000 DM von den Sparbüchern bringen in der restlichen Zeit 4,25 % Zinsen. Die Gesamtzinsen für Ehepaar 2 betragen 5288 DM, durchschnittlich 4,41 %. Ohne jegliches Risiko und mit viel großzügigeren Möglichkeiten, was die Verfügbarkeit betrifft, erhält Ehepaar 2 also fast 50 % mehr Zinsen als Ehepaar 1. Und der Ertrag wird in den kommenden Jahren noch höher werden.

Sparen und Steuern zahlen

Wenn Sie zu sparen beginnen, brauchen Sie am Anfang keine Angst zu haben, daß das Finanzamt Ihnen zu tief in die Taschen greift. Unter Zugrundelegung der mit Spareinlagen nach einigen Jahren relativ problemlos zu erzielenden Zinsen von 5 % bleiben alle Zinsen aus einem Kapital von 122000 DM für Alleinstehende oder 244000 DM für Verheiratete unbesteuert. Dies ist der Effekt des sogenannten Sparerfreibetrags von 6100 DM bzw. 12200 DM (Ehepaare). Erst, wenn Sie mehr gespart haben, fängt die Steuer an, eine Rolle zu spielen. Auch dann gibt es noch verschiedene Möglichkeiten, um auch bei höherem Arbeitskapital weniger Steuern zu zahlen.

Zum ersten gibt es die Kapitallebensversicherung, wobei monatlich eine bestimmte Summe gespart wird. Doch sollten Sie es sich gründlich überlegen, bevor Sie eine solche Versicherung abschließen, wobei die Laufzeit oft Dutzende von Jahren beträgt. Über einen solchen langen Zeitraum gesehen, ist die Rendite bei solchen Versicherungen im Vergleich mit den Möglichkeiten einer selbständigen Geldanlage (die wir später behandeln werden) recht niedrig. Viele Kapitallebensversicherungen garantieren lediglich eine Rendite von 4 %, und auch die tatsächliche Rendite liegt niedriger als die, die Sie mit eigenen Investitionen erzielen können und ist oft nicht höher als 5 %. Dies kommt dadurch, daß Versicherungsgesellschaften lediglich einen Teil Ihrer Einlage sparen. Erstens besteht ein Teil Ihrer Einzahlungen aus der Versicherung für den Todesfall, zweitens gibt es die Vertreterprovisionen und die Kosten für Werbung und sonstige Kosten, die der Versicherungsgesellschaft entstehen. Die verschiedenen Kosten, um die Ihre Sparsumme verringert wird, sind von Versicherung zu Versicherung sehr unterschiedlich und nur mühsam zu durchschauen. Wie hoch dieser Anteil am Beitrag ausfällt, wird dem Versicherten nur selten deutlich gesagt. Sie können also höchstens ahnen, welche Kapitalanlage genutzt wird und wie hoch die Rendite Ihrer Kapitallebensversicherung in Zukunft ausfällt.

Glücklicherweise ist es jedoch möglich herauszufinden, welche Gesellschaften die für Ihre Situation günstigste Versicherung anbieten. In Zeitschriften wie „DM", „Capital", „Wirtschaftswoche" oder „Finanztest" werden regelmäßig Untersuchungen publiziert, wobei die verschiedenen Anbieter miteinander verglichen werden. Einige Zeitschriften bieten sogar einen Redaktionsservice an, durch den Sie den für Ihre Situation optimalen Versicherer finden können. Aber auch dann bleibt eine Kapitallebensversicherung noch eine wenig lukrative Anlageform, bei der man sich für sehr lange Zeit festlegt. Wohl handelt es sich dabei um eine sehr einfache Anlageform, sobald die Versicherung einmal abgeschlossen ist, denn auch das Risiko im Todesfall ist abgedeckt. Trotzdem ziehen wir es vor, selbständig und flexibel zu bleiben, man weiß ja schließlich nie, was die Zukunft bringt. Aber wie sieht es nun mit den Steuervorteilen einer solchen Versicherung aus? Viele Vertreter locken noch mit angeblichen Steuervorteilen daheim am Wohnzimmertisch zur Unterschrift. In der Tat ist die Kapitallebensversicherung steuerlich begünstigt: die regelmäßigen Einzahlungen kann man bei der Einkommenssteuererklärung im Rahmen der Vorsorgeaufwendungen steuermindernd geltend machen. Vorausgesetzt, die Freibeträge sind nicht bereits durch die Beiträge zur gesetzlichen Sozialversicherung ausgeschöpft, was für die meisten Steuerzahler zutrifft. Lediglich Selbständige und Beamte haben oft noch ausreichend Spielraum, um die Prämienzahlungen bei einer Vertragslaufzeit von mindestens fünf Jahren als Sonderausgaben abzusetzen. Auch die Erträge aus solchen Versicherungen bleiben steuerfrei, wenn die Vertragslaufzeit mindestens zwölf Jahre beträgt. Darum ist die Kapitallebensversicherung noch immer so beliebt. Doch sie hat an Attraktivität eingebüßt, weil die Rendite niedrig ist, vor allem wenn man davon ausgeht, daß man später einmal nur ein kleines Einkommen aus Kapital haben möchte, wodurch die Steuervorteile um einiges niedriger werden oder ganz wegfallen.

Selbständig Geld anlegen

Bei den obengenannten Anlageformen geben Sie Ihr Geld sozusagen aus den Händen. Wenn Sie das nicht unüberlegt tun, ist Ihr Geld sicher angelegt. Aufgrund der steuerlichen Situation wird es in bestimmten Fällen von Vorteil sein, Anlageformen zu wählen, die steuerlich begünstigt werden. Sie können natürlich auch selbständig Ihr Geld anlegen. Vielleicht wollen Sie keinen langfristigen Sparvertrag und auch keine Lebensversicherung abschließen, weil Sie jederzeit über Ihr Geld verfügen wollen. Vielleicht haben Sie auch bereits den Sparerfreibetrag und die Steuervorteile ausgenutzt und haben noch einen Betrag übrig, den Sie anderweitig investieren wollen.

Aufgrund der Bedingungen, die die Anlageform erfüllen muß, sind die Möglichkeiten ohnehin begrenzt, und es lohnt sich, diese selbst zu untersuchen. Denn sobald Sie Ihre Vermögensverwaltung aus der Hand geben, haben Sie mit Unternehmen zu tun, für die es offensichtlich attraktiv ist, Ihr Geld anzulegen. Das bedeutet, daß diese Unternehmen für Ihr Geld höhere Renditen erwirtschaften, als Sie bekommen. Denken Sie einmal an die Prachtgebäude, über die Banken und Versicherungen verfügen. Es muß also ein Unterschied bestehen zwischen dem Zinssatz, den man Ihnen für Ihre Ersparnisse zahlt und der tatsächlichen Rendite, die man mit Ihrem Geld erzielt. Das ist auch logisch, denn Banken und Versicherungsgesellschaften nehmen Ihnen eine Menge Arbeit ab. Sie brauchen nicht über alle Anlageformen Informationen zu sammeln, nicht täglich die Börsennachrichten zu studieren und nicht zu kaufen und verkaufen. Falls Sie Ihren Sparerfreibetrag und alle Formen der Steuerbegünstigung ausgenutzt haben, können Sie mit den Anlageformen, die wir jetzt behandeln wollen, relativ einfach die gleiche oder eine höhere Rendite erzielen, als eine Bank oder Versicherungsgesellschaft Ihnen bietet. Selbständige Geldanlage ist auch mehr in Übereinstimmung mit der finanziellen Unabhängigkeit, die Sie sich ja schließlich auch selbst erarbeitet haben.

Anleihen des Staates

Wollen Sie, daß Ihr Geld absolut sicher ist, dann sind Bundesanleihen und Bundesobligationen die richtigen Anlageformen. Wie der Name schon sagt, geht es dabei darum, daß Sie der Bundesrepublik Deutschland oder anderen öffentlichen Körperschaften Geld leihen, eine absolut sichere Anlageform mit relativ hoher Verzinsung. Allerdings kann die Bundesregierung es sich erlauben, etwas niedrigere Zinsen als die normalen Kapitalmarktzinsen zu zahlen, weil sie als Schuldner einen ausgezeichneten Ruf genießt. Alle Bundeswertpapiere werden täglich an der Börse gehandelt und können daher jederzeit flüssig gemacht werden. Bundesanleihen werden mit einem Mindestnennwert von 100 DM in regelmäßigem Abstand ausgegeben und nach Ablauf der Laufzeit zu dem Betrag zurückgezahlt, den Sie ursprünglich dafür gezahlt hatten, außerdem erhalten Sie jährlich feste Zinsen. Falls Sie z.B. 1995 eine zehnjährige Bundesanleihe im Nennwert von 50000 DM zu 5 % Zinsen gekauft haben, beziehen Sie jedes Jahr ein Bruttoeinkommen von 2500 DM. Bei vorzeitigem Verkauf von Staatspapieren erlösen Sie normalerweise nicht den Gesamtbetrag, im Gegensatz zu Anleihen, die am Ende der Laufzeit vom Staat eingelöst werden. Der Preis einer Anleihe, der sogenannte Kurs, wird in Prozent ausgedrückt, bei Bundesanleihen liegt der Ausgabepreis oft über 100 %, während der Preis bei vorzeitigem Verkauf bei noch längerer Laufzeit unter 100 % liegen kann. Kaufen Sie eine Anleihe mit einer Verzinsung von 6 % zum Kurs von 100 und die Zinsen auf dem Kapitalmarkt sinken auf 5,5 %, dann wird der Kurs

Ihrer Bundesanleihe (etwa) 6 : 5,5 x 100 = 109. Falls Sie zu diesem Kurs verkaufen, bekommen Sie 9 % mehr (minus Provision etc.) als die ursprüngliche Kaufsumme, steigen die Zinsen, gilt allerdings das Umgekehrte. Diese Zinsfluktuation gibt Ihnen die Möglichkeit, langfristig die Rendite aus Ihrem Arbeitskapital zu erhöhen.

Die Anlage in Bundesanleihen beginnt mit dem Kauf: der Emission. Kaufen Sie möglichst zum Zeitpunkt der Ausgabe der Anleihe, denn dann sind mit dem Kauf keine Kosten verbunden. Auch Depotgebühren können Sie bei Bundeswertpapieren sparen, denn sie können kostenlos bei der Bundesschuldenverwaltung deponiert werden, dies sollten Sie dann sofort angeben, wenn Sie einer Bank einen Kaufauftrag erteilen. Der Kauf erfolgt über eine Bank oder über die Bundesschuldenverwaltung. Kaufen Sie Bundesanleihen nicht bei der Emission, sondern später über die Börse, dann wird Provision fällig, diese beträgt einen bestimmten Prozentsatz des Kaufbetrages, verbunden mit einer Mindestsumme. Auch hierbei sollten Sie herausfinden, über welche Bank Sie am besten kaufen (und verkaufen), denn die Spesen schwanken. Obwohl Bundesanleihen bereits ab 100 DM gekauft werden können, lohnt sich wegen der Provision ein Ankauf erst ab einigen tausend Mark. Dies gilt natürlich nicht für den Kauf bei der Neuemission und die Rückzahlung nach Ablauf der Laufzeit, denn dabei entstehen keine Kosten.

Je nach Ihren Wünschen gibt es unendlich viele Möglichkeiten, Geld in Bundesanleihen mit einer Laufzeit von meist zehn und manchmal mehr Jahren anzulegen. Solche Anleihen werden auch von der Bundesbahn und der Bundespost ausgegeben sowie von den vom Bund getragenen oder übernommenen Einrichtungen aus den neuen Bundesländern und auch von der Treuhandanstalt. Bundesobligationen haben kurze Laufzeiten bis fünf Jahre. All diese Wertpapiere werden täglich an der Börse gehandelt und können deshalb mit jeder gewünschten Laufzeit entsprechend Ihren Wünschen erworben werden.

Bei Bundesanleihen bestehen zwei Risiken: das Kursrisiko aufgrund der Zinsfluktuationen und das Wiederanlagerisiko. Das erste Risiko spielt kaum eine Rolle, wenn Sie aus Ihrer Bundesanleihe ein sicheres Einkommen erzielen wollen, denn in den meisten Fällen werden Sie nicht während der Laufzeit verkaufen. Sie warten einfach das Ende der Laufzeit ab und erhalten dann den gesamten Betrag zurück. Beim zweiten Risiko geht es um den Betrag, denn Sie nach Rückzahlung der Anleihe wieder anlegen müssen, um weiterhin Einkommen zu erzielen. Sind die Zinsen zu diesem Zeitpunkt niedriger als die, die Sie ursprünglich erhielten, wird Ihr Einkommen geringer. Um dieses Risiko zu verringern, sollten Sie Bundeswertpapiere mit langer Laufzeit erwerben, vor allem in einer Zeit hoher Zinsen. Außerdem bieten diese Papiere auch Möglichkeiten, dieses Risiko zu vermeiden und die Rendite sogar noch zu erhöhen. Sinken die Kapitalmarktzinsen nämlich unter die Ihrer Wertpapiere, steigt der Kurs. Haben Sie z.B. eine Bundesanleihe von 20000 DM für 8,5 % Zinsen, steigt der Kurs bei einer Zinssenkung auf 7,75 % von 100 auf 110, so daß Sie bei einem Verkauf 22000 DM bekommen würden (minus Provision). Auch bei niedrigerer Verzinsung bleibt Ihr Einkommen dann fast gleich. Je näher das Endfälligkeitsdatum Ihrer Bundeswertpapiere kommt, desto mehr wird der Kurs sich wieder den ursprünglichen 100 % nähern; bei sinkenden Zinsen sollten Sie also zeitig verkaufen. Auch der umgekehrte Fall kommt vor: Die Kapitalmarktzinsen steigen höher als die Zinsen, die Sie für Ihre Anleihe bekommen, so daß der Kurs sinkt. Dann können Sie zwar verkaufen, aber die Rendite wird kleiner. Zum Ende der Laufzeit allerdings bekommen Sie wieder die ursprüngliche Summe zurück, so daß Sie die Möglichkeit haben, Ihre Rendite zu vergrößern. Sie sollten dann eine neue Bundesanleihe mit höherer Verzinsung kaufen. Um auf diese Art und Weise auf Marktentwicklungen reagieren zu können, sollten Sie verschiedene Bundeswertpapiere mit unterschiedlicher Laufzeit kaufen.

Joe Dominguez erreichte 1969 finanzielle Unabhängigkeit. Er investierte sein Arbeitskapital von 70000 Dollar in verschiedene Staatsanleihen mit einer durchschnittlichen Rendite von 6,85 % und Laufzeiten bis in die neunziger Jahre. Dadurch, daß er einige Male verkaufte und kaufte, beträgt die Rendite nun 9,85 % bei Laufzeiten bis zum Jahr 2007. Sein Einkommen reicht immer aus, um seinen Lebensunterhalt zu sichern, trotz der hohen Inflation seit 1989.

Vicki Robin lebt auf gleiche Art und Weise seit Dutzenden Jahren von einem Arbeitskapital von etwas mehr als 100000 Dollar.

Die Situation in Amerika ist mit der in Deutschland nicht ohne weiteres zu vergleichen, weil die Steuergesetzgebung anders ist. Trotzdem zeigt dieses Beispiel, daß eingefleischte Konsumverringerer schon mit relativ kleinem Arbeitskapital ein ausreichendes Einkommen erzielen können.

Aktien: Wenn Sie Aktien erwerben, passiert etwas anderes als bei Bundeswertpapieren. Sie werden durch den Kauf Anteilseigner eines Unternehmens. Erzielt das Unternehmen Gewinn, wird es einen Teil davon als Dividende den Anteilseignern auszahlen, erzielt das Unternehmen nur wenig Gewinn oder macht Verlust, erhalten die Anteilseigner nur eine niedrige oder gar keine Dividende. Außerdem schwanken die Kurse von Aktien viel stärker als die festverzinslichen Anleihen, so daß die Chance auf Kursgewinn, aber auch auf Kursverlust viel größer ist als bei Anleihen. Für eine Anlagestrategie, die auf eine sichere Rendite gerichtet ist, kommen Aktien daher eigentlich nicht in Frage. Vor allem nicht, nachdem Sie den Hurrapunkt erreicht haben und einen Verlust nicht mehr problemlos wettmachen können. Andererseits gibt es natürlich Unternehmen, bei denen die Risiken sehr klein sind, weil die Gesellschaften seit Jahren solide Gewinne machen und nichts darauf hindeutet, daß sich dies in der Zukunft ändern wird. Einen Teil Ihres Geldes könnten Sie also in Aktien solcher Unternehmen anlegen. Am einfachsten und relativ am kostengünstigsten ist die Anlage über sogenannte Direktbanken, die allerdings keine Anlageberatung bieten. Ein Grund, weshalb Sie einen Teil Ihres Geldes in Aktien anlegen sollten, ist die Tatsache, daß Kursgewinne nur besteuert werden, wenn es sich um sogenannte Spekulationsgewinne handelt. Diese Kursgewinne unterliegen nur der Steuer, wenn zwischen Kauf und Verkauf der Papiere weniger als sechs Monate liegen. Verkaufen Sie Aktien vor dieser Frist, fällt Spekulationssteuer auf den Kursgewinn an. Dabei gilt eine Freigrenze von 1000 DM; überschreitet der Kursgewinn diesen Betrag, müssen Sie alles versteuern. Verluste können Sie im übrigen nur bis zur Höhe des Spekulationsgewinns im gleichen Zeitraum ausgleichen. Natürlich können Sie auch Depotgebühren, Provisionen etc. steuermindernd geltend machen.

Solange Sie noch Einkommen aus Arbeit erzielen, können Sie es sich leisten, bestimmte Risiken einzugehen. Und vielleicht finden Sie das Kaufen und Verkaufen von Aktien ja auch spannend. Die Gewinn- (und leider auch die Verlust)chancen sind größer als bei der Anlage in festverzinslichen Wertpapieren. Kaufen Sie nur Aktien bekannter Unternehmen, deren Entwicklung Sie ohne große Anstregungen verfolgen können. Außerdem bieten Banken inzwischen Aktien-Sparpläne an, wobei Sie monatlich per Dauerauftrag z.B. in DAX-Werte investieren. Eines steht jedoch fest, falls Sie ein absolut sicheres Einkommen haben wollen, sollten Sie Ihr Geld nicht in Aktien anlegen.

Investmentfonds: Insgesamt wird Ihr Leben nicht einfacher, wenn Sie sich mit dem An- und Verkauf von Aktien beschäftigen. Sie brauchen zwar nicht täglich die Aktienkurse zu verfolgen, aber Sie müssen doch regelmäßig die Börsenseite der Zeitung studieren und Entscheidungen treffen, die eigentlich eine Sache der Sachverständigen sind. Als Alternative bieten sich Investmentfonds an. Dabei bündelt eine Kapitalanlagegesellschaft die Gelder vieler Anleger, um sie nach dem Prinzip der Risikomischung in Aktien, festverzinslichen Anleihen, Bundesanleihen und eventuell Immobilien anzulegen. Solche Portefeuilles werden von Experten verwaltet. Die Auswahl an Investmentfonds ist riesengroß und reicht von Fonds, die hauptsächlich in wertbeständige Bundeswertpapiere investieren, bis zu Fonds mit spekulativer Strategie. Da Kursgewinne steuerfrei sind, eignen sich für denjenigen, der Steuern sparen will, besonders Aktienfonds, weil bei diesen im Regelfall Kursgewinne den Großteil des Ergebnisses ausmachen, während Rentenfonds fast ausschließlich zu versteuernde Zinserträge vereinnahmen. Sie eignen sich für Anleger, die ihre Freibeträge noch nicht ausgeschöpft haben bzw. einem geringen Steuersatz unterliegen.

Falls Sie etwas Zeit investieren, um sich sachkundig zu machen, können Sie einen Fonds finden, der auf Sie zugeschnitten ist. Je nach Form des Fonds (offen oder geschlossen, ausschüttend oder thesaurierend) ist die steuerliche Behandlung unterschiedlich.

Lassen Sie beim Studium der jeweiligen Hochglanzbroschüren der Anbieter gesundes Mißtrauen walten, je lauter man Ihnen einen Fonds anpreist, desto vorsichtiger sollten Sie sein.

Grüne Geldanlagen: In den letzten Jahren bieten immer mehr Banken und Kapitalanlagegesellschaften Anlegern die Möglichkeit, mehr mit ihrem Geld zu tun, als eine höchstmögliche Rendite zu erzielen. Wenn Sie über eine beliebige Bank, Sparkasse, Versicherungsgesellschaft oder Kapitalanlagegesellschaft investieren, wissen Sie praktisch nicht, was mit Ihrem Geld passiert. Viele Leute interessiert das auch nicht, so lange die Rendite hoch ist. Aber viele Anleger denken anders. Sie finden es wichtig, daß mit ihrem Geld kein Atomstrom finanziert wird, sondern

Windmühlen, sozialer Wohnungsbau, Waldorfschulen oder Entwicklungsprojekte. Auf diese Frage sind Banken, wie z.B. die Öko-Bank, eingegangen. Zu Anfang liegen die Zinsen dieser Banken unter den marktüblichen; trotzdem entschieden sich viele Anleger für eine dieser Banken. Wenn Sie sich der Tatsache bewußt sind, daß Geld und Lebensenergie Synonyme sind, sollten Sie sich für solche Anlagen entscheiden. Inzwischen bieten fast alle anderen Banken und Versicherungsgesellschaften ebenfalls umweltfreundliche und ethische Anlageformen an. So erhält der individuelle Kleinanleger viele Möglichkeiten. Sie können Ihr Geld „grün" in Aktien und Anleihen anlegen und sich „grün" versichern. Wenn Sie sich informieren, werden Sie feststellen, daß die Rendite nicht mehr geringer ist als bei „normalen" Anlageformen. Und meist sind die Unkosten relativ niedrig.

Der Hurrapunkt kommt eher, als Sie denken

Im Kapitel 9 haben wir den Hurrapunkt ausführlich behandelt. Ist er noch weit entfernt, wenn Sie zu sparen beginnen, scheint es kaum möglich, ihn zu erreichen. Aber wenn Sie so wie wir ein paar Jahre lang darauf hingearbeitet haben und das Glück haben, relativ viel sparen zu können, kommt er schneller, als Sie denken. Das hat folgende Ursachen:

Sobald Sie ein Arbeitskapital aufbauen und sich fragen, was Sie nun eigentlich damit anfangen wollen, finden Sie heraus, daß alle möglichen Einkünfte für die Zukunft bereits gesichert sind: Praktisch jeder Einwohner der Bundesrepublik hat das Recht auf gesetzliche Altersrente, die gezahlt wird, so lange man lebt. Außerdem haben viele noch zusätzliche Altersrente, z.B. eine betriebliche Altersversicherung, erworben. Wenn Sie von viel weniger leben können, als Sie jemals gedacht hätten, stellt sich vielleicht heraus, daß die gesetzliche Rente und eventuelle Zusatzrenten in etwa ausreichend sind bzw. daß Sie dadurch sogar mehr haben werden, als Sie eigentlich brauchen. Das bedeutet, daß Sie weniger zu sparen brauchen, als die Graphik mit dem Hurrapunkt vermuten läßt.

Auch andere Umstände können dafür sorgen, daß Sie den Hurrapunkt früher erreichen. Vielleicht haben Sie vor längerer Zeit eine Kapitallebensversicherung oder einen Bausparvertrag abgeschlossen, vielleicht ist zu erwarten, daß Sie in der Zukunft kleiner wohnen werden. Dadurch kann Ihr Kapital ordentlich anwachsen. Sie können auch beschließen, Ihr Arbeitskapital, das im Prinzip bis zu Ihrem Tod unangerührt bleiben sollte, aufzubrauchen, weil es aufgrund Ihrer Situation nicht oder wenig sinnvoll ist, dieses Arbeitskapital anderen zu vererben. Versuchen Sie, sich diesen Überlegungen zu stellen, auch wenn Sie erst einen gewissen Widerstand überwinden müssen. Sie haben inzwischen gute Sicht über Ihre Einkünfte und Ausgaben in der Vergangenheit und der Gegenwart, es ist also nur logisch, daß Sie auch die Zukunft analysieren. Hanneke und ich haben dies getan, diese Graphik ist das Ergebnis:

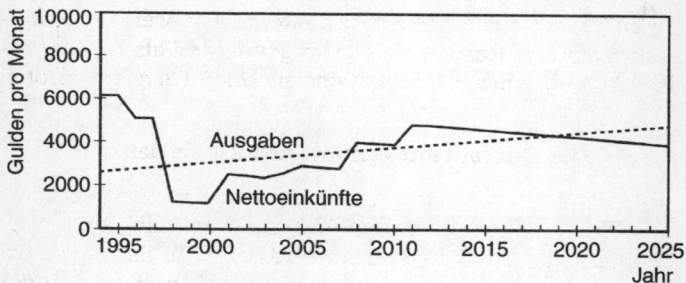

Prognose Ausgaben und Einkünfte bis zum Jahr 2025

Um uns ein Bild von unserer Zukunft machen zu können, mußten wir eine Reihe von Dingen herausfinden. Welche Beträge erhalten wir nach unserem 65. Geburtstag in Form staatlicher und betrieblicher Altersversorgung? Wie hoch sind die Auszahlungen unserer Kapitallebensversicherungen, und wie wollen wir diese Summen anlegen? Wie hoch muß unser Einkommen sein? Wir sind davon ausgegangen, daß wir Einkünfte von 2600 Gulden pro Monat nötig haben werden. Das ist mehr, als wir zur Zeit ausgeben, aber zur Sicherheit sind wir von diesem Betrag ausgegangen. Weiterhin nehmen wir an, daß unsere Ausgaben jährlich um 2 % steigen werden. Das ergab die schräg ansteigende Linie rechts in der Graphik. Die Linie der (Netto-)Einkünfte setzt sich wie folgt zusammen: Wir gehen davon aus, daß wir nach 1998 keine Einkünfte aus Arbeit mehr haben werden, aber wohl noch Einkünfte aus früherer Arbeit, wie z.B. Tantiemen. Außerdem haben wir die Rendite aus unserem Arbeitskapital entsprechend dem Stand von Anfang 1994 berücksichtigt. Ab dem Jahr 2000 haben wir weiterhin Einkünfte aus den Zahlungen verschiedener Lebensversicherungen. Hanneke erhält ab dem Jahre 2008 Pension und die gesetzliche Altersrente, ich ab dem Jahr 2011. Auch diese Einkünfte haben wir in der Graphik verarbeitet. Das Arbeitskapital wird teilweise verbraucht, so daß wir nur einen Teil davon vererben werden.

Deutlich sichtbar ist, daß nach dem Jahr 2018 aufgrund mangelnder Einkünfte ein „Problem" besteht. Dieses Defizit kann problemlos durch den Überschuß zwischen 2010 und 2018 kompensiert werden. Gleiches gilt für die „Lücke" zwischen 1998 und 2008, die wir mit Spargeld ausgleichen können, das wir bis 1998 ansammeln werden.

Insgesamt bedeutet dies, daß wir nach 1998 nicht mehr für Geld zu arbeiten brauchen. Dieses Ergebnis hat uns komplett überrascht. Wir hatten uns nicht vorgestellt, daß wir mit unserem Arbeitskapital von rund 400000 Gulden so schnell würden aufhören können zu arbeiten.

Geldanlage nach dem Hurrapunkt: Nach dem Hurrapunkt haben Sie im Prinzip kein Einkommen mehr aus bezahlter Arbeit. Ihre Einkünfte erzielen Sie dann aus Ihrem Arbeitskapital, und diese werden also oft niedriger sein als vorher, weil sie auf dem „akzeptablen Minimum" beruhen. Das hat steuerliche Konsequenzen. Sie können sogar in eine Situation kommen, in der Sie praktisch kaum noch Steuern und Sozialabgaben zu zahlen brauchen. Vor allem wenn Sie vor Ihrem 65. Lebensjahr in Rente gehen, entsteht in der dazwischenliegenden Periode eine ganz neue Situation, wie das folgende Beispiel zeigt:

Ein Ehepaar um die 55 hat den Hurrapunkt erreicht und beschließt, bis zur Zahlung der gesetzlichen Altersrente ausschließlich von den Einkünften aus seinem Kapital zu leben. In den zehn Jahren bis dahin benötigen beide zusammen 32000 DM netto pro Jahr. Der gemeinsame Grundfreibetrag beträgt 24191 DM (Jan. 1997). Doch auch für den Differenzbetrag von 7809 DM sind keine Steuern zu zahlen, da Verheiratete Kapitaleinkünfte in Höhe von 12200 DM (Sparerfreibetrag und Werbungskostenpauschale) nicht zu versteuern brauchen. Legt man eine durchschnittliche Rendite von 6,5 % aus Bundesanleihen zugrunde, so können beide zehn Jahre lang von einem Arbeitskapital von 490000 DM leben, ohne auf diesen Grundbetrag zurückgreifen zu müssen.

Der Hurrapunkt kommt früher, als Sie denken. Die Basis dafür schaffen Sie, indem Sie Ihre Bedürfnisse auf ein akzeptables

Minimum zurückbringen. Da Sie ein Recht auf gesetzliche und eventuelle betriebliche Altersversorgung haben, ist mit einem beschränkten Arbeitskapital viel zu erreichen. Und mit Ihren Ersparnissen können Sie auf verantwortungsbewußte Art und Weise eine ordentliche Rendite erzielen, auch wenn Sie Ihr Geld grundsätzlich „grün" anlegen. Bei eingetretener finanzieller Unabhängigkeit wird das Leben in vielerlei Hinsicht einfacher und billiger. Das entstandende finanzielle Verantwortungsbewußtsein beeinflußt Ihr Verhalten, auch nach dem Hurrapunkt. Sogar von Kapitaleinkünften kann Geld übrigbleiben.

Finanzielle Unabhängigkeit hat einen bleibenden Effekt: das Wissen, daß weniger mehr sein kann. Leute, die finanziell unabhängig sind, können es sich erlauben, ihrer unmittelbaren Umgebung und der Gesellschaft nicht nur Zeit und Energie, sondern auch Geld zu schenken.

Was wäre, wenn jeder ...?

Wenn wir unseren neuen Lebensstil vorstellen, wird uns regelmäßig entgegengehalten: „Wenn jeder so lebt, bricht die Wirtschaft zusammen." Die übliche menschliche Reaktion auf Veränderungen. Es ist schwierig, sich die Folgen eines neuen Lebensstils vorzustellen, und schnell verfängt man sich in Fragen, die mit „Ja, aber ...?" und „Was wäre, wenn ...?" beginnen.

Glücklicherweise hat man sich in der Vergangenheit durch solche Reaktionen nicht aufhalten lassen, sonst hätte die Menschheit weder das Feuer noch das Rad. Veränderung und Erneuerung sind notwendig. So wird es immer sein. In den vergangenen zwei Jahrhunderten hat es für die Menschheit auf weltweitem Niveau ungeheure Veränderungen gegeben, die fast alle auf dem Wachstumsgedanken „Je mehr, desto besser" basierten. Das ging lange gut und hat uns viele Errungenschaften beschert. Jetzt werden die Grenzen des Wachstums immer deutlicher. Weltweit, aber auch in kleinem Maßstab – in unserem eigenen Leben – zeigt sich, daß Wachstum nicht mehr Fortschritt bedeutet, sondern Schaden für unsere Gesundheit und die Umwelt.

Nicht jeder wird sich unmittelbar zu dem Lebensstil hingezogen fühlen, der in diesem Buch vorgestellt wird, das ist nun einmal das Schicksal fundamentaler Veränderungen. Erst interessieren sich nur wenige dafür; erst wenn die gebotene Alternative wirkliche Anziehungskraft entwickelt, entscheiden sich immer mehr Menschen für das Neue. Diese Entwicklung dauert Jahre. Bevor jeder konsumverringert, wird noch viel (verschmutztes) Wasser den Rhein hinunterfließen. Aber Trendforscher in den USA sind inzwischen davon überzeugt, daß „einfaches Leben" und alles, was damit zusammenhängt, ein wichtiger Trend ist, der sich bis weit ins nächste Jahrtausend fortsetzen wird.

Falls diese Prognose zutrifft, stehen uns wichtige Veränderungen bevor.

– Ein sparsamer Lebensstil macht das Leben angenehmer. Da weniger ausgegeben wird, ist es nicht mehr erforderlich, viel zu verdienen, man hat mehr Zeit für Entspannung und füreinander. Ruhige, weniger gestreßte Menschen haben eine positive Auswirkung auf ihre Umgebung. Kollegen, Partner und Kinder sind die Nutznießer.
– Ehrenamtliche Arbeit wird im Umfang zunehmen. Freiwillige Helfer können in größerem Maße als Berufskräfte und Experten einen ausschlaggebenden Beitrag dazu leisten, daß unsere Gesellschaft wieder menschlicher wird, durch individuelle und gemeinsame Aktionen, in der eigenen Straße, dem Stadtteil, der Gemeinde.
– Die Macht der Reklame wird geringer, weil die Menschen sich auf ihre eigentlichen Bedürfnisse konzentrieren. Für die Befriedigung der Basisbedürfnisse ist Kaufen nur noch eine unter mehreren Alternativen. Teilen, Tauschen und Wiederverwenden werden wichtige Begriffe, so daß auch die Kontakte untereinander intensiver werden, mit dementsprechend positiven Folgen.
– Wenn Menschen finanziell unabhängig werden, können sie früher aufhören, gegen Bezahlung zu arbeiten, was sich günstig auf die Arbeitsplatzsituation auswirkt. Andere erhalten so eine Chance auf dem Arbeitsmarkt.
– Ein bescheidener Lebensstil wirkt sich günstig auf die Umwelt aus. Grund und Boden werden in geringerem Ausmaß belastet, mit Grundstoffen und natürlichen Ressourcen wird weniger verschwenderisch umgegangen, die Belastung unserer Umwelt wird dadurch stark abnehmen.
– Falls der reiche Westen seinen eigenen Überkonsum tatsächlich verringert, werden weniger erschöpfbare Vorräte ver-

braucht, so daß die Menschen in der Dritten Welt die ihnen zustehenden Entwicklungs- und Wachstumschancen bekommen.

Mit anderen Worten, Menschen, die sich für einen einfachen Lebensstil entscheiden, sind mündig. Sie lassen sich nicht mehr durch andere und die Macht des Geldes bestimmen. Damit bereichern sie ihr eigenes Leben und tragen dazu bei, daß unsere Erde bewohnbar bleibt.

Empfohlene Literatur

Tips, Tricks, Ratschläge

Wie werde ich ein echter Geizhals?, Hanneke van Veen und Rob van Eeden, mvg-paperbacks 1995, ISBN 3-478-08514-4

Geizhals-Forum, Karsten Rossa, Orkener Str. 35, 41515 Grevenbroich (erscheint sechsmal jährlich)

The Tightwad Gazette, Amy Dacyczyn, Villard Books, New York 1992, 1994, 1997 (drei Bücher mit alten Jahrgängen der amerikanischen Geizhalszeitung)

Weg damit. 25 Reportagen vom lustvollen Abschaffen, Bernd Müllender, Herder Spektrum, ISBN 3-451-04339-4

Die Rolle des Geldes und wie man damit umgeht

Money is my Friend, Phil Laut, Trinity Publications Hollywood, California USA 1978, ISBN 0-89626-030-5

The Seven Laws of Money, Michael Philips, Word Wheel and Random House, California/New York 1974, ISBN 0-394-70686-2

Geld und der Sinn des Lebens, Jacob Needleman, Suhrkamp Tb.- Nr. 2472

Sparen und Investieren

Anlage-Ratgeber-Geld, Heinz-Josef Simons, mvg-verlag, 1996, ISBN 3-478-71660-8

The Wealthy Barber, David Chilton, Prima Publishing, California USA 1991, ISBN 1-55958-096-8

Sekundärliteratur

Die Kunst, ohne Überfluß glücklich zu leben, Josef Kirschner, Knaur Tb. 7647

Your Money or Your Life, Vicki Robin und Joe Dominguez, Penguin Books, New York 1992, ISBN 0-14-016715-3

Voluntary Simplicity, Duane Elgin, William Morrow, New York 1993
All-Consuming Passion. Waking up from the American Dream, Broschüre der New Road Map Foundation, P.O. Box 15981, Seattle, WA 98115 USA, 1993

Knausern Sie sich reich! Hanneke van Veen und Rob van Eeden, mvg-paperbacks 1196, ISBN 3-478-08531-4

Stiftung Sparsamkeit mit Stil

Die Stiftung Sparsamkeit mit Stil strebt nach einer möglichst positiven Haltung gegenüber Menschen, die sich aus freien Stücken für einen einfachen und nüchternen Lebensstil entscheiden, indem sie Ideen, Wissen und Erfahrung auf dem Gebiet der Sparsamkeit möglichst breit propagiert.

Auf der Basis des in diesem Buch beschriebenen Stufenplans geben die Autoren regelmäßig eintägige Kurse in den Niederlanden und im benachbarten Ausland. Außerdem halten sie Vorträge über die Aktivitäten der Stiftung.

Für Informationen über Kurse und Vorträge wenden Sie sich bitte an die

Stichting Zuinigheid met Stijl,
Buys Ballotstraat 27-B,
2563 ZH Den Haag,
Niederlande,
Tel.- Nr. 0031-70-3 61 68 26.

Bisher erschienen zwei Bücher der Autoren, die im Buchhandel erhältlich sind:

Wie werde ich ein echter Geizhals?, Hanneke van Veen und Rob van Eeden, mvg-verlag 1995, ISBN 3-478-08514-4.
Tips, Tricks und Cartoons über die überraschenden, verrückten und angenehmen Seiten des Geizes.

Knausern Sie sich reich!, Hanneke van Veen und Rob van Eeden. mvg-verlag, 1996, ISBN 3-478-08531-4.
Über das Wie und Warum eines einfachen Lebensstils, mit Strategien und witzigen Tips, und die Folgen für Ihr persönliches Leben, die Umwelt und die Dritte Welt.